# TABLES DE CONVERSION

## DES

# ANCIENNES MESURES.

# TABLES DE CONVERSION

## DES

# ANCIENNES MESURES

## EN NOUVELLES,

### précédées de

### L'ANCIEN ET DU NOUVEAU SYSTÈME

## DES MESURES, DES POIDS ET DES MONNAIES

USITÉS DANS LE DÉPARTEMENT DU TARN ;

## PAR

*M. Isidore Bousquel,*

Avocat-Avoué près le Tribunal de première instance
de l'arrondissement d'Albi ( Tarn ).

# ALBI,

## Chez S. BODIÈRE, Impr.-Libr.

# INTRODUCTION.

Les corps, ou objets matériels, qui nous entourent, se présentent à nous sous trois dimensions : la *longueur*, la *largeur* et la *hauteur* qu'on appelle encore *épaisseur*.

La première de ces dimensions, c'est-à-dire la longueur, considérée isolément, prend le nom de *ligne*.

Si l'on porte à la fois son attention sur la longueur et la largeur d'un corps, notre vue se repose alors sur ce que nous appelons sa superficie ou *surface*.

Enfin, si l'on considère un corps sous ses trois dimensions, dans ce cas, notre vue embrasse ce que les géomètres appellent la *solidité* du corps, ou son *volume*, c'est-à-dire, la place que ce corps occupe dans l'immense étendue de l'univers.

Pour établir parmi les corps des termes de comparaison, afin de les distinguer entr'eux; ou bien pour leur assigner une importance relative, on se borne à en connaître exclusivement tantôt la longueur, tantôt la surface, tantôt le volume; et les opérations qu'il faut faire, pour parvenir à ce triple résultat, constituent le mesurage des corps.

De l'observation précédente ressort la nécessité de trois mesures différentes pour les corps : des mesures de longueur, des mesures de surface et des mesures de vo-volume.

La longueur consistant en une ligne, on sent que, pour la déterminer, il a fallu adopter une ligne fixe et convenablement choisie, qui servît de terme de comparaison ou d'unité de longueur.

Dans le mesurage des surfaces, on a fait choix, pour servir d'unité, d'une petite surface carrée.

Enfin, pour évaluer la solidité ou volume des corps, on a recours à une unité de volume qui consiste en un corps terminé par six faces carrées égales entr'elles. Cette unité de volume se nomme *cube ;* ce qui explique pourquoi l'on dit *cuber un corps,* pour désigner l'opération que l'on fait lorsqu'on veut en constater le volume.

Pour rendre sensibles par un exemple les trois sortes de mesures des corps, il suffit de se représenter un *dé* à jouer ; l'arête du *dé*, c'est-à-dire, la ligne formée par la rencontre de deux faces du *dé*, représente l'unité de longueur, chaque face l'unité de superficie, et le *dé* lui-même l'unité de volume ou cube.

L'unité de volume, telle que nous l'avons décrite, s'applique d'une manière générale à tous les corps, avec cette précision que si la matière à mesurer est liquide ou formée de parties sans cohésion entr'elles, comme, par exemple, un tas de blé, alors l'unité de volume, tout en conservant sa forme et ses dimensions, doit être conçue vide dans son intérieur, de manière à pouvoir renfermer la substance à mesurer, et dans ce cas, la mesure de volume prend le nom de mesure de *capacité*.

Le mesurage des corps n'est pas le seul mode employé pour établir entr'eux une comparaison, ou pour en déterminer l'importance relative, c'est encore dans ce même but qu'on les pèse.

Il convient de faire remarquer ici la différence qui existe entre le poids et la pesanteur des corps : deux choses qu'il faut se garder de confondre.

La pesanteur est la même pour tous les corps, tandis qu'ils peuvent différer par le poids.

La pesanteur est cette propriété qu'ont les corps de retomber vers la terre lorsqu'ils sont abandonnés à eux-mêmes ; et la physique ayant démontré que dans un lieu privé d'air, les petits corps comme les plus grands conservent la même vitesse dans leur chûte, il est donc vrai de dire que la pesanteur, mot consacré pour l'expression de ce phénomène, est la même pour tous les corps.

Lorsque les corps abandonnés à eux-mêmes, ont rencontré un obstacle qui a in-

terrompu leur chûte et les a rendus à leur
état d'inertie ou repos, ils exercent une
pression sur la surface de l'objet qui les
soutient ; on conçoit d'ailleurs que cette pression doit être plus ou moins forte, suivant
que, dans un espace donné, un corps contient plus ou moins de parties matérielles
dont il est composé ; d'où il est facile de
conclure que les corps peuvent différer entr'eux par le poids ; puisque par ce dernier mot on est convenu de désigner la pression plus ou moins forte qu'ils exercent
sur la surface qui leur sert d'appui.

Pour déterminer le poids des corps, en
général, on sent qu'il a fallu adopter un
corps fixe et d'une constitution invariable,
dont le poids servit d'unité ou terme de comparaison.

Afin de compléter les notions préliminaires
qu'il est essentiel de posséder pour mieux
comprendre l'exposé du système des poids
et mesures, il nous reste à nous occuper
de l'unité de monnaie, qui a un rapport di-
rect avec ce système, s'il n'est pas toutefois
permis de dire qu'il en fait partie.

Le commerce a pris naissance dans le
besoin qu'éprouve l'homme de se défaire de
ce qu'il a de superflu, et de se procurer
les objets dont il manque. Pour parvenir à
ce double but, on dût d'abord, et naturel-
lement, employer la voie de l'échange ; mais
cet échange offrant dans certains cas de gran-

des difficultés matérielles , on fut amené à re-
chercher un moyen de le rendre plus facile, et ce moyen fut trouvé par l'invention
des monnaies , c'est à-dire , dans le choix
que l'on fit d'un métal contre lequel il fut
convenu d'échanger toutes les autres valeurs
et matières.

Trois métaux , l'or , l'argent et le cuivre,
ont été de tout temps choisis pour exécuter
ce nouveau mode d'échange : la préférence
qu'ils ont obtenue s'explique par certaines
propriétés qui leur sont particulières, et que
les limites du plan de cet ouvrage ne nous
permettent pas de développer.

Pour former l'unité de monnaie on a pris
un fragment d'argent, mélangé avec quelques
parties de cuivre, auquel on a donné un
poids, un volume et une forme qui en ren-
dissent facile la circulation ; après quoi on
lui a assigné une valeur de convention. Avec
une ou plusieurs de ces unités, ou avec des
fractions de cette unité , on a formé ce que
l'on est convenu d'appeler les pièces de monnaie, d'argent.

Dans le système monétaire , l'or et le cuivre
sont subordonnés à l'argent , et comme le premier de ces métaux est plus précieux que l'argent, tandis que le cuivre est de beaucoup in-
férieur à ce métal , les pièces de monnaie
d'or ( dans lesquelles il entre aussi quelques
parcelles de cuivre ) et les pièces de monnaie de cuivre pur ont reçu des valeurs

relatives au plus ou moins de supériorité ou d'infériorité que le métal dont elles sont formées conserve sur l'argent ; ainsi les pièces d'or n'expriment qu'un certain nombre d'unités de monnaie, tandis que les pièces de cuivre ne représentent que des fractions de cette même unité.

Nous venons d'indiquer que l'or et l'argent, employés pour les monnaies, se trouvent mélangés avec un peu de cuivre ; cet alliage, auquel on donne le nom de *titre*, s'explique par la propriété qu'il a de donner à ces deux métaux plus de consistance.

Il serait superflu de chercher à faire ressortir l'inappréciable avantage que l'industrie, en général, dût retirer de la création d'un système monétaire, surtout lorsqu'il fut adopté par toutes les nations civilisées, et qu'il fut mis sous la protection des lois.

A ces notions préliminaires nous allons faire suivre l'exposé de l'ancien et du nouveau système des poids, des mesures et des monnaies, auxquels nous joindrons une explication de la manière de se servir des tables de conversion, qui sont l'objet principal de notre travail.

# I.

## EXPOSÉ DE L'ANCIEN SYSTÈME

### *des Mesures , des Poids et des Monnaies.*

Dans l'ancien , comme dans le nouveau système , on employait : 1° des mesures de longueur , plus spécialement nommées *mesures linéaires*, à cause de l'emploi qu'on en fait à mesurer les lignes ; 2° des mesures de surface , qui prennent le nom de *mesures agraires*, parce qu'elles sont plus particulièrement destinées à évaluer la superficie des champs ; 3° des *mesures de volume* ou de solidité , pour les corps dont les parties ont entr'elles une certaine cohésion ; 4° des *mesures de capacité*, pour les liquides et les grains ; 5° des poids , 6° des monnaies.

Les mesures , les poids et les monnaies, tels que nous allons les décrire, n'avaient pas tous une existence réelle : quelques unes de ces mesures , ainsi que nous en ferons la remarque, lorsque l'occasion se présentera , étaient seulement des mesures de compte imaginées pour simplifier le langage et faciliter les calculs. La pistole , par exemple , est une monnaie de compte.

## §. I^er.

# MESURES LINÉAIRES.

Les anciennes mesures linéaires étaient, 1° la *toise*, 2° l'*aune*, 3° la *canne*, 4° la *perche* ou *late*, 5° la *lieue*.

La toise, l'aune et la canne avaient une existence réelle, et constituaient trois unités différentes de longueur, la perche ou late et la lieue étaient des mesures de compte.

1° La *toise*, dont la longueur n'atteignait pas tout-à-fait celle de deux mètres, se subdivisait en 6 pieds, le pied en 12 pouces, le pouce en 12 lignes. Cette unité linéaire était plus particulièrement en usage dans les arts.

2° L'*aune* dépassait le mètre en longueur ; elle se subdivisait en un grand nombre de fractions ; mais ses subdivisions n'avaient point de noms particuliers. L'aune était employée dans le commerce au mesurage des étoffes.

3° La *canne* était une unité de longueur particulière au midi de la France ; son usage était surtout répandu dans la province de Languedoc qui comprenait le territoire de notre département. Nous devons donc considérer la canne comme une mesure locale.

La canne différait peu de la toise en longueur, mais elle dépassait de beaucoup l'aune ; elle était employée concurremment avec ces deux dernières mesures : dans certains cas elle obtenait une préférence exclusive.

La toise et l'aune étaient uniformes dans tout le département, et égales à celles de Paris.

Quant à la canne, elle subissait onze variations, ce qui avait amené à distinguer onze sortes de cannes, dont voici les dénominations : 1° canne *vraie* de Montpellier, 2° canne *supposée* de Montpellier, 3° canne *vraie* de Toulouse, 4° canne d'Albi, 5° canne de Castres, 6° canne de Lautrec, 7° canne de Brassac, 8° canne de Lavaur, *supposée* de Toulouse, 9° canne de Graulhet, 10° canne de Montauban, 11° canne de Villemur.

Toutes ces différentes cannes admettaient la même subdivision en parties de huit en huit fois plus petites : ainsi, en général, une canne valait 8 pans, le pan 8 pouces, le pouce 8 lignes. Les deux dernières dénominations, *pouce* et *ligne*, servaient aussi à énoncer des subdivisions de la toise ; mais il faut se garder de les confondre quant à leur valeur qui est bien différente.

A cette occasion, nous observerons que nous avons cru devoir conserver le mot *pan*, expression usuelle et locale, au lieu d'*empan* qui est le véritable mot à employer·

La canne de Montpellier, que nous avons qualifiée *vraie*, est la véritable unité linéaire qui était en usage à Montpellier, et qui avait été fixée par l'académie de cette ville à 6 pieds , 1 pouce , 5 lignes.

La canne que nous avons appelée *supposée* de Montpellier , est celle qui était généralement employée dans le Tarn et l'Aveyron , sous la simple dénomination de canne de Montpellier , malgré qu'il n'y eut pas identité entre ces deux cannes , puisque la supposée était un peu plus grande.

Nous avons également énoncé deux cannes de Toulouse , qui ont été distinguées entre elles par les mots *vraie* et *supposée* : il existait réellement à Toulouse deux sortes de cannes dont voici l'origine : la canne vraie de Toulouse était celle que l'académie de cette ville avait fixée à 5 pieds , 6 pouces , 4 lignes 1/5 ; elle se divisait en 8 pans. La perche de Toulouse était aussi divisée en un certain nombre de pans ; mais le pan de la perche était un peu plus grand que celui de la canne , de telle sorte que huit pans ou une canne prise sur la perche donnait un résultat différent de celui de 8 pans de la canne vraie.

La canne supposée de Toulouse qui était usitée à Lavaur , et que pour cette raison on appelait canne de Lavaur , n'était autre chose qu'une canne formée avec 8 pans de la perche de Toulouse.

4° La *perche* ou *late* était destinée à exprimer la mesure des lignes de moyenne longueur , notamment celles qui étaient tracées sur le terrain dont on voulait faire l'arpentage.

Les dimensions trop restreintes de la canne rendant plus long le mesurage de certaines lignes, on dût, dans l'origine, pour accélérer l'opération, recourir à une véritable perche en bois, ayant la longueur de deux ou trois cannes ; et malgré que cet usage ne se soit pas perpétué, la mesure désignée sous le nom de perche ou late ne peut avoir d'autre origine, ainsi que l'indique l'étymologie patoise de ces deux mots.

La perche ou late n'était depuis long-temps qu'une mesure de compte ; car les lignes sur le terrain étaient mesurées au moyen d'un compas dont l'ouverture était fixée à une des onze sortes de cannes que nous avons fait connaître.

Les documents que nous avons pu consulter portent à trente-trois environ le nombre de perches usitées dans le département ; leur longueur, comprise entre 13 pans 1/2 et 22 pans 1/4, varie non-seulement à cause du plus ou du moins de pans dont elles se composent, mais encore par la différence existant dans la longueur du pan qui leur sert respectivement d'élément.

5° Enfin, pour évaluer des distances considérables, on se servait d'une unité de compte appelée *lieue*, ou mesure itinéraire, c'est-à-dire, mesure des chemins.

La lieue usitée dans le département était

celle de la province de Languedoc ; elle se formait de *trois mille toises*, et on l'appelait grande lieue, par opposition à la lieue de poste de deux mille toises qu'on désignait sous le nom de petite lieue, et dont on faisait usage en même temps.

## §. 2.

## MESURES AGRAIRES.

Les mesures agraires ou de surface étaient toutes, comme elles le sont encore aujourd'hui, des mesures de compte : à cet égard, il importe de donner une explication qui rendra plus sensible la distinction à faire, en général, entre les mesures réelles et les mesures de compte.

Nous avons déjà énoncé dans l'introduction que pour évaluer les surfaces on avait fait choix d'une petite surface carrée, destinée à servir d'unité de mesure. En adoptant rigoureusement cette indication, il faudrait prendre un carré fait, par exemple, avec une feuille de carton et ayant pour côté une toise, ou une canne de long : alors la superficie de cette feuille de carton serait l'expression réelle de la toise ou de la canne carrée, que l'on était convenu d'appeler unité de surface. Cela fait, pour mesurer un champ, il faudrait par la superposition réitérée de cette unité sur la superficie du champ, s'assurer du nombre de fois que cette unité y est contenue. Une pareille opération présentait évidemment des difficultés à peu près insurmontables , aussi ne l'a-t-on jamais employée.

Pour arriver au même résultat, la géométrie offre des moyens extrêmement commodes et faciles ; dans ce but, elle démontre que toutes les surfaces peuvent être décomposées en figures telles qu'en mesurant la ligne de leur base et la ligne de leur hauteur , le produit de la multiplication de ces deux lignes donne le nombre d'unités de surface qu'elles peuvent contenir , c'est-à-dire , le même nombre d'unités de surface que l'on obtiendrait en opérant par la superposition de l'unité réelle de surface , telle que nous l'avons décrite plus haut.

De ce qui précède , il résulte que, pour mesurer les surfaces , on se borne à mesurer des lignes , et que ce n'est que le résultat de la multiplication des unités linéaires contenues dans ces lignes qui nous permet d'évaluer, par un simple calcul , les surfaces en unité de surface : par où se trouve démontré ce que nous disions en commençant, que les mesures de surface étaient toutes des mesures de compte.

Les mesures de surface étaient, 1° la toise carrée, 2° la canne carrée , 3° la perche carrée, 4° la séterée , appelée encore dans certaines localités, sac , setier , arpent , journal , etc. , etc.

Lorsqu'on avait à mesurer une surface dont les dimensions étaint peu considérables, telle que la superficie d'un mur, d'un parquet, etc., on se servait indistinctement de la toise carrée et de la canne carrée.

La perche carrée était l'unité agraire la plus généralement employée ; cependant quelques localités avaient adopté la canne carrée pour leur unité agraire. Du reste la perche carrée ayant pour élément la canne ou des subdivisions de la canne, on doit en tirer cette conséquence, que la canne carrée était l'unité fondamentale des mesures agraires dans le département.

La perche carrée et la toise carrée subissaient à-peu-près les mêmes variations que nous avons indiquées en traitant des mesures linéaires.

Avec un certain nombre de cannes carrées, ou avec un certain nombre de perches carrées, on formait la mesure de compte que nous avons appelée séterée, sac, arpent, journal, etc.

La dénomination *séterée* était la plus généralement adoptée.

Les subdivisions de la séterée, de l'arpent, du sac et du journal étaient très-nombreuses et très-variées ; elles se trouvent indiquées, pour chaque commune, dans la table alphabétique qui termine cet ouvrage.

On comptait jusqu'à quatre-vingt-trois séterées différentes dans le département.

Concurremment avec les mesures locales agraires, on employait, dans certains cas, l'arpent des eaux et forêts, la seule mesure agraire uniforme dans toute la France.

L'arpent des eaux et forêts se composait de cent perches carrées, et la perche avait alors pour élement la toisée carrée.

## §. III.

### MESURES DE SOLIDITÉ.

La toise cube et le pied cube, servaient généralement d'unité de mesure pour déterminer le volume des corps durs.

Le cubage des corps durs ne peut se faire que par des moyens géométriques qui ramènent l'opération à un simple calcul : ce calcul consiste à effectuer un produit avec les trois sommes d'unités linéaires contenues dans leurs trois dimensions. Cette seule indication suffit pour démontrer que les mesures de volume ou de solidité sont des mesures de compte.

La seule mesure locale de solidité était celle usitée dans quelques communes, seulement pour mesurer le bois de chauffage. Cette mesure, dont l'élément était la canne, était plus particulièrement désignée par les mots pagelle, corde, bucher, canon, etc.

## §. IV.

## MESURES DE CAPACITÉ.

On distinguait dans le département deux sortes de mesures de capacité : celles des grains et celles des liquides.

1° Pour mesurer les grains, on se servait du sac ou setier. Le plus ordinnairement le quart du sac s'appelait quarte ou quartière ; le huitième, mesure ou rase, et le trente-deuxième, boisseau : six setiers, formaient la charretée.

Il existait vingt sacs ou setiers différents dans le département.

Les seules mesures des grains, qui eussent une existence réelle, étaient la rase ou mesure et le boisseau dont on se servait aussi à mesurer les châtaignes, les pommes-de-terre et tous les fruits secs en général. Mais dans ce cas on faisait mesure comble.

2° Les mesures de capacité des liquides, servaient à mesurer le vin, l'huile et l'eau-de-vie.

L'unité qui servait de base à ces mesures, était la pinte avec laquelle on formait la *barrique* ainsi que la *pipe* ou la double barrique.

Les subdivisions de la pinte étaient le quart ou quarton, l'uchau et la roquille. C'était là les dénominations les plus usitées ; mais elles n'étaient point les seules.

Les mesures de capacité , ainsi que les mesures agraires offrent cette particularité , que souvent des fractions différentes de l'unité principale reçoivent le même nom : ainsi, dans certaines localités, la *pugnère* indique un huitième de séterée , tandis que dans d'autres on emploie le même mot pour exprimer le seizième ; ainsi encore le quart est ordinairement considéré comme la moitié de la pinte, tandis que dans certains cas il n'en est que la quatrième partie. Il est essentiel de ne pas perdre de vue cette remarque , afin d'éviter des erreurs.

On compte environ vingt unités différentes pour mesurer les liquides.

Nous avons déjà dit que pour mesurer l'huile et l'eau-de-vie on se servait de la même mesure que pour le vin ; mais, à cet égard , il est très-essentiel d'observer que dans un grand nombre de communes l'huile et l'eau-de-vie se vendaient avec une mesure appelée livre, dont le poids variait beaucoup. Il faut bien se garder de confondre la livre usitée pour ces liquides, avec la livre ordinaire du pays dont nous allons parler dans l'article suivant.

## § 5.

## DES POIDS.

Albi , Gaillac et Lavaur se servaient du même poids qui était celui de Toulouse ;

trois poids différents existaient dans l'arrondissement de Castres, dans lequel encore quelques communes employaient le poids de Toulouse appelé petit poids, par opposition au poids dit de marc qui était d'un usage général en France.

L'unité de ces cinq sortes de poids recevait la dénommination de livre et admettait la même subdivision en 16 onces : l'once se divisait en 8 gros et le gros en 72 grains.

## §. VI.

### DES MONNAIES.

L'ancienne unité des monnaies était la *livre tournois*, dont la valeur différait peu de celle du franc.

Le franc dépasse la livre tournois, de la valeur de 3 deniers ou d'un quatre-vingtième : c'est-à-dire que quatre-vingt francs valent quatre-vingt-une livre tournois.

Autrefois, comme aujoud'hui, il existait des monnaies d'or, d'argent et de cuivre ; dans les monnaies d'or et d'argent il entrait un douzième de cuivre.

Il y avait des pièces d'argent d'une, de trois et de six livres qu'on appelait *écus*.

Les pièces d'or étaient de vingt-quatre ou de quarante-huit livres : on les nommaient *Louis*.

Les pièces de cuivre ou de billon étaient le sou, le denier, la mialle ou obole, la pougèze et la pite.

| | |
|---|---|
| La livre valait | 20 sous |
| Le sou | 12 deniers. |
| Le denier | 2 mialles. |
| La mialle | 2 pougèzes. |
| La pougèze | 2 pites. |

La pite se divisait encore en demi et quart de pite.

Depuis long-temps toutes ces pièces de billon ont disparu ; mais nous avons besoin de les connaître pour l'intelligence des anciens titres et surtout des vieux cadastres.

L'ancien sou ou le vingtième de la livre tournois est celui qui existe encore et qui conservera son cours légal jusqu'à la refonte générale des monnaies de cuivre si impatiemment attendue.

Les pièces de billon encore en usage sont le liard ou quart de sou et le double liard ou demi-sou.

# II.

## SYSTÈME MÉTRIQUE

Le système métrique prend son nom du mètre qui en est la base fondamentale.

Pour bien comprendre ce système, il importe, avant tout, de se faire une idée claire
et précise de cette unité de mesure : pour
cela nous ne saurions mieux faire que de
rapporter un fragment de l'instruction publiée
en l'an 2, par la commission temporaire
des poids et mesures, établie en exécu-
tion des décrets de la Convention :

« Tont le monde sait aujourd'hui que la
terre est un corps rond, ayant à-peu-près
la figure d'une boule, et en conséquence,
ce qu'on appelle le *tour de la terre*, est

une ligne courbe qui revient sur elle-même
et que nous comparerons, pour plus de sim-
plicité, à la circonférence de cercle que l'on
trace par le moyen du compas, quoiqu'elle
en diffère à quelques égards. On a imaginé
une verge ou un axe qui traverse la terre
de part en part, en passant par son cen-
tre, et en se dirigeant vers un certain point
du ciel ; les deux extrémités de cet axe ont
été nommées l'une *pôle nord*, et l'autre *pôle
sud*.

« Maintenant si l'on suppose un fil qui
fasse le tour de la terre, en allant d'un pôle à l'autre, ce fil, d'après ce qui a été
dit, fera une circonférence de cercle. On
appelle ce cercle *méridien*. On peut con-
cevoir un second fil qui s'étende de même
d'un pôle à l'autre, en passant à la droite
ou à la gauche du premier, et en tournant
autour de la terre, puis un troisième, un
quatrième, un cinquième fil, etc., qui tous
se croiseront aux pôles. Ces fils représen-
teront autant de méridiens, en sorte que
chaque lieu de la terre a le sien. Lorsqu'on
trace un cadran solaire, la ligne qu'on appelle *méridienne*, et sur laquelle tombe
l'ombre du style au moment du midi, ré-
pond au méridien du lieu dans lequel est
placé ce cadran, ou même elle est censée
faire partie de ce méridien.

« Or, la physique et la géométrie four-
nissent des moyens pour mesurer le méri-

dien , c'est-à-dire , pour trouver la longueur qu'aurait le fil dont nous avons parlé , s'il était tendu en ligne droite , et comme tous les méridiens sont égaux , on peut choisir partout où l'on voudra celui qu'on se propose de mesurer. C'est de cette mesure que l'on est parti pour déterminer les mesures linéaires ; et au lieu de prendre pour unité la circonférence entière du méridien, comme cela paraît naturel au premier aperçu , on a pris simplement le quart de cette circonférence, depuis l'un des deux pôles où se coupent tous les méridiens , jusqu'à l'équateur qui est le cercle situé à la moitié de la distance entre l'un et l'autre pôle.

« Ainsi la longueur du quart du méridien prise en coupant par moitié la distance d'un pôle à l'autre , est l'unité de mesure qui a servi de fondement pour trouver toutes les autres mesures , en la divisant et en la sous-divisant en parties toujours plus petites.

« On a choisi parmi toutes les manières de diviser , celle qui donne des parties successivement dix fois plus petites les unes que les autres. Ainsi l'on a divisé d'abord le quart du méridien en dix parties égales, puis chaque partie en dix autres et ainsi de suite , ou , ce qui revient au même, on a divisé le quart du méridien successivement en dix , en cent , en mille parties, etc. Les premières sous-divisions étant évidemment trop grandes pour donner une mesure commode dans la pratique , ou que l'on pût regarder comme l'unité usuelle de mesure , on a continué de diviser toujours par dix jusqu'au point où le quart du méridien s'est trouvé sous-divisé *en dix millions de parties* , et l'on a remarqué que chaque dix-millionième partie , qui formait une longueur d'environ trois pieds un pouce de l'ancienne mesure , remplissait les conditions requises relativement à la facilité de l'usage. C'est cette longueur que l'on a adoptée pour l'unité de mesure, ou la mesure principale à laquelle on rapporterait toutes les autres, et on lui a donné le nom de *mètre*, qui signifie lui-même mesure.

« En continuant de sous-diviser le quart du méridien , toujours de la même manière , on a obtenu des parties au moyen desquelles le mètre , à son tour, se trouvait sous-divisé en dix , en cent et en mille. On a regardé ces nouvelles parties comme de petites mesures usuelles , qui serviraient pour les opérations où l'on aurait à déterminer une certaine longueur en mètres et parties du mètre ».

§. I<sup>er</sup>.

### MESURES LINÉAIRES.

Parmi les divisions du quart du méridien par lesquelles il a fallu passer pour arriver au mètre, il s'en trouve quatre auxquelles on a donné des noms particuliers.

La millième partie du quart du méridien, composée de 10,000 mètres, a reçu le nom de *myriamètre*.

La dix-millième partie du quart du méridien, composée de 1,000 mètres, a reçu le nom de *kilomètre*.

La cent-millième partie du quart du méridien, qui est composée de 100 mètres, a reçu le nom d'*hectomètre*.

La millionième partie du quart du méridien, composée de 10 mètres, a reçu le nom de *décamètre*.

Enfin, la dix-millionième partie du quart du méridien est le *mètre* lui-même.

Les trois premières divisions du quart du méridien, au-dessous du mètre, ont seules reçu des noms particuliers.

Ainsi la cent-millionième partie du quart du méridien, qui est la dixième du mètre, prend le nom de *decimètre*.

La billionième partie du quart du méridien, qui est la centième du mètre, prend le nom de *centimètre*.

Enfin, la dix-billionième partie du quart du méridien, qui est la millième du mètre, prend le nom de *millimètre*.

Voici le tableau des divisions et subdivisions du quart du méridien, et de leurs rapports, soit avec cette grande unité dont elles dérivent toutes, soit avec le mètre qui est l'unité à laquelle on les compare dans l'usage ordinaire.

| NOMBRES des divisions du quart du méridien. | RAPPORTS avec le quart du méridien. | RAPPORTS avec le mètre. | NOMS des mesures. |
|---|---|---|---|
| 0 | $1$ | 10,000,000 | Quart du méridien ou unité prise dans la nature. |
| 1ro | $\frac{1}{10}$ | ..1,000,000 | |
| 2me | $\frac{1}{100}$ | ...100,000 | |
| 3me | $\frac{1}{1000}$ | ....10,000 | Myriamètre. |
| 4me | $\frac{1}{10000}$ | .....1,000 | Kilomètre. |
| 5me | $\frac{1}{100000}$ | ......100 | Hectomètre. |
| 6me | $\frac{1}{1000000}$ | .......10 | Décamètre. |
| 7me | $\frac{1}{10000000}$ | ........1 | Mètre. |
| 8me | $\frac{1}{100000000}$ | .......$\frac{1}{10}$ | Décimètre. |
| 9me | $\frac{1}{1000000000}$ | ......$\frac{1}{100}$ | Centimètre. |
| 10me | $\frac{1}{10000000000}$ | .....$\frac{1}{1000}$ | Millimètre. |

Dans les opérations où les petites erreurs peuvent tirer à conséquence, on peut pousser encore plus loin la division du quart du méridien, en sous-divisant chaque millimètre en dix parties égales, qui seront des dix-millièmes du mètre; chacune de celles-ci en dix autres qui seront des cent-millièmes du mètre, etc, et obtenir ainsi la plus grande précision à laquelle les bornes de notre vue et celles de l'art permettent d'atteindre.

Il résulte de ce qui précède que les mesures linéaires sont : 1° le myriamètre , 2° le kilomètre , 3° l'hectomètre , 4° le décamètre , 5° le mètre , 6° le décimètre , 7° le centimètre, 8° le millimètre.

Le mètre est l'unité fondamentale des mesures linéaires : il remplace la toise, la canne et l'aune.

Le décamètre remplace la perche ou late.

Le kilomètre et le myriamètre sont les nouvelles mesures itinéraires, et remplacent la grande et la petite lieue.

On n'emploie pas des mesures linéaires effectives ou réelles plus grandes que le double décamètre , qui est la longueur du double de la chaîne d'arpenteur.

Nos routes sont destinées à être divisées en kilomètres, au moyen de bornes placées à mille mètres les unes des autres.

L'ordonnance royale du 28 juin 1839 , relative aux poids, mesures et instruments de pesage et mesurage, fixe ainsi qu'il suit la forme , le nom et la dimension des mesures de longueur dont l'usage est permis.

### NOMS DES MESURES.

| | |
|---|---|
| Double décamètre | ou 20 mètres. |
| Décamètre | ou 10 mètres. |
| Demi-décamètre | ou 5 mètres. |
| Double mètre | ou 2 mètres. |

Mètre                      ou 1 mètre.
Demi-mètre            ou 5 décimètres.
Double décimètre      ou 2 décimètres.
Décimètre             ou 1 décimètre.

Ces mesures devront être construites en métal, en bois ou autre matière solide.

Elles pourront être établies dans la forme qui conviendra le mieux aux usages auxquels elles sont destinées.

Indépendamment des mesures d'une seule pièce, il est permis de faire des mesures brisées, pourvu que le nombre de leurs parties soit deux, cinq ou dix.

Les mesures devront être construites avec solidité.

Des garnitures en métal devront être adaptées aux extrémités des mesures en bois, du mètre, de son double et de sa moitié.

Les divisions en centimètres ou millimètres devront être exactes, déliées et d'équerre avec la longueur de la mesure.

Le nom propre à chaque mesure sera gravé sur la face supérieure de la mesure, qui devra porter aussi le nom ou la marque du fabricant.

Le decamètre, son double et sa moitié, construits en forme de chaîne, devront avoir des chaînons d'une force suffisante et de la longueur de deux ou de cinq décimètres ; les anneaux, à chaque mètre, seront exécutés avec un métal d'une couleur différente de celui employé pour les autres anneaux.

## § II.

# MESURES AGRAIRES
## *ou de Surface.*

L'*are* est l'unité agraire ou de superficie.

Cette unité représente une surface carrée dont chaque côté a un décamètre de long, et que pour cette raison on appelle encore décamètre carré.

Avec l'arc on forme quatre multiples décimaux qui sont 1° le *Décare* ou 10 ares, 2° l'*Hectare* ou 100 ares, 3° le *Kilare* ou 1,000 ares, 4° le *Myriare* ou 10,000 ares.

Les sous-multiples décimaux de l'arc sont au nombre de trois : le *Déciare* ou dixième de l'are, le *Centiare* ou centième de l'arc et le *Milliare* ou millième de l'arc.

L'arc, ses multiples et ses sous-multiples décimaux, forment l'ensemble des mesures agraires, en observant, toutefois, que les seules usitées sont :

   1° L'Hectare.
   2° L'Are.
   3° Le Centiare.

L'hectare, qui n'est autre chose que l'hecto-mètre carré, se compose de 10,000 mètres carrés : l'hectare remplace les anciennes mesures agraires, connues sous les noms de séterée, arpent, sac, journal, etc.

L'arc ou décamètre carré, contient 100

mètres carrés, et remplit, dans le nouveau système, les fonctions de la perche carrée ancienne.

Enfin le centiare qui n'est autre chose que le *mètre carré* lui-même, remplace la toise carrée et la canne carrée.

Il ne faut pas oublier ce que nous avons dit et démontré dans la première partie, que les mesures agraires sont toutes des mesures de compte.

Pour évaluer les grandes superficies, celle d'un royaume par exemple, on se sert du kilomètre carré ou *Myriare*, qui renferme 1,000,000 de mètres carrés.

Une remarque essentielle nous reste à faire sur les mesures de surface :

Le *mètre carré*, ainsi que nous venons de le voir, prend le nom de *centiare*; mais cette dénomination ne s'y applique d'une manière exclusive que tout autant qu'il représente une fraction de l'are ou de l'hectare.

Le mètre carré est très-souvent employé, notamment dans l'évaluation des petites surfaces, comme unité principale de mesure ; et alors il conserve sa dénomination simple de *mètre carré* : ainsi l'on dira 36 mètres carrés de planches.

Le mètre carré, employé comme unité principale de mesure, se divise en 100 décimètres carrés, le décimètre carré en 100 centimètres carrés et le centimètre carré en

100 millimètres carrés, d'où il résulte qu'un mètre carré renferme ou 100 décimètres carrés, ou 10,000 centimètres carrés, ou 1,000,000 de millimètres carrés.

## § III.

## MESURE DE VOLUME:

### *pour les Solides.*

Nous avons eu l'occasion, dans la première partie, de faire observer que les corps durs ne pouvaient être l'objet d'un mesurage effectif, et que, pour obtenir leur volume, il fallait multiplier entr'elles les trois sommes des unités linéaires contenues dans leurs trois dimensions. Le résultat de ce calcul exprime le volume des corps en mètres cubes, décimètres cubes, centimètres cubes et millimètres cubes, qui sont les mesures de compte adoptées pour évaluer en général le volume des solides : elles remplacent la toise cube et le pied cube, ainsi que leurs subdivisions.

Le mètre cube se divise en 1,000 décimètres cubes, le décimètre cube en 1,000 centimètres cubes et le centimètre cube en 1,000 millimètres cubes, d'où il suit que le mètre cube renferme, ou 1,000 décimètres cubes, ou 1,000,000 de centimètres cubes, ou 1,000,000,000 de millimètres cubes.

## Stère.

Le mètre cube, employé au mesurage du bois de charpente et du bois de chauffage, prend le nom de *stère*, qui est la seule mesure effective pour le volume des solides.

En formant avec le stère les multiples et les sous-multiples décimaux ordinaires, on obtiendrait les mesures de volume suivantes : 1° le myriastère, 2° le kilostère, 3° l'hectostère, 4° le décastère, 5° le stère, 6° le décistère, 7° le centistère, 8° le millistère. De ces mesures, les seules usitées sont :

1° le décastère     ou 10 stères.
2° le stère     ou mètre cube.
3° le décistère     ou 1/10° de stère.

Le décastère et le stère remplacent les anciennes mesures, pour le bois de chauffage, désignées sous les noms de pagelle, bûcher, canon, corde, etc.

Pour mesurer le bois de charpente ou de chauffage, on peut procéder de deux manières.

On met le bois en tas, et l'on obtient son volume par le calcul, au moyen des trois dimensions ; ou bien, on coupe le bois en bûches d'un mètre ou de deux mètres de long, et on l'entasse dans un cadre de bois ayant intérieurement un mètre de largeur sur un mètre de hauteur ; par ce moyen, on obtient le volume d'un stère ou d'un double stère.

A cause du vide que laissent entr'elles

les buches de bois de chauffage, il en résulte qu'un stère de bois de charpente a
un volume réel plus grand qu'un stère de
bois de chauffage : la différence entre ces
deux stères est d'environ 1⁄10ᵉ, ou 1 décistère.

Voici, d'après l'ordonnance royale du 28
juin 1839, comment doivent être établis les
instruments légaux de mesurage pour le bois
de chauffage.

» Les membrures qui représentent des mesures de solidité du demi-décastère, du double
stère, du stère, et destinées à mesurer le bois
de chauffage, seront construites en bon bois ;
les pièces qui les composent devront être bien
dressées et assemblées solidement.

» Chaque membrure sera formée d'une
sole, de deux montants et de deux contre-
fiches ; elle doit avoir de plus deux sous-
traits.

» La longueur de la sole entre les montants est fixée ainsi qu'il suit, savoir :

Demi-décastère            3 mètres.
Double stère             2 mètres.
Stère                     1 mètre.

» Pour les bois coupés à un mètre de
longueur, la hauteur des montants sera :

Demi-décastère     1 mètre 667 millim.
Double stère et stère 1 mètre.

Cette hauteur variera suivant la longueur
des bois, de manière à toujours reproduire
un solide de un, deux ou cinq mètres-cubes.

2*

» On pourra construire aussi des membrures en fer du double stère et du stère, pourvu qu'elles réunissent les conditions de justesse et de solidité nécessaires, et qu'elles soient garnies de rondelles adhérentes, en étain ou en plomb, pour faciliter l'application des marques de vérification.

Il résulte des dispositions ci-dessus transcrites que les seules mesures effectives légales des bois de chauffage sont :

1° Le demi-décastère.

2° Le double stère.

3° Le stère.

Que la sole de ces trois mesures est invariablement fixée à 3 mètres pour le demi-décastère, à 2 mètres pour le double stère et à 1 mètre pour le stère.

Et que la hauteur des montants de ces mesures varie selon la longueur du bois à mesurer.

L'ordonnance offre un exemple pour les bois coupés à un mètre de longueur ; mais chez nous l'usage le plus répandu étant de couper les bois d'une longueur de deux mètres, si l'on veut établir des mesures pour les bois de cette longueur, la hauteur des montants sera fixée :

1° Pour le demi-décastère, à 1 mètre 25 cent.

2° Pour le double stère et pour le stère, à 50 centimètres.

## § IV.

## MESURES DE CAPACITÉ.

Les mesures de capacité servent à mesurer les grains et les liquides.

L'unité de capacité est le *Litre*.

Le litre est un espace vide d'un *décimètre cube*, dont cinq faces, sur les six qui le limitent, sont formées par de petites plaques en bois ou en métal liées ou soudées, ensembles de manière à contenir le liquide qu'on y verse par la face qui demeure ouverte.

Les mesures plus grandes que le litre sont, 1° le décalitre ou 10 litres, 2° l'hectolitre ou 100 litres, 3° le kilolitre ou 1,000 litres, 4° le myrialitre ou 10,000 litres.

Les mesures plus petites que le litre sont : 1° le décilitre ou 1/10° du litre, 2° le centilitre ou 1/100° du litre, 3° et le millitre ou 1/1000° du litre.

Dans l'usage on ne se sert pas de mesures plus grandes que l'hectolitre ni plus petites que le centilitre.

On n'a point conservé aux mesures de capacité, la forme cubique ; mais afin d'en rendre la confection plus facile et l'usage plus commode, on leur a donné la forme cylindrique.

L'ordonnance du 28 juin 1839 règle, de

ſa manière suivante, la forme, les noms et les dimensions des mesures de capacité :

*Mesures de capacité pour les matières sèches.*

NOMS DES MESURES.

| Hectolitre | ou | 100 litres. |
|---|---|---|
| Demi-Hectolitre | ou | 50 litres. |
| Double-Décalitre | ou | 20 litres. |
| Décalitre | ou | 10 litres. |
| Demi-Décalitre | ou | 5 litres. |
| Double-Litre | ou | 2 litres. |
| Litre | ou | 1 litre. |
| Demi-Litre | ou | 5 décilitres. |
| Double-Décilitre | ou | 2 décilitres. |
| Décilitre | ou | 1 décilitre. |
| Demi-Décilitre | ou | 5 centilitres. |

» Les mesures de capacité pour les matières sèches devront être construites dans la forme cylindrique, et auront intérieurement le diamètre égal à leur hauteur.

» Les mesures en bois ne pourront être faites qu'en bois de chêne ; elles devront être établies avec solidité dans toutes leurs parties.

» Pour les mesures qui seront garnies intérieurement de potences ou autres corps saillants, la hauteur sera augmentée proportionnellement au volume de ces objets.

» Les mesures en bois devront être formées d'une éclisse ou feuille courbée sur elle-même, et fixée par des clous.

» Toutes les mesures en bois devront être garnies à la partie supérieure d'une bordure en tôle rabattue.

» Les mesures, depuis et compris le double-décalitre jusqu'à l'hectholitre, devront, en outre, être ferrées ; on pourrra, suivant l'usage auquel elles sont destinées, y adapter des pieds fixés avec boulons et écrous.

» Les mesures en bois de plus petite dimension, pourront être garnies de bandes latérales en tôle.

» On pourra fabriquer des mesures pour les matières sèches, en cuivre ou en tôle, pourvu qu'elles soient établies avec solidité, et dans la forme ci-dessus prescrite.

» Chaque mesure doit porter le nom qui lui est propre : le nom ou la marque du fabricant sera appliquée sur le fond de la mesure.

*Mesures de capacité pour les liquides.*

Les noms et la forme affectés aux mesures de capacité pour les matières sèches, serviront de règle pour la construction des mêmes mesures, employées pour les liquides, depuis l'hectolitre jusqu'au demi-décalitre inclusivement. Elles pourront être établies en cuivre, tôle ou fonte ; mais sous la réserve expresse de prévenir, par l'étamage ou autre procédé analogue toute altération ou oxidation de nature à présenter des dangers dans l'usage de ces sortes de mesures.

Les mesures du double litre et au-dessous devront être construites exclusivement en étain, et auront intérieurement la hauteur double du diamètre ; elles auront le poids déterminé ci-après, comme minimum obligatoire pour chacune des espèces de mesures.

| NOMS des mesures. | POIDS DES MESURES ( EN GRAMMES. ) | | |
| --- | --- | --- | --- |
| | Sans anses ni couvercles. | Avec anses sans couvercles. | Avec anses et couvercles. |
| | Grammes. | Grammes. | Grammes. |
| Double litre...... | 1,350 | 1,700 | 2,200 |
| Litre............. | 900 | 1,100 | 1,350 |
| Demi-litre....... | 525 | 650 | 820 |
| Double décilitre... | 280 | 335 | 420 |
| Décilitre......... | 145 | 180 | 240 |
| Demi-décilitre.... | 85 | 100 | 140 |
| Double-centilitre.. | 45 | 60 | 85 |
| Centilitre........ | 25 | 35 | 50 |

» Le titre de l'étain employé pour la fabrication des mesures reste fixé à quatre-vingt-trois centièmes cinq millièmes, avec une tolérance de un centième cinq millièmes ; ainsi le métal dont les mesures seront fabriquées ne doit pas contenir moins de quatre-vingt-deux centièmes d'étain pur, et plus de dix-huit centièmes d'alliage.

Ces mesures devront conserver intérieu-rement, et sur le bord supérieur, la venue du moule ; elles devront être sans soufflures ni autres imperfections.

Le nom propre à chaque mesure devra être inscrit sur le corps de la mesure. Le nom ou la marque du fabricant devra être apposée sur le fond.

On pourra construire des mesures en fer-blanc, depuis le double-litre jusqu'au dé-cilitre ; mais ces sortes de mesures, exclu-sivement *réservées pour le lait*, devront être établies dans la forme cylindrique, ayant le diamètre égal à la hauteur, conformé-ment à ce qui est prescrit pour les mesures destinées aux matières sèches; elles seront garnies d'une anse ou d'un crochet également en fer-blanc, et porteront le nom qui leur est propre sur le cercle supérieur rabattu et ser-vant de bordure. On aura soin de placer, pour recevoir les marques de vérification, deux gouttes d'étain applaties, l'une au bord su-périeur, l'autre à la jonction du fond de chaque mesure, qui devra porter aussi le nom ou la marque du fabricant.

## § V.

## DES POIDS.

Dans le nouveau système l'unité de poids est le *gramme*.

On donne le nom de gramme *au poids
d'un centimètre cube d'eau distillée, ramenée à son maximum de densité et pesée
dans le vide* : ceci dmande une explication.

Pour se faire une idée exacte de cette
unité de poids, il faut se figurer un petit
cube dont chaque face ait un centimètre
carrée, et dont l'intérieur creux soit ouvert
par une de ses faces ; on place ce cube dans
le plateau d'une balance, et l'on met dans l'autre plateau de quoi contrebalancer le poids de
la matière avec laquelle le cube se trouve formé. Cette première opération terminée, avec
toute la précision possible, on remplit d'eau
le cube ; le poids de cette eau entraîne
nécessairement de son côté la chûte de la
balance ; alors on fait choix d'un fragment
de métal qui, placé dans le plateau opposé,
rétablisse l'équilibre dans la balance, c'est-
à-dire, qui ramène les deux plateaux en
*balance.*

Le fragment de métal, mis dans la balance pour faire équilibre au poids de l'eau,
représente l'unité de poids que nous avons
appelée *gramme.*

Le procédé, employé pour déterminer le
poids du gramme, ne peut produire un résultat exact qu'à la triple condition d'employer 1° de l'eau distillée, 2° à son maximum de densité ; 3° et pesée dans le vide :
en voici la raison.

De tous les liquides l'eau est, sans contredit le plus commun et le plus répandu, et c'est ce qui explique le choix qu'on en a fait; mais comme l'eau entraine avec elle certaines matières étrangères, suivant la nature des terrains sur lesquels elle coule, de telle sorte que le même volume d'eau puisé à deux fontaines différentes, présente souvent une inégalité sensible dans le poids, on a prévenu cet inconvénient en la distillant.

Non seulement il faut de l'eau distillée, mais encore il faut qu'elle soit ramenée à son maximum de densité, ce qui signifie ramenée à son moindre volume.

Généralement les corps, en s'échauffant, augmentent de volume, et en se refroidissant ils en diminuent. Il est reconnu en physique, que l'eau, arrivée à la température de 4 degrès du thermomètre centigrade, tend à la fois à augmenter de volume, soit qu'elle s'échauffe, soit qu'elle se refroidisse. Ce degré de température est comme un moment d'arrêt pendant lequel l'eau se trouve réduite à son *moindre volume*, c'est-à-dire, à ce que les physiciens appellent son *maximum de densité* : de telle sorte que, dans cet état, un même volume d'eau présente toujours le même poids.

Enfin, pour mettre plus de précision dans la détermination du poids du gramme, on pèse l'eau dans le vide : cette précaution est nécessaire, parce qu'il est prouvé que les corps perdent de leur poids, à raison du volume d'air qu'ils déplacent.

Avec le gramme on forme des poids de dix en dix fois plus grands les uns que les autres, qui sont : 1° le *décagramme* ou 10 grammes ; 2° *l'hectogramme* ou 100 grammes ; 3° le *kilogramme* ou 1000 grammes, 4° le *myriagramme* ou 10,000 grammes.

Les poids plus petits que le gramme sont : 1° le *décigramme* ou dixième du gramme ; 2° le *centigramme* ou centième du gramme et 3° le *milligramme* ou millième du gramme.

Nous n'avons pas des poids effectifs qui dépassent 5 myriagrammes ou 50 kilogrammes.

Le demi-kilogramme est le poids qui se rapproche le plus de la livre ancienne ; aussi le demi-kilogramme avait-il été désigné jusqu'ici sous la dénomination de livre nouvelle, ou grosse livre, pour laquelle on avait toléré l'ancienne division en *onces*. Cette tolérance mettait un obstacle insurmontable à l'adoption du vrai système décimal.

A l'avenir on ne peut faire usage que de poids tels qu'ils sont décrits dans l'ordonnance royale du 28 juin 1839, dont nous allons rapporter les dispositions à cet égard.

### *Poids en fer.*

« Les poids devront être construits en fonte

de fer ; leurs noms sont indiqués ci-après, ainsi que la dénommination abréviative qui devra être inscrite sur chacun d'eux, en caractères lisibles.

| NOMS DES POIDS. | ABRÉVIATIONS qui devront être inscrites sur la sur- face supérieure. |
|---|---|
| Cinquante kilogrammes.. | 50 Kilog. |
| Vingt kilogrammes..... | 20 Kilog. |
| Dix kilogrammes....... | 10 Kilog. |
| Cinq kilogrammes...... | 5 Kilog. |
| Double kilogramme..... | 2 Kilog. |
| Kilogramme .......... | 1 Kilog. |
| Demi-kilogramme...... | Demi Kilog. 5 Hectog. |
| Double hectogramme.... | 2 Hectog. |
| Hectogramme.......... | 1 Hectog. |
| Demi-hectogramme..... | 1/2 Hectog. |

« Les poids en fer de 50 et de 20 kilo-grammes devront être établis en forme de pyramide tronquée, arrondie sur les angles, et ayant pour base un parallélogramme.

« Les autres poids en fer, depuis celui de 10 kilogrammes, jusqu'au demi-hectogramme inclusivement, devront être établis en forme de pyramide tronquée, ayant pour base un hexagone régulier.

« Les anneaux dont les poids sont garnis devront être placés de manière à ne pas dé-passer l'arête des poids.

« Chaque anneau devra être en fer forgé rond et soudé à chaud.

« Chaque anneau attaché par un lacet, devra entrer sans difficulté dans la rainure prati-quée sur le poids pour le recevoir.

« Chaque lacet devra être en fer forgé et construit solidement, tant au sommet qui em-brasse l'anneau, qu'aux extrémités de ses branches, lesquelles doivent être rabattues et enroulées par dessous, pour retenir le plomb nécessaire à l'ajustage.

« Les poids en fer ne doivent présenter à leur surface ni bavures, ni soufflures; et la fonte ne doit être ni aigre ni cassante.

« Chaque poids doit être garni aux extré-mités du lacet d'une quantité suffisante de plomb coulé d'un seul jet et destiné à rece-voir les empreintes des poinçons de vérifi-cation première et périodique, ainsi que la marque du fabricant, qui doit y être apposée.

*Poids en cuivre.*

«Les poids en cuivre sont indiqués ci-après, ainsi que la dénomination qui devra être inscrite sur chacun d'eux.

| NOMS DES POIDS. | DÉNOMINATIONS qui doivent être inscrites sur la surface supérieure. |
|---|---|
| Vingt kilogrammes.. | 20 Kilogrammes. |
| Dix kilogrammes.... | 10 Kilogrammes. |
| Cinq kilogrammes... | 5 Kilogrammes. |
| Double kilogramme.. | 2 Kilogrammes. |
| Kilogramme ....... | 1 Kilogramme. |
| Demi-kilogramme ... | 500 Grammes. |
| Double hectogramme. | 200 Grammes. |
| Hectogramme ...... | 100 Grammes. |
| Demi-hectogramme.. | 50 Grammes. |
| Double décagramme. | 20 Gram. |
| Décagramme....... | 10 Gram. |
| Demi-décagramme... | 5 Gram. |
| Double gramme..... | 2 Gram. |
| Gramme .......... | 1 Gram. |
| Demi-gramme...... | 5 Décig. |
| Double décigramme.. | 2 Décig. |
| Décigramme....... | 1 Décig. |
| Demi-décigramme... | 5 Centig. |
| Double centigramme. | 2 C. G. |
| Centigramme....... | 1 C. G. |
| Demi-centigramme .. | 5 M. G. |
| Double milligramme. | 2 M. |
| Milligramme....... | 1 M. |

La forme des poids en cuivre, depuis et compris celui de 20 kilogrammes jusqu'au gramme, sera celle d'un cylindre surmonté d'un bouton. La hauteur du cylindre sera égale à son diamètre, pour tous les poids, jusqu'à celui de 5 grammes inclusivement; la hauteur de chaque bouton sera égale à la moitié du diamètre du cylindre qui le supporte. Ces dispositions ne seront pas applicables aux poids d'un et de deux grammes, qui auront le diamètre plus fort que la hauteur.

« Les poids, depuis et compris les cinq décigrammes jusqu'au milligramme, se feront avec des lames de laiton minces, coupées carrément.

« Les poids en cuivre cylindriques et à bouton pourront être massifs, ou contenir dans leur intérieur une certaine quantité de plomb; mais ils devront toujours présenter le même volume. Ces poids peuvent être faits d'un seul jet ou formés de deux pièces seulement, savoir : le cylindre et le bouton ; mais, dans ce dernier cas, le bouton devra être monté à vis sur le corps du poids, et fixé invariablement par une cheville ou petite vis, à fleur de la surface. Cette cheville sera en cuivre rouge, afin de la distinguer facilement.

On pourra aussi construire des poids en cuivre d'un kilogramme ou d'un de ses sous-multiples, dans la forme de godets coniques qui s'empilent les uns dans les autres, et se trouvent ainsi renfermés dans une boîte qui est elle-même un poids légal.

« La surface des poids en cuivre devra être nette et ne laisser apercevoir aucun corps étranger qu'on aurait chassé dans le cuivre, ni aucune soufflure qui permettrait d'en introduire.

« Les dénominations seront inscrites en creux et en caractères lisibles sur la surface supérieure des poids. Chaque poids devra porter le nom ou la marque du fabricant. »

## §. 6.

### DES MONNAIES.

L'unité monétaire du nouveau système est le *franc*.

Le franc est une pièce d'argent qui renferme un dixième de cuivre.

Le franc se divise en 10 décimes et le décime en 10 centimes, ce qui fait que le franc vaut 100 centimes.

Le franc n'admet point des multiples décimaux comme les poids et les mesures.

Nous avons des monnaies d'argent, d'or et de cuivre : dans les deux premières il entre un dixième de cuivre.

Les pièces d'argent sont au nombre de cinq, savoir : pièces de 5 francs, de 2 francs, de 1 franc, de 1/2 franc et de 1/4 de franc.

Il n'y a que deux sortes de pièces d'or :

des pièces de 20 francs et des pièces de 40 francs.

Les pièces de cuivre sont de 10 centimes de 5 centimes, de 2 centimes et de 1 centime.

Il existe une monnaie de billon de 10 centimes formée de deux dixièmes d'argent et de huit dixièmes de cuivre. Les pièces de cette monnaie sont vulgairement appelées *sous marqués*.

Il existe encore des pièces d'argent de 75 centimes et de 1 franc 50 centimes dans lesquelles il entre 1/3 de cuivre. Toutes ces pièces, ainsi que celles de billon, demandent une refonte générale qui ne peut tarder d'arriver.

Le nouveau système monétaire se rattache au système métrique, par le poids et par la dimension des pièces.

### Poids des Pièces d'or.

| | gram. | millig. |
|---|---|---|
| La pièce de 40 francs pèse | 12, | 903, 2 |
| La pièce de 20 francs..... | 6, | 451, 6 |

### Poids des pièces d'argent.

| | gram. |
|---|---|
| La pièce de 5 francs pèse.....25 | |
| La pièce de 2 francs........10 | |
| La pièce de 1 franc..........5 | |
| La pièce de 1/2 franc.........2, 5 déci. | |
| La pièce de 1/4 franc.........1, 25 cen. | |

*Poids des pièces de billon, dites sous marqués.*

Pièce de 10 centimes pèse........ 2 gram.

*Poids des pièces de cuivre.*

Pièce de 10 centimes pèse...... 20 gram.
Pièce de 5 centimes...........10
Pièce de 2 centimes............4
Pièce de 1 centime.............2

Ainsi, à défaut des poids du commerce, on peut, avec les monnaies de cuivre ou d'argent, facilement les remplacer depuis le poids de 50 kilogrammes jusqu'à celui de 2 grammes.

10,000 francs en argent pèsent 50 kilog.
 4,000 francs................20
 2,000 francs................10
 1,000 francs.................5
  400 francs.................2
  200 francs.................1
  100 francs.....1/2 kil. ou  500 gram.
   40 francs.............200
   20 francs.............100
   10 francs..............50
    4 francs argent ou 10 cent.
     cuivre..............20
    2 francs argent ou 5 cent.
     cuivre..............10
    1 franc argent............5
    10 centimes billon ou 1 cent.
     cuivre...............2

L'imperfection des monnaies de cuivre et de billon ne permet pas de s'en servir. Les pièces d'or ou d'argent peuvent seules donner un résultat exact.

### *Dimensions des pièces d'or.*

millimètres.
Le diamètre des pièces de 40 fr. est de 26
Le diamètre des pièces de 20 fr.　　21

### *Dimensions des pièces d'argent.*

millimètres.
Le diamètre des pièces de 5 fr. est de 37
Le diamètre des pièces de 2 fr.　　27
Le diamètre des pièces de 1 fr.　　23
Le diamètre des pièces de 1/2 fr.　　18
Le diamètre des pièces de 1/4 fr.　　15

### *Dimensions des pièces de billon et de cuivre.*

millimètres.
Diamètre des pièces billon de 10 cent.　　19
Diamètre des pièces de cuivre de 10 cent.　31
Diamètre des pièces de cuivre de 5 cent.　27

Il résulte de l'état des dimensions ci-dessus indiquées, qu'en alignant sur une surface 27 pièces de 5 francs, on obtient la longueur du mètre à un millimètre près.

Le décimètre s'obtient avec deux pièces de 2 francs et deux pièces de 1 franc.

Et le centimètre s'obtient en retranchant, de la longueur obtenue par 2 pièces de 1 franc, la longueur de 2 pièces de 1/2 franc.

Nous terminerons nos observations sur les

monnaies par un nouveau rapprochement du franc avec la livre tournois.

On sait déjà que le franc dépasse de 1/80° la valeur de la livre : Le franc diffère encore de la livre par le *titre*, qui est de 1/10° pour le franc et de 1/12° pour la livre. Sous ce dernier rapport, la livre tournois présenterait une valeur intrinsèque supérieure à celle du franc.

Pour faciliter l'intelligence et surtout l'usage du nouveau système des poids et mesures, il importe de faire remarquer, en finissant l'exposé que nous venons d'en faire, que les cinq unités principales sont désignées par les mots : *mètre, are, stère, litre, gramme;*

Que pour désigner les multiples décimaux de ces cinq unités de mesures , il suffit d'ajouter aux cinq mots ci-dessus les expressions :

*deca,        hecto,        kilo,        myria.*
            dont la traduction est :
*dix,        cent,        mille,        dix mille.*

Et que pour désigner les sous-multiples décimaux, il suffit d'ajouter aux mêmes cinq mots consacrés à la désignation des unités principales les expressions :

*deci,        centi,            milli.*
            dont la traduction est :
*dixième,    centième,    millième.*

D'où il suit qu'avec douze mots seulement on forme les dénominations de toutes les mesures et de tous les poids du système métrique.

Voici le tableau général de cette nomenclature.

## MESURES.

| de longueur. | | de surface. | | de volume. | | de capacité. | | de poids | |
|---|---|---|---|---|---|---|---|---|---|
| myria | | Myri | | myria | | myria | | myria | |
| kylo | | kil | | kilo | | kilo | | kilo | |
| hecto | | hect | | hecto | | hecto | | hecto | |
| deca | métre | déca | arc | deca | stère | deca | litre | deca | grammes |
| deci | | déci | | deci | | deci | | deci | |
| Centi | | centi | | centi | | centi | | centi | |
| milli | | milli | | milli | | milli | | milli | |

# III.

## INSTRUCTION



POUR FACILITER L'INTELLIGENCE DES TABLES
DE CONVERSION.

### §. 1er.

Si l'on écrit à l'aide de mots un nombre
entier, *deux mille trois cent quarante-huit*,
par exemple, et que l'on veuille ensuite exprimer le même nombre en chiffres, d'après
les règles de la numération, nous écrirons :

2,348

Mais si l'on propose d'écrire successivement en chiffres, d'abord *deux mille*, ensuite *trois cents*, puis *quarante*, et enfin
*huit*, nous écrirons.

2,000
300
40
8

Et ce résultat, sous une forme moins simple que le précédent, sera aussi bien la
traduction exacte du nombre écrit, *deux
mille trois cent quarante-huit :* Cela est si
vrai que si l'on écrit les quatre nombres | 2,000
les uns sous les autres de manière que | 300
les chiffres de même ordre se cor- | 40
respondent leur somme sera : *deux* | 8
*mille trois cent quarante-huit, ci* .. 2,348

Il est très-essentiel de signaler les différences de forme qui existent entre les deux expressions numériques ci-dessus.

Dans la première les chiffres forment une colonne horizontale, tandis qu'ils sont écrits dans la deuxième en colonne verticale.

Dans la première les chiffres sont écrits purement et simplement à la suite les uns des autres, et dans la seconde tous les chiffres, moins un, sont accompagnés à leur gauche d'un certain nombre de zéros : à cet égard il importe de remarquer que chaque chiffre de la deuxième expression se trouve suivi d'un nombre de zéros égal au nombre des chiffres qui se trouvent à sa gauche dans la première expression.

Ainsi le chiffre 2, ayant à sa gauche dans la première expression trois chiffres, se trouve accompagné de trois zéros dans la deuxième ; le chiffre 3, ayant à sa gauche, dans la première expression, deux chiffres, se trouve suivi de deux zéros dans la deuxième ; le chiffre 4, ayant à sa gauche, dans la première expression, un seul chiffre, se trouve suivi d'un seul zéro dans la seconde ; enfin le chiffre 8, n'ayant aucun chiffre à sa gauche dans la première expression, aucun zéro ne l'accompagne dans la deuxième.

Si, dans la première expression, il se trouvait des zéros, comme dans le nombre 8,002, par exemple, dans la transformation à faire pour arriver à la deuxième expression on

n'aurait aucun égard aux zéros et l'on écrirait :
          8000                          .
             2

Comme il y aurait lieu aux mêmes observations, quelques fussent les nombres que l'on se proposât pour exemple, nous pouvons poser la règle générale suivante, qui doit servir de base à l'application des tables de conversion :

*Tout nombre entier peut être représenté en écrivant les chiffres significatifs qui le composent les uns sous les autres en colonne verticale, et en ayant le soin de faire suivre à la gauche de chacun d'eux un nombre de zéros égal au nombre de chiffres dont ils étaient suivis lorsqu'ils étaient écrits horizontalement.*

Les neuf chiffres employés en arithmétique, ayant une valeur, par eux-mêmes, sont appelés significatifs, pour les distinguer du zéro qui n'en a aucune par lui-même.

De l'application de la règle qui vient d'être posée il résulte :

1.º Que tout nombre entier se trouve décomposé en d'autres nombres partiels dont la somme est égale au nombre proposé.

2.º Que chacun de ces nombres partiels ne renferme qu'un chiffre significatif, soit seul, soit suivi de zéros.

Or, il est évident qu'en formant des tables dans lesquelles on trouverait les valeurs de convention données aux nombres exprimés par les neufs chiffres significatifs , soit seuls , soit suivis de zéros , on parviendrait facilement , au moyen d'une simple addition , à obtenir la valeur totale de tout nombre entier proposé.

C'est sur cette donnée qu'ont été construites les tables de conversion dont il nous reste à expliquer l'usage.

## § II.

Chaque table est renfermée dans un cadre de forme rectangulaire , et elle se trouve divisée en plusieurs colonnes par des lignes verticales tracées dans son intérieur.

En tête de chaque colonne se trouve, ou un nom de mesure , ou un, ou plusieurs zéros.

Chaque colonne renferme neuf nombres différents qui correspondent aux neuf chiffres placés à gauche et en dehors du cadre de la table : ainsi le chiffre 1 correspond au premier nombre de chaque colonne; le chiffre 2 correspond au second nombre de chaque colonne , le chiffre 3 au troisième , etc.

Les nombres qui se trouvent dans les colonnes qui ont en tête un nom de mesure , expriment la valeur des neuf premiers nombres formés avec l'unité de cette mesure.

En joignant successivement les zéros qui se trouvent en tête d'une colonne aux neuf chiffres placés à gauche et en dehors du tableau, on obtient tous les nombres dont la valeur se trouve écrite dans cette colonne.

Ainsi, par exemple, en joignant les deux zéros qui se trouvent ordinairement en tête de la troisième colonne, aux neuf chiffres écris en dehors du tableau, on obtient les nombres 100, 200, 300, 400, 500, etc... et 900, c'est-à-dire, les neuf nombres dont la valeur se trouve écrite dans la colonne qui a en tête les deux zéros.

Ce qui précède suffit pour se fixer sur les éléments des tables, quant à la manière de s'en servir, nous allons l'indiquer à l'aide d'un exemple.

Supposons que nous ayons à convertir en mètres et subdivisions du mètre, 258 toises 5 pieds 2 pouces :

Je dispose le nombre proposé de manière à ce que les chiffres significatifs qui le composent, soient en colonne verticale, et comme le nombre 258 est formé de plusieurs chiffres, je lui fais subir la transformation dont nous avons déjà posé la règle : en conséquence on obtient le résultat suivant :

| toises. | mètr. | dec. cent. millimètres. |
|---|---|---|
| 200 | 389 - 8 . 0 . 7 . |
| 50 | 97 - 4 . 5 . 2 . |
| 8 | 15 - 5 . 9 . 2 . |
| pieds. | | |
| 5 | 1 - 6 . 2 . 4 . |
| pouces. | | |
| 2 | 0 - 0 . 5 . 4 . |

Somme.....504 - 5 . 2 . 9 .

Cette opération terminée, je mets d'abord sous mes yeux la 1ʳᵉ table des mesures linéaires, qui est relative aux toises.

La première partie du nombre à traduire ( 200 t. ), se terminant par deux zéros précédés du chiffre 2, je vais à la colonne ayant en tête deux zéros, et je cherche dans cette colonne le nombre qui correspond au chiffre 2 placé en dehors de la table ; je trouve que ce nombre est 389 mètres 8 décimètres 0 centimètre 7 millimètres, et je l'écris comme ci-dessus, à la suite du nombre 200 toises.

La 2ᵉ partie du nombre à traduire (50 t.) se composant d'un zéro et du chiffre 5, je vais à la colonne ayant en tête un zéro, et je cherche dans cette colonne le nombre qui correspond au chiffre 5 placé en dehors de la table ; je trouve que ce nombre est : 97 mètres 4 décim. 5 centim. 2 millim., et je l'écris comme ci-dessus, à la suite du nombre 50 t.

La 3ᵉ partie du nombre à traduire (8 t.) consistant en un seul chiffre ; je vais à la colonne ayant en tête le nom de la mesure exprimée par les unités de ce chiffre, qui est ici la toise, et je cherche dans cette colonne le nombre qui est vis-à-vis du chiffre 8 ; je trouve que ce nombre est : 15 mètres 5 décim. 9 centim. 2 millim., et je l'écris comme ci-dessus, à la suite du nombre 8 t.

( 59 )

La conversion ainsi faite des trois premières parties, pour opérer celle des deux dernières, je mets sous les yeux la 2° table des mesures linéaires, qui est relative aux subdivision de la toise; après quoi rien n'est plus facile que de trouver à la colonne des pieds le nombre qui correspond au chiffre 5, et à la colonne des *pouces* le nombre qui correspond au chiffre 2.

Le 1er de ces nombres se trouve être 1 mètre 6 décim. 2 centim. 4 millim.; je l'écris comme ci-dessus à la suite des 5 pieds.

Le 2e se trouve être 0 mètres 0 décim. 5 centim. 4 millim.; je l'écris comme ci-dessus à la suite des 2 pouces.

Enfin les nombres ainsi trouvés et écrits convenablement, je fais leur somme, 504 mètres 4 décim. 2 centim. 9 millim., qui représente la valeur de 528 toises 5 pieds 2 pouces.

Pour avoir de l'exactitude dans le résultat de l'opération, il faut surtout s'attacher à bien disposer les nombres à ajouter : on y parviendra facilement en ayant le soin de commencer par tracer le *tiret* ( — )* du nombre que l'on veut écrire sous le *tiret* du nombre déjà écrit, et de prendre ce *tiret* pour point de départ dans la distribution des chiffres qui se trouvent à sa droite et à sa gauche.

---

* Voir les observations qui précèdent les tableaux relatifs aux mesures linéaires, *page* 62.

## *Autre exemple.*

Soit proposé de connaître la valeur de 47 aunes 8⁄12ᵉ de drap en mètres et sub-divisions du mètre.

D'après ce que nous avons déjà appris, le nombre proposé devra subir la transfor-mation suivante :

| aunes, | mètr. déc. cent. mill. |
|---|---|
| 40 | 47 – 5 . 3 . 8 . |
| 8 | 9 – 5 . 0 . 8 . |
| 8⁄12 | 0 – 7 . 9 . 2 . |
| | 57 – 8 . 3 . 8 . |

Avec la 3ᵉ table des mesures linéaires, rélative aux aunes et aux fractions d'aune, nous trouverons d'abord pour les 40 aunes 47 mètres 5 décim. 3 centim. 8 millim. et pour les 8 aunes, 9 mètres 5 décim. 0 cent, 7 millim.

Pour arriver ensuite à la valeur de la fraction proposée, nous aurons recours aux colonnes des fractions d'aunes et nous y chercherons 8⁄12ᵉ ; vis-à-vis de cette frac-tion nous trouverons 0 mètre 7 décim. 9 centim. 2 millim. qui est la valeur des 8⁄12ᵉ d'aune que nous cherchons.

La valeur des trois parties du nombre proposé étant trouvée, une simple ad-dition donne le résultat écrit dans l'exem-ple ci-dessus.

# TABLES DE CONVERSION

### DES

## ANCIENS POIDS ET MESURES.

# OBSERVATIONS ESSENTIELLES.

1° Pour l'intelligence des tableaux relatifs aux mesures linéaires, il ne faut pas perdre de vue un instant, que la nouvelle unité principale de ces mesures est le *mètre*.

2° Dans les tableaux, le tiret — se trouve à la droite du chiffre exprimant les unités principales et le petit *m* placé au-dessus de ce chiffre est l'abrégé du mot mètre.

3° Les petites lettres d, c, m, placées au-dessus des chiffres qui sont à la droite du tiret, doivent se traduire par les mots deci, centi, milli, auxquels on ajoute le nom de l'unité principale.

4° Les petites lettres d, h, k, myr, qui sont au-dessus des chiffres placés à la gauche du tiret et des unités principales, doivent se traduire par les mots deca, hecto, kilo et myria, auxquels on ajoute le nom de l'unité principale.

Ainsi l'expression 256 - 8. 4. 9. signifie 256 mètres, 8 décimètres, 4 centimètres et 9 millimètres.

Et l'expression 8. 5. 512 - signifie 8 myriamètres, 5 kilomètres et 512 mètres.

Le plus souvent, dans l'usage, au lieu de donner à chacun des chiffres exprimant les subdivisions du mètre le nom qui leur est propre, on énonce à la fois tous les chiffres comme s'ils formaient un seul nombre auquel on ne donne alors que le nom des parties indiquées par le denier chiffre.

Ainsi au lieu d'écrire 8. 4. 9. et de lire 8 décimètres, 4 centimètres et 9 millimètres; le plus souvent on écrit — 849 et on lit 849 millimètres.

# TOISF.

N° 1.

| TOISE. | O | OO | OOO | OOOO | OOOOO |
|---|---|---|---|---|---|
| m. d. c. m. | m. d. c. m. | m. d. c. m. | m. d. c. m. | m. d. c. m. | m. d. c. m. |
| 1 — 9. 4. 9 | 19 — 4. 9. 0 | 194 — 9. 0. 4 | 1,949 — 0. 3. 6 | 19,490 — 3. 6. 3 | 194,903 — 6. 3. 1 |
| 3 — 8. 9. 8 | 38 — 9. 8. 1 | 389 — 8. 0. 7 | 3,898 — 0. 7. 3 | 38,980 — 7. 2. 6 | 389,807 — 2. 6. 2 |
| 5 — 8. 4. 7 | 58 — 4. 7. 1 | 584 — 7. 1. 1 | 5,847 — 1. 0. 9 | 58,471 — 0. 8. 9 | 584,710 — 8. 9. 3 |
| 7 — 7. 9. 6 | 77 — 9. 6. 1 | 779 — 6. 1. 5 | 7,796 — 1. 4. 5 | 77,961 — 4. 5. 2 | 779,614 — 5. 2. 4 |
| 9 — 7. 4. 5 | 97 — 4. 5. 2 | 974 — 5. 1. 8 | 9,745 — 1. 8. 2 | 97,451 — 8. 1. 5 | 974,518 — 1. 5. 5 |
| 11 — 6. 9. 4 | 116 — 9. 4. 2 | 1,169 — 4. 2. 2 | 11,694 — 2. 1. 8 | 116,942 — 1. 7. 9 | 1,169,421 — 7. 8. 6 |
| 13 — 6. 4. 3 | 136 — 4. 3. 3 | 1,364 — 3. 2. 5 | 13,643 — 2. 5. 4 | 136,432 — 5. 4. 2 | 1,364,325 — 4. 1. 7 |
| 15 — 5. 9. 2 | 155 — 9. 2. 3 | 1,559 — 2. 2. 9 | 15,592 — 2. 9. 0 | 155,922 — 9. 0. 5 | 1,559,229 — 0. 4. 8 |
| 17 — 5. 4. 1 | 175 — 4. 1. 3 | 1,754 — 1. 3. 3 | 17,541 — 3. 2. 7 | 175,413 — 2. 6. 8 | 1,754,132 — 6. 7. 9 |

# SUBDIVISIONS DE LA TOISE.

N° 2.

| | PIEDS. | O | O O | POUCES. | O | LIGNE. | O |
|---|---|---|---|---|---|---|---|
| | m. d. c. m. | m. d. c. m. | m. d. c. m. | m. d. c. m. | m. d. c. m. | m. d. c. m. | m. d. c. m. |
| 1 | 0 − 3. 2. 5 | 3 − 2. 4. 8 | 32 − 4. 8. 4 | 0 − 0. 2. 7 | 0 − 2. 7. 1 | 0 − 0. 0. 2,26 | 0 − 0. 2. 2,56 |
| 2 | 0 − 6. 5. 0 | 6 − 4. 9. 7 | 64 − 9. 6. 8 | 0 − 0. 5. 4 | 0 − 5. 4. 1 | 0 − 0. 0. 4,51 | 0 − 0. 4. 5,12 |
| 3 | 0 − 9. 7. 4 | 9 − 7. 4. 5 | 97 − 4. 5. 2 | 0 − 0. 8. 1 | 0 − 8. 1. 2 | 0 − 0. 0. 6,77 | 0 − 0. 6. 7,67 |
| 4 | 1 − 2. 9. 9 | 12 − 9. 9. 4 | 129 − 9. 3. 6 | 0 − 1. 0. 8 | 1 − 0. 8. 3 | 0 − 0. 0. 9,02 | 0 − 0. 9. 0,23 |
| 5 | 1 − 6. 2. 4 | 16 − 2. 4. 2 | 162 − 4. 2. 0 | 0 − 1. 3. 5 | 1 − 3. 5. 3 | 0 − 0. 1. 1,28 | 0 − 1. 1. 2,79 |
| 6 | 1 − 9. 4. 9 | 19 − 4. 9. 0 | 194 − 9. 0. 4 | 0 − 1. 6. 2 | 1 − 6. 2. 4 | 0 − 0. 1. 3,53 | 0 − 1. 3. 5,35 |
| 7 | 2 − 2. 7. 4 | 22 − 7. 3. 9 | 227 − 3. 8. 8 | 0 − 1. 8. 9 | 1 − 8. 9. 5 | 0 − 0. 1. 5,79 | 0 − 1. 5. 7,91 |
| 8 | 2 − 5. 9. 9 | 25 − 9. 8. 7 | 259 − 8. 7. 1 | 0 − 2. 1. 6 | 2 − 1. 6. 6 | 0 − 0. 1. 8,05 | 0 − 1. 8. 0,47 |
| 9 | 2 − 9. 2. 4 | 29 − 2. 3. 6 | 292 − 3. 5. 5 | 0 − 2. 4. 4 | 2 − 4. 3. 6 | 0 − 0. 2. 0,30 | 0 − 2. 0. 3,02 |

# AUNES.

| | AUNES. | | | | O | | | | OO | | |
|---|---|---|---|---|---|---|---|---|---|---|---|
| | m. | d. | c. | m. | m. | d. | c. | m. | m. | d. | c. m. |
| 1 | 1 - | 1. | 8. | 8 | 11 - | 8. | 8. | 4 | 118 - | 8. | 4. 5 |
| 2 | 2 - | 3. | 7. | 7 | 23 - | 7. | 6. | 9 | 237 - | 6. | 8. 9 |
| 3 | 3 - | 5. | 6. | 5 | 35 - | 6. | 5. | 3 | 356 - | 5. | 3. 4 |
| 4 | 4 - | 7. | 5. | 4 | 47 - | 5. | 3. | 8 | 475 - | 3. | 7. 8 |
| 5 | 5 - | 9. | 4. | 2 | 59 - | 4. | 2. | 2 | 594 - | 2. | 2. 3 |
| 6 | 7 - | 1. | 3. | 1 | 71 - | 3. | 0. | 7 | 713 - | 0. | 6. 8 |
| 7 | 8 - | 3. | 1. | 9 | 83 - | 1. | 9. | 1 | 831 - | 9. | 1. 2 |
| 8 | 9 - | 5. | 0. | 8 | 95 - | 0. | 7. | 6 | 950 - | 7. | 5. 7 |
| 9 | 10 - | 6. | 9. | 6 | 106 - | 9. | 6. | 0 | 1,069 - | 6. | 0. 1 |

## FRACTIONS D'AUNE.

| | m. d. c. m. | | m. d. c. m. | | m. d. c. m. |
|---|---|---|---|---|---|
| 1/2 | 0 - 5. 9. 4 | 5/16 | 0 - 3. 7. 1 | 23/24 | 0 - 1. 3. 9 |
| 1/3 | 0 - 3. 9. 6 | 6/16 | 0 - 4. 4. 6 | 1/32 | 0 - 0. 3. 9 |
| 2/3 | 0 - 7. 9. 2 | 7/16 | 0 - 5. 2. 0 | 2/32 | 0 - 0. 7. 4 |
| 1/4 | 0 - 2. 9. 7 | 8/16 | 0 - 5. 9. 4 | 3/32 | 0 - 1. 1. 1 |
| 2/4 | 0 - 5. 9. 4 | 9/16 | 0 - 6. 6. 8 | 4/32 | 0 - 1. 4. 9 |
| 3/4 | 0 - 3. 9. 1 | 10/16 | 0 - 7. 4. 3 | 5/32 | 0 - 1. 8. 6 |
| 1/6 | 0 - 1. 9. 8 | 11/16 | 0 - 8. 1. 7 | 6/32 | 0 - 2. 2. 3 |
| 2/6 | 0 - 3. 9. 6 | 12/16 | 0 - 3. 9. 1 | 7/32 | 0 - 2. 6. 0 |
| 3/6 | 0 - 5, 9. 4 | 13/16 | 0 - 9. 6. 6 | 8/32 | 0 - 2. 9. 7 |
| 4/6 | 0 - 7. 9. 2 | 14/16 | 1 - 0. 4. 0 | 9/32 | 0 - 3. 3. 4 |
| 5/6 | 0 - 9. 9. 0 | 15/16 | 1 - 1. 1. 4 | 10/32 | 0 - 3. 7. 1 |
| 1/8 | 0 - 1. 4. 9 | 1/24 | 0 - 0. 5. 0 | 11/32 | 0 - 4. 0. 9 |
| 2/8 | 0 - 2. 9. 7 | 2/24 | 0 - 0. 9. 9 | 12/32 | 0 - 4. 4. 6 |
| 3/8 | 0 - 4. 4. 6 | 3/24 | 0 - 1. 4. 9 | 13/32 | 0 - 4. 8. 3 |
| 4/8 | 0 - 5. 9. 4 | 4/24 | 0 - 1. 9. 8 | 14/32 | 0 - 5. 2. 0 |
| 5/8 | 0 - 7. 4. 3 | 5/24 | 0 - 2. 4. 8 | 15/32 | 0 - 5. 5. 7 |
| 6/8 | 0 - 3. 9. 1 | 6/24 | 0 - 2. 9. 7 | 16/32 | 0 - 5. 9. 4 |
| 7/8 | 1 - 0. 4. 0 | 7/24 | 0 - 3. 4. 7 | 17/32 | 0 - 6. 3. 1 |
| 1/12 | 0 - 0. 9. 9 | 8/24 | 0 - 3. 9. 6 | 18/32 | 0 - 6. 6. 8 |
| 2/12 | 0 - 1. 9. 8 | 9/24 | 0 - 4. 4. 6 | 19/32 | 0 - 7. 0. 6 |
| 3/12 | 0 - 2. 9. 7 | 10/24 | 0 - 4. 9. 5 | 20/32 | 0 - 7. 4. 3 |
| 4/12 | 0 - 3. 9. 6 | 11/24 | 0 - 5. 4. 5 | 21/32 | 0 - 7. 8. 0 |
| 5/12 | 0 - 4. 9. 5 | 12/24 | 0 - 5. 9. 4 | 22/32 | 0 - 8. 1. 7 |
| 6/12 | 0 - 5. 9. 4 | 13/24 | 0 - 6. 4. 4 | 23/32 | 0 - 8. 5. 4 |
| 7/12 | 0 - 6. 9. 3 | 14/24 | 0 - 6. 9. 3 | 24/32 | 0 - 3. 9. 1 |
| 8/12 | 0 - 7. 9. 2 | 15/24 | 0 - 7. 4. 3 | 25/32 | 0 - 9. 2. 8 |
| 9/12 | 0 - 3. 9. 1 | 16/24 | 0 - 7. 9. 2 | 26/32 | 0 - 9. 6. 6 |
| 10/12 | 0 - 9. 9. 0 | 17/24 | 0 - 8. 4. 2 | 27/32 | 1 - 0. 0. 3 |
| 11/12 | 1 - 0. 8. 9 | 18/24 | 0 - 3. 9. 1 | 28/32 | 1 - 0. 4. 0 |
| 1/16 | 0 - 0. 7. 4 | 19/24 | 0 - 9. 4. 1 | 29/32 | 1 - 0. 7. 7 |
| 2/16 | 0 - 1. 4. 9 | 20/24 | 0 - 9. 9. 0 | 30/32 | 1 - 1. 1. 4 |
| 3/16 | 0 - 2. 2. 3 | 21/24 | 1 - 0. 4. 0 | 31/32 | 1 - 1. 5, 1 |
| 4/16 | 0 - 2. 9. 7 | 22/24 | 1 - 0. 8. 9 | | |

# CANNE (vraie)
### DE MONTPELLIER.

N° 4.

| | CANNES. | 0 | 00 | PANS. | 0 | POUCES. | LIGNES. |
|---|---|---|---|---|---|---|---|
| | m. d. c. m. | m. d. c. m. | m. d. c. m. | m. d. c. m. | m. d. c. m. | m. d. c. m. | m. d. c. m. |
| 1 | 1-9. 8. 7 | 19-8. 7. 4 | 198-7. 3. 9 | 0-2. 4. 8 | 2-4. 8. 4 | 0-0. 3. 1 | 0-0. 0. 3. 9 |
| 2 | 3-9. 7. 5 | 39-7. 4. 8 | 397-4. 7. 7 | 0-4. 9. 7 | 4-9. 6. 8 | 0-0. 6. 2 | 0-0. 0. 7. 8 |
| 3 | 5-9. 6. 2 | 59-6. 2. 2 | 596-2. 1. 6 | 0-7. 4. 5 | 7-4. 5. 3 | 0-0. 9. 3 | 0-0. 1. 1. 6 |
| 4 | 7-9. 5. 0 | 79-4. 9. 5 | 794-9. 5. 4 | 0-9. 9. 4 | 9-9. 3. 7 | 0-1. 2. 4 | 0-0. 1. 5. 5 |
| 5 | 9-9. 3. 7 | 99-3. 6. 9 | 993-6. 9. 3 | 1-2. 4. 2 | 12-4. 2. 1 | 0-1. 5. 5 | 0-0. 1. 9. 4 |
| 6 | 11-9. 2. 4 | 119-2. 4. 3 | 1,192-4. 3. 1 | 1-4. 9. 1 | 14-9. 0. 5 | 0-1. 8. 6 | 0-0. 2. 3. 3 |
| 7 | 13-9. 1. 2 | 139-1. 1. 7 | 1,391-1. 7. 0 | 1-7. 3. 9 | 17-3. 9. 0 | 0-2. 1. 7 | 0-0. 2. 7. 2 |
| 8 | 15-8. 9. 9 | 158-9. 9. 1 | 1,589-9. 0. 8 | 1-9. 8. 7 | 19-8. 7. 4 | 0-2. 4. 8 | 0-0. 3. 1. 1 |
| 9 | 17-8. 8. 6 | 178-8. 6. 5 | 1,788-6. 4. 7 | 2-2. 3. 6 | 22-3. 5. 8 | 0-2. 7. 9 | 0-0. 3. 4. 9 |

# CANNE (supposée)
### DE MONTPELLIER.

No 5.

| | CANNES. | O | OO | PANS. | O | POUCES. | LIGNES. |
|---|---|---|---|---|---|---|---|
| | m. d. c. m. | m. d. c. m. | m. d. c. m. | m. d. c. m. | m. d. c. m. | m. d. c. m. | m. d. c. m. |
| 1 | 2 - o. 0. 3 | 2o - 0. 3. 2 | 2oo - 3. 1. 8 | 0 - 2. 5. 0 | 2 - 5. 0. 4 | o - 0. 3. 1 | 0 - 0. 0. 3. 9 |
| 2 | 4 - o. 0. 6 | 4o - 0. 6. 4 | 4oo - 6. 3. 5 | 0 - 5. 0. 1 | 5 - 0. 0. 8 | o - 0. 6. 3 | 0 - 0. 0. 7. 8 |
| 3 | 6 - o. 1. 0 | 6o - 0. 9. 5 | 6oo - 9. 5. 3 | 0 - 7. 5. 1 | 7 - 5. 1. 2 | o - 0. 9. 4 | 0 - 0. 1. 1. 7 |
| 4 | 8 - o. 1. 3 | 8o - 1. 2. 7 | 8o1 - 2. 7. 0 | 1 - 0. 0. 2 | 10 - 0. 1. 6 | o - 1. 2. 5 | 0 - 0. 1. 5. 6 |
| 5 | 10 - o. 1. 6 | 1oo - 1. 5. 9 | 1,oo1 - 5. 8. 8 | 1 - 2. 5. 2 | 12 - 5. 2. 0 | o - 1. 5. 6 | 0 - 0. 1. 9. 6 |
| 6 | 12 - o. 1. 9 | 12o - 1. 9. 1 | 1,2o1 - 9. 0. 6 | 1 - 5. 0. 2 | 15 - 0. 2. 4 | o - 1. 8. 8 | 0 - 0. 2. 3. 5 |
| 7 | 14 - o. 2. 2 | 14o - 2. 2. 2 | 1,4o2 - 2. 2. 3 | 1 - 7. 5. 3 | 17 - 5. 2. 8 | o - 2. 1. 9 | 0 - 0. 2. 7. 4 |
| 8 | 16 - o. 2. 5 | 16o - 2. 5. 4 | 1,6o2 - 5. 4. 1 | 2 - 0. 0. 3 | 20 - 0. 3. 2 | o - 2. 5. 0 | 0 - 0. 3. 1. 3 |
| 9 | 18 - o. 2. 9 | 18o - 2. 8. 6 | 1,8o2 - 8. 5. 9 | 2 - 2. 5. 4 | 22 - 5. 3. 6 | o - 2. 8. 2 | 0 - 0. 3. 5. 2 |

CANNE (vraie)

DE TOULOUSE.

N° 6.

| | CANNES. | O | OO | PANS. | O | POUCES. | LIGNES. |
|---|---|---|---|---|---|---|---|
| | m. d. c. m. | m. d. c. m. | m. d. c. m. | m. d. c. m. | m. d. c. m. | m. d. c. m. | m. d. c. m. |
| 1 | 1 – 7. 9. 6 | 17 – 9. 6. 1 | 179 – 6. 0. 9 | 0 – 2. 2. 4 | 2 – 2. 4. 5 | 0 – 0. 2. 8 | 0 – 0. 0. 3. 5 |
| 2 | 3 – 5. 9. 2 | 35 – 9. 2. 2 | 359 – 2. 1. 8 | 0 – 4. 4. 9 | 4 – 4. 9. 0 | 0 – 0. 5. 6 | 0 – 0. 0. 7. 0 |
| 3 | 5 – 3. 8. 8 | 53 – 8. 8. 3 | 538 – 8. 2. 7 | 0 – 6. 7. 4 | 6 – 7. 3. 5 | 0 – 0. 8. 4 | 0 – 0. 1. 0. 5 |
| 4 | 7 – 1. 8. 4 | 71 – 8. 4. 4 | 718 – 4. 3. 6 | 0 – 8. 9. 8 | 8 – 9. 8. 0 | 0 – 1. 1. 2 | 0 – 0. 1. 4. 0 |
| 5 | 8 – 9. 8. 0 | 89 – 8. 0. 5 | 898 – 0. 4. 6 | 1 – 1. 2. 3 | 11 – 2. 2. 6 | 0 – 1. 4. 0 | 0 – 0. 1. 7. 5 |
| 6 | 10 – 7. 7. 6 | 107 – 7. 6. 5 | 1,077 – 6. 5. 5 | 1 – 3. 4. 7 | 13 – 4. 7. 1 | 0 – 1. 6. 8 | 0 – 0. 2. 1. 0 |
| 7 | 12 – 5. 7. 3 | 125 – 7. 2. 6 | 1,257 – 2. 6. 4 | 1 – 5. 7. 2 | 15 – 7. 1. 6 | 0 – 1. 9. 6 | 0 – 0. 2. 4. 6 |
| 8 | 14 – 3. 6. 9 | 143 – 6. 8. 7 | 1,436 – 8. 7. 3 | 1 – 7. 9. 6 | 17 – 9. 6. 1 | 0 – 2. 2. 4 | 0 – 0. 2. 8. 1 |
| 9 | 16 – 1. 6. 5 | 161 – 6. 4. 8 | 1,616 – 4. 8. 2 | 2 – 0. 2. 1 | 20 – 2. 0. 6 | 0 – 2. 5. 3 | 0 – 0. 3. 1. 6 |

# CANNE D'ALBI.

N° 7.

| | CANNES. | O | OO | PANS. | O | POUCES. | LIGNES. |
|---|---|---|---|---|---|---|---|
| | m. d. c. m. | m. d. c. m. | m. d. c. m. | m. d. c. m. | m. d. c. m. | m. d. c. m. | m. d. c. m. |
| 1 | 1 – 7. 8. 7 | 17 – 8. 6. 6 | 178 – 6. 6. 2 | 0 – 2. 2. 3 | 2 – 2. 3. 3 | 0 – 0. 2. 8 | 0 – 0. 0. 3. 5 |
| 2 | 3 – 5. 7. 3 | 35 – 7. 3. 2 | 357 – 3. 2. 3 | 0 – 4. 4. 7 | 4 – 4. 6. 6 | 0 – 0. 5. 6 | 0 – 0. 0. 7. 0 |
| 3 | 5 – 3. 6. 0 | 53 – 5. 9. 8 | 535 – 9. 8. 5 | 0 – 6. 7. 0 | 6 – 7. 0. 0 | 0 – 0. 8. 4 | 0 – 0. 1. 0. 5 |
| 4 | 7 – 1. 4. 6 | 71 – 4. 6. 5 | 714 – 6. 4. 7 | 0 – 8. 9. 3 | 8 – 9. 3. 3 | 0 – 1. 1. 2 | 0 – 0. 1. 3. 9 |
| 5 | 8 – 9. 3. 3 | 89 – 3. 3. 1 | 893 – 3. 0. 8 | 1 – 1. 1. 7 | 11 – 1. 6. 6 | 0 – 1. 4. 0 | 0 – 0. 1. 7. 4 |
| 6 | 10 – 7. 2. 0 | 107 – 1. 9. 7 | 1,071 – 9. 7. 0 | 1 – 3. 4. 0 | 13 – 4. 0. 0 | 0 – 1. 6. 7 | 0 – 0. 2. 0. 9 |
| 7 | 12 – 5. 0. 6 | 125 – 0. 6. 3 | 1,250 – 6. 3. 2 | 1 – 5. 6. 3 | 15 – 6. 3. 3 | 0 – 1. 9. 5 | 0 – 0. 2. 4. 4 |
| 8 | 14 – 2. 9. 3 | 142 – 9. 2. 9 | 1,429 – 2. 9. 3 | 1 – 7. 8. 7 | 17 – 8. 6. 6 | 0 – 2. 2. 3 | 0 – 0. 2. 7. 9 |
| 9 | 16 – 0. 8. 0 | 160 – 7. 9. 5 | 1,607 – 9. 5. 5 | 2 – 0. 1. 0 | 20 – 0. 9. 9 | 0 – 2. 5. 1 | 0 – 0. 3. 1. 4 |

# CANNE DE CASTRES.

N° 8.

| | CANNES. | O | OO | PANS. | O | POUCES. | LIGNES. |
|---|---|---|---|---|---|---|---|
| | m. d. c. m. | m. d. c. m. | m. d. c. m. | m. d. c. m. | m. d. c. m. | m. d. c. m. | m. d. c. m. |
| 1 | 1 – 8. 0. 0 | 18 – 0. 0. 1 | 180 – 0. 1. 5 | 0 – 2. 2. 5 | 2 – 2. 5. 0 | 0 – 0. 2. 8 | 0 – 0. 0. 3. 5 |
| 2 | 3 – 6. 0. 0 | 36 – 0. 0 3. | 360 – 0. 3. 0 | 0 – 4. 5. 0 | 4 – 5. 0. 0 | 0 – 0. 5. 6 | 0 – 0. 0. 7. 0 |
| 3 | 5 – 4. 0. 0 | 54 – 0. 0. 5 | 540 – 0. 4. 5 | 0 – 6. 7. 5 | 6 – 7. 5. 1 | 0 – 0. 8. 4 | 0 – 0. 1. 0. 5 |
| 4 | 7 – 2. 0. 1 | 72 – 0. 0. 6 | 720 – 0. 6. 1 | 0 – 9. 0. 0 | 9 – 0. 0. 1 | 0 – 1. 1. 3 | 0 – 0. 1. 4. 1 |
| 5 | 9 – 0. 0. 1 | 90 – 0. 0. 8 | 900 – 0. 7. 6 | 1 – 1. 2. 5 | 11 – 2. 5. 1 | 0 – 1. 4. 1 | 0 – 0. 1. 7. 6 |
| 6 | 10 – 8. 0. 1 | 108 – 0. 0. 9 | 1,080 – 0. 9. 1 | 1 – 3. 5. 0 | 13 – 5. 0. 1 | 0 – 1. 6. 9 | 0 – 0. 2. 1. 1 |
| 7 | 12 – 6. 0. 1 | 126 – 0. 1. 1 | 1,260 – 1. 0. 6 | 1 – 5. 7. 5 | 15 – 7. 5. 1 | 0 – 1. 9. 7 | 0 – 0. 2. 4. 6 |
| 8 | 14 – 4. 0. 1 | 144 – 0. 1. 2 | 1,440 – 1. 2. 1 | 1 – 8. 0. 0 | 18 – 0. 0. 2 | 0 – 2. 2. 5 | 0 – 0. 2. 8. 1 |
| 9 | 16 – 2. 0. 1 | 162 – 0. 1. 4 | 1,620 – 1. 3. 6 | 2 – 0. 2. 5 | 20 – 2. 5. 2 | 0 – 2. 5. 3 | 0 – 0. 3. 1. 6 |

# CANNE DE LAUTREC.

N° 9.

| | CANNES. | O | OO | PANS. | O | POUCES. | LIGNES |
|---|---|---|---|---|---|---|---|
| | m. d. c. m. | m. d. c. m. | m. d. c. m. | m. d. c. m. | m. d. c. m. | m. d. c. m. | m. d. c. m. |
| 1 | 1 – 8. 1. 1 | 18 – 1. 0. 7 | 181 – 0. 6. 6 | 0 – 2. 2. 6 | 2 – 2. 6. 3 | 0 – 0. 2. 8 | 0 – 0. 0. 3. 5 |
| 2 | 3 – 6. 2. 1 | 36 – 2. 1. 3 | 362 – 1. 3. 3 | 0 – 4. 5. 3 | 4 – 5. 2. 7 | 0 – 0. 5. 7 | 0 – 0. 0. 7. 1 |
| 3 | 5 – 4. 3. 2 | 54 – 3. 2. 0 | 543 – 1. 9. 9 | 0 – 6. 7. 9 | 6 – 7. 9. 0 | 0 – 0. 8. 5 | 0 – 0. 1. 0. 6 |
| 4 | 7 – 2. 4. 3 | 72 – 4. 2. 7 | 724 – 2. 6. 5 | 0 – 9. 0. 5 | 9 – 0. 5. 3 | 0 – 1. 1. 3 | 0 – 0. 1. 4. 1 |
| 5 | 9 – 0. 5. 3 | 90 – 5. 3. 3 | 905 – 3. 3. 2 | 1 – 1. 3. 2 | 11 – 3. 1. 7 | 0 – 1. 4. 1 | 0 – 0. 1. 7. 7 |
| 6 | 10 – 8. 6. 4 | 108 – 6. 4. 0 | 1,086 – 3. 9. 8 | 1 – 3. 5. 8 | 13 – 5. 8. 0 | 0 – 1. 7. 0 | 0 – 0. 2. 1. 2 |
| 7 | 12 – 6. 7. 4 | 126 – 7. 3. 6 | 1,267 – 3. 6. 5 | 1 – 5. 8. 4 | 15 – 8. 4. 3 | 0 – 1. 9. 8 | 0 – 0. 2. 4. 8 |
| 8 | 14 – 4. 8. 4 | 144 – 8. 4. 3 | 1,448 – 4. 3. 1 | 1 – 8. 1. 1 | 18 – 1. 0. 7 | 0 – 2. 2. 6 | 0 – 0. 2. 8. 3 |
| 9 | 16 – 2. 9. 5 | 162 – 9. 5. 0 | 1,629 – 4. 9. 7 | 2 – 0. 3. 7 | 20 – 3. 7. 0 | 0 – 2. 5. 5 | 0 – 0. 3. 1. 8 |

## CANNE DE BRASSAC.

N° 10.

| | CANNES. | O | OO | PANS. | O | POUCES. | LIGNES. |
|---|---|---|---|---|---|---|---|
| | m. d. c. m. | m. d. c. m. | m. d. c. m. | m. d. c. m. | m. d. c. m. | m. d. c. m. | m. d. c. m. |
| 1 | 1 – 9. 4. 0 | 19 – 4. 0. 0 | 194 – 0. 0. 1 | 0 – 2. 4. 2 | 2 – 4. 2. 5 | 0 – 0. 3. 0 | 0 – 0. 0. 3. 8 |
| 2 | 3 – 8. 8. 0 | 38 – 8. 0. 0 | 388 – 0. 0. 3 | 0 – 4. 8. 5 | 4 – 8. 5. 0 | 0 – 0. 6. 1 | 0 – 0. 0. 7. 6 |
| 3 | 5 – 8. 2. 0 | 58 – 2. 0. 0 | 582 – 0. 0. 4 | 0 – 7. 2. 7 | 7 – 2. 7. 5 | 0 – 0. 9. 1 | 0 – 0. 1. 1. 4 |
| 4 | 7 – 7. 6. 0 | 77 – 6. 0. 0 | 776 – 0. 0. 5 | 0 – 9. 7. 0 | 9 – 7. 0. 0 | 0 – 1. 2. 1 | 0 – 0. 1. 5. 2 |
| 5 | 9 – 7. 0. 0 | 97 – 0. 0. 1 | 970 – 0. 0. 6 | 1 – 2. 1. 2 | 12 – 1. 2. 5 | 0 – 1. 5. 2 | 0 – 0. 1. 8. 9 |
| 6 | 11 – 6. 4. 0 | 116 – 4. 0. 1 | 1,164 – 0. 0. 8 | 1 – 4. 5. 5 | 14 – 5. 5. 0 | 0 – 1. 8. 2 | 0 – 0. 2. 2. 7 |
| 7 | 13 – 5. 8. 0 | 135 – 8. 0. 1 | 1,358 – 0. 0. 9 | 1 – 6. 9. 7 | 16 – 9. 7. 5 | 0 – 2. 1. 2 | 0 – 0. 2. 6. 5 |
| 8 | 15 – 5. 2. 0 | 155 – 2. 0. 1 | 1,552 – 0. 1. 0 | 1 – 9. 4. 0 | 19 – 4. 0. 0 | 0 – 2. 4. 2 | 0 – 0. 3. 0. 3 |
| 9 | 17 – 4. 6. 0 | 174 – 6. 0. 1 | 1,746 – 0. 1. 2 | 2 – 1. 8. 2 | 21 – 8. 2. 5 | 0 – 2. 7. 3 | 0 – 0. 3. 4. 0 |

# CANNE DE LAVAUR,

SUPPOSÉE DE TOULOUSE.

N° 11.

| | CANNES. | O | OO | PANS. | O | POUCES. | LIGNES. |
|---|---|---|---|---|---|---|---|
| | m. d. c. m. | m. d. c. m. | m. d. c. m. | m. d. c. m. | m. d. c. m. | m. d. c. m. | m. d. c. m. |
| 1 | 1 — 8. 0. 5 | 18 — 0. 4. 7 | 180 — 4. 6. 6 | 0 — 2. 2. 6 | 2 — 2. 5. 6 | 0 — 0. 2. 8 | 0 — 0. 0. 3. 5 |
| 2 | 3 — 6. 0. 9 | 36 — 0. 9. 3 | 360 — 9. 3. 3 | 0 — 4. 5. 1 | 4 — 5. 1. 2 | 0 — 0. 5. 6 | 0 — 0. 0. 7. 0 |
| 3 | 5 — 4. 1. 4 | 54 — 1. 4. 0 | 541 — 3. 9. 9 | 0 — 6. 7. 7 | 6 — 7. 6. 7 | 0 — 0. 8. 5 | 0 — 0. 1. 0. 6 |
| 4 | 7 — 2. 1. 9 | 72 — 1. 8. 6 | 721 — 8. 6. 5 | 0 — 9. 0. 2 | 9 — 0. 2. 3 | 0 — 1. 1. 3 | 0 — 0. 1. 4. 1 |
| 5 | 9 — 0. 2. 3 | 90 — 2. 3. 3 | 902 — 3. 3. 2 | 1 — 1. 2. 8 | 11 — 2. 7. 9 | 0 — 1. 4. 1 | 0 — 0. 1. 7. 6 |
| 6 | 10 — 8. 2. 8 | 108 — 2. 8. 0 | 1,082 — 7. 9. 8 | 1 — 3. 5. 3 | 13 — 5. 3. 5 | 0 — 1. 6. 9 | 0 — 0. 2. 1. 1 |
| 7 | 12 — 6. 3. 3 | 126 — 3. 2. 6 | 1,263 — 2. 6. 4 | 1 — 5. 7. 9 | 15 — 7. 9. 1 | 0 — 1. 9. 7 | 0 — 0. 2. 4. 7 |
| 8 | 14 — 4. 3. 7 | 144 — 3. 7. 3 | 1,443 — 7. 3. 1 | 1 — 8. 0. 5 | 18 — 0. 4. 7 | 0 — 2. 2. 6 | 0 — 0. 2. 8. 2 |
| 9 | 16 — 2. 4. 2 | 162 — 4. 2. 0 | 1,624 — 1. 9. 7 | 2 — 0. 3. 0 | 20 — 3. 0. 2 | 0 — 2. 5. 4 | 0 — 0. 3. 1. 7 |

CANNE DE GRAULHET.

N° 12.

| | CANNES. | O | OO | PANS. | O | POUCES. | LIGNES. |
|---|---|---|---|---|---|---|---|
| | m. d. c. m. | m. d. c. m. | m. d. c. m. | m. d. c. m. | m. d. c. m. | m. d. c. m. | m. d. c. m. |
| 1 | 1 – 7. 6. 9 | 17 – 6. 8. 6 | 176 – 8. 5. 7 | 0 – 2. 2. 1 | 2 – 2. 1. 1 | 0 – 0. 2. 8 | 0 – 0. 0. 3. 4 |
| 2 | 3 – 5. 3. 7 | 35 – 3. 7. 1 | 353 – 7. 1. 4 | 0 – 4. 4. 2 | 4 – 4. 2. 1 | 0 – 0. 5. 5 | 0 – 0. 0. 6. 9 |
| 3 | 5 – 3. 0. 6 | 53 – 0. 5. 7 | 530 – 5. 7. 1 | 0 – 6. 6. 3 | 6 – 6. 3. 2 | 0 – 0. 8. 3 | 0 – 0. 1. 0. 4 |
| 4 | 7 – 0. 7. 4 | 70 – 7. 4. 3 | 707 – 4. 2. 8 | 0 – 8. 8. 4 | 8 – 8. 4. 3 | 0 – 1. 1. 1 | 0 – 0. 1. 3. 8 |
| 5 | 8 – 8. 4. 3 | 88 – 4. 2. 8 | 884 – 2. 8. 5 | 1 – 1. 0. 5 | 11 – 0. 5. 4 | 0 – 1. 3. 8 | 0 – 0. 1. 7. 3 |
| 6 | 10 – 6. 1. 1 | 106 – 1. 1. 4 | 1,061 – 1. 4. 2 | 1 – 3. 2. 6 | 13 – 2. 6. 4 | 0 – 1. 6. 6 | 0 – 0. 2. 0. 7 |
| 7 | 12 – 3. 8. 0 | 123 – 8. 0. 0 | 1,237 – 9. 9. 9 | 1 – 5. 4. 7 | 15 – 4. 7. 5 | 0 – 1. 9. 3 | 0 – 0. 2. 4. 2 |
| 8 | 14 – 1. 4. 9 | 141 – 4. 8. 6 | 1,414 – 8. 5. 6 | 1 – 7. 6. 8 | 17 – 6. 8. 6 | 0 – 2. 2. 1 | 0 – 0. 2. 7. 6 |
| 9 | 15 – 9. 1. 7 | 159 – 1. 7. 1 | 1,591 – 7. 1. 3 | 1 – 9. 9. 0 | 19 – 8. 9. 6 | 0 – 2. 4. 9 | 0 – 0. 3. 1. 1 |

# CANNE DE MONTAUBAN.

Nº 13.

| | CANNES. | O | OO | PANS. | O | POUCES. | LIGNES. |
|---|---|---|---|---|---|---|---|
| | m. d. c. m. | m. d. c. m. | m. d. c. m. | m. d. c. m. | m. d. c. m. | m. d. c. m. | m. d. c. m. |
| 1 | 1 – 8. 4. 1 | 18 – 4. 0. 8 | 184 – 0. 7. 6 | 0 – 2. 3. 0 | 2 – 3. 0. 1 | 0 – 0. 2. 9 | 0 – 0. 0. 3. 6 |
| 2 | 3 – 6. 8. 1 | 36 – 8. 1. 5 | 368 – 1. 5. 1 | 0 – 4. 6. 0 | 4 – 6. 0. 2 | 0 – 0. 5. 7 | 0 – 0. 0. 7. 2 |
| 3 | 5 – 5. 2. 2 | 55 – 2. 2. 3 | 552 – 2. 2. 7 | 0 – 6. 9. 0 | 6 – 9. 0. 3 | 0 – 0. 8. 6 | 0 – 0. 1. 0. 8 |
| 4 | 7 – 3. 6. 3 | 73 – 6. 3. 0 | 736 – 3. 0. 3 | 0 – 9. 2. 0 | 9 – 2. 0. 4 | 0 – 1. 1. 5 | 0 – 0. 1. 4. 4 |
| 5 | 9 – 2. 0. 4 | 92 – 0. 3. 8 | 920 – 3. 7. 8 | 1 – 1. 5. 0 | 11 – 5. 0. 5 | 0 – 1. 4. 4 | 0 – 0. 1. 8. 0 |
| 6 | 11 – 0. 4. 4 | 110 – 4. 4. 5 | 1,104 – 4. 5. 4 | 1 – 3. 8. 1 | 13 – 8. 0. 6 | 0 – 1. 7. 3 | 0 – 0. 2. 1. 6 |
| 7 | 12 – 8. 8. 5 | 128 – 8. 5. 3 | 1,288 – 5. 2. 9 | 1 – 6. 1. 1 | 16 – 1. 0. 7 | 0 – 2. 0. 1 | 0 – 0. 2. 5. 2 |
| 8 | 14 – 7. 2. 6 | 147 – 2. 6. 0 | 1,472 – 6. 0. 5 | 1 – 8. 4. 1 | 18 – 4. 0. 8 | 0 – 2. 3. 0 | 0 – 0. 2. 8. 8 |
| 9 | 16 – 5. 6. 7 | 165 – 6. 6. 8 | 1,656 – 6. 8. 1 | 2 – 0. 7. 1 | 20 – 7. 0. 8 | 0 – 2. 5. 9 | 0 – 0. 3. 2. 4 |

CANNE DE VILLEMUR.

No 14.

| CANNES. | O | OO | PANS. | O | POUCES. | LIGNES. |
|---|---|---|---|---|---|---|
| m. d. c. m. | m. d. c. m. | m. d. c. m. | m. d. c. m. | m. d. c. m. | m. d. c. m. | m. d. c. m. |
| 1 – 8. 2. 3 | 18 – 2. 2. 7 | 182 – 2. 7. 1 | 0 – 2. 2. 8 | 2 – 2. 7. 8 | 0 – 0. 2. 8 | 0 – 0. 0. 3. 6 |
| 3 – 6. 4. 5 | 36 – 4. 5. 4 | 364 – 5. 4. 2 | 0 – 4. 5. 6 | 4 – 5. 5. 7 | 0 – 0. 5. 7 | 0 – 0. 0. 7. 1 |
| 5 – 4. 6. 8 | 54 – 6. 8. 1 | 546 – 8. 1. 3 | 0 – 6. 8. 3 | 6 – 8. 3. 5 | 0 – 0. 8. 5 | 0 – 0. 1. 0. 7 |
| 7 – 2. 9. 1 | 72 – 9. 0. 8 | 729 – 0. 8. 4 | 0 – 9. 1. 1 | 9 – 1. 1. 4 | 0 – 1. 1. 4 | 0 – 0. 1. 4. 2 |
| 9 – 1. 1. 4 | 91 – 1. 3. 5 | 911 – 3. 5. 5 | 1 – 1. 3. 9 | 11 – 3. 9. 2 | 0 – 1. 4. 2 | 0 – 0. 1. 7. 8 |
| 10 – 9. 3. 6 | 109 – 3. 6. 3 | 1,093 – 6. 2. 6 | 1 – 3. 6. 7 | 13 – 6. 7. 0 | 0 – 1. 7. 1 | 0 – 0. 2. 1. 4 |
| 12 – 7. 5. 9 | 127 – 5. 9. 0 | 1,275 – 8. 9. 7 | 1 – 5. 9. 5 | 15 – 9. 4. 9 | 0 – 1. 9. 9 | 0 – 0. 2. 4. 9 |
| 14 – 5. 8. 2 | 145 – 8. 1. 7 | 1,458 – 1. 6. 8 | 1 – 8. 2. 3 | 18 – 2. 2. 7 | 0 – 2. 2. 8 | 0 – 0. 2. 8. 5 |
| 16 – 4. 0. 4 | 164 – 0. 4. 4 | 1,640 – 4. 3. 9 | 2 – 0. 5. 1 | 20 – 5. 0. 5 | 0 – 2. 5. 6 | 0 – 0. 3. 2. 0 |

N° 15. GRANDE LIEUE.

| LIEUES. | | | O | | | OO | | |
|---|---|---|---|---|---|---|---|---|
| myr. | kil. | m. | myr. | kil. | m. | myr. | kil. | m. |
| 1 | 0 – 5. | 847 | 5 – 8. | 471 | | 58 – 4. | 711 | |
| 2 | 1 – 1. | 694 | 11 – 6. | 942 | | 116 – 9. | 422 | |
| 3 | 1 – 7. | 541 | 17 – 5. | 413 | | 175 – 4. | 132 | |
| 4 | 2 – 3. | 388 | 23 – 3. | 884 | | 233 – 8. | 843 | |
| 5 | 2 – 9. | 235 | 29 – 2. | 355 | | 292 – 3. | 554 | |
| 6 | 3 – 5. | 082 | 35 – 0. | 826 | | 350 – 8. | 265 | |
| 7 | 4 – 0. | 930 | 40 – 9. | 297 | | 409 – 2. | 976 | |
| 8 | 4 – 6. | 777 | 46 – 7. | 768 | | 467 – 7. | 687 | |
| 9 | 5 – 2. | 624 | 52 – 6. | 240 | | 526 – 2. | 398 | |

### FRACTIONS DE LIEUE.

| | myr. kil. m. | | myr. kil. m. |
|---|---|---|---|
| 1/2 | 0 – 2. 923 | 1/4 | 0 – 1. 461 |
| 1/3 | 0 – 1. 949 | 3/4 | 0 – 4. 385 |

## LIEUE DE POSTE
N° 16. OU PETITE LIEUE.

| LIEUES. | | | O | | | OO | | |
|---|---|---|---|---|---|---|---|---|
| myr. | kil. | m. | myr. | kil. | m. | myr | kil. | m. |
| 1 | 0 – 3. | 898 | 3 – 8. | 981 | | 33 – 9. | 807 | |
| 2 | 0 – 7. | 796 | 7 – 7. | 961 | | 77 – 9. | 614 | |
| 3 | 1 – 1. | 694 | 11 – 6. | 942 | | 116 – 9. | 422 | |
| 4 | 1 – 5. | 592 | 15 – 5. | 923 | | 155 – 9. | 229 | |
| 5 | 1 – 9. | 490 | 19 – 4. | 904 | | 194 – 9. | 036 | |
| 6 | 2 – 3. | 388 | 23 – 3. | 884 | | 233 – 8. | 843 | |
| 7 | 2 – 7. | 286 | 27 – 2. | 865 | | 272 – 8. | 651 | |
| 8 | 3 – 1. | 184 | 31 – 1. | 846 | | 311 – 8. | 458 | |
| 9 | 3 – 5. | 083 | 35 – 0. | 826 | | 350 – 8. | 265 | |

### FRACTIONS DE LIEUE.

| | myr. kil. m. | | myr. kil. m. |
|---|---|---|---|
| 1/2 | 0 – 1. 949 | 1/4 | 0 – 0. 974 |
| 1/3 | 0 – 1. 299 | 3/4 | 0 – 2. 923 |

# OBSERVATIONS ESSENTIELLES
## *Sur les mesures de surface, ou mesures agraires.*

1° L'unité agraire est l'*are*; mais nous savons aussi que le *mètre carré* est lui-même considéré dans certains cas comme unité principale de surface : c'est ainsi qu'il a été employé dans les tableaux qui vont suivre à partir du n° 17 jusqu'au n° 63 où commencent les mesures agraires poprement dites.

2° Dans les tableaux où le *mètre carré* est employé comme unité principale, tous les chiffres placés à la gauche du — et surmontés d'un *m* forment un nombre entier de mètres carrés; les deux chiffres réunis et surmontés d'un *d* qui suivent le — expriment des *décimètres carrés*, et enfin, le chiffre qui suit le décimètre et qui en est séparé par un point, indique des

m.   d.

sixièmes de décimètre. Ainsi l'expression suivante : 1038-54. 3 se traduit ainsi : 1038 mètres carrés, 54 décimètres carrés 3 dixièmes de décimètre carrés.

3° Dans les tableaux des mesures agraires les trois lettres *h. a. c.* sont l'abrégé des mots *hectare, are, centiare.* Ainsi

h  a  c

l'expression 12. 35. 18. 4, doit se traduire 12 hectares 35 ares 18 centiares 4 dixièmes de centiares : ce dernier chiffre a été ajouté pour obtenir plus de précision dans le calcul.

4° L'hectare se compose de cent *ares*, *l'are* de cent *centiares* et le *centiare*, ou *mètre carré*, de cent *décimètres carrés*... Cette division par centaines explique d'abord comment dans la formation des nombres exprimant des mesures de surface on procède par tranche de deux chiffres, et elle fournit ensuite un moyen bien simple de convertir un nombre quelconque de mètres carrés en mesures agraires proprement dites : Ainsi soit en mètres carrés le nombre

m<br>1,548,253

Si je l'écris de nouveau en formant des quatre premiers chiffres qui précèdent le tiret (-) deux tranches de deux chiffres chacune, et si je considère tous les chiffres restant comme une

h.  a.  c.

seule tranche, j'aurai l'expression 154. 82. 53. que je traduirai comme il a été dit plus haut.

# TOISE CARRÉE.

N° 17.

| TOISES CARRÉES. | 0 | | 00 | | 000 | | 0000 | | 00000 | |
|---|---|---|---|---|---|---|---|---|---|---|
| | m. | d. | m. | d. | m. | d. | m. | d. | m. | d. |
| 1 | 3 – 79. | 9 | 37 – 98. | 7 | 379 – 87. | 4 | 3,798 – 74. | 2 | 37,987 – 42. | 5 |
| 2 | 7 – 59. | 7 | 75 – 97. | 5 | 759 – 74. | 8 | 7,597 – 48. | 5 | 75,974 – 85. | 1 |
| 3 | 11 – 39. | 6 | 113 – 96. | 2 | 1,139 – 62. | 3 | 11,396 – 22. | 8 | 113,962 – 27. | 6 |
| 4 | 15 – 19. | 5 | 151 – 95. | 0 | 1,519 – 49. | 7 | 15,194 – 97. | 0 | 151,949 – 70. | 1 |
| 5 | 18 – 99. | 4 | 189 – 93. | 7 | 1,899 – 37. | 1 | 18,993 – 71. | 3 | 189,937 – 12. | 7 |
| 6 | 22 – 79. | 2 | 227 – 92. | 5 | 2,279 – 24. | 5 | 22,792 – 45. | 5 | 227,924 – 55. | 2 |
| 7 | 26 – 59. | 1 | 265 – 91. | 2 | 2,659 – 12. | 0 | 26.591 – 19. | 8 | 265,911 – 97. | 8 |
| 8 | 30 – 39. | 0 | 303 – 89. | 9 | 3,038 – 99. | 4 | 30,389 – 94. | 0 | 303,899 – 40. | 3 |
| 9 | 34 – 18. | 9 | 341 – 88. | 7 | 3,418 – 86. | 8 | 34,188 – 68. | 3 | 341,886 – 82. | 8 |

| TOISES CARRÉES | 00000 | |
|---|---|---|
| | m. | d. |
| 1 | 379,874 – 25. | 4 |
| 2 | 759,748 – 50. | 7 |
| 3 | 1,139,622 – 76. | 1 |
| 4 | 1,519,497 – 01. | 5 |
| 5 | 1,899,371 – 26. | 8 |
| 6 | 2,279,245 – 52. | 2 |
| 7 | 2,659,119 – 77. | 6 |
| 8 | 3,038,994 – 03. | 0 |
| 9 | 3,418,868 – 28. | 3 |

# SUBDIVISIONS DE LA TOISE CARREE.

Nᵒ 18.

| PIEDS CARRÉS. | O | OO | POUCES CARRÉS. | O | OO | LIGNES CARRÉES. | O | OO |
|---|---|---|---|---|---|---|---|---|
| m. d. | m. d. | m. d. | m. d. c. | m. d. c. | m. d. c. | m. d. c. m. | m. d. c. m. | m. d. c. m. |
| 1 | 0 – 10. 5 | 1 – 05. 5 | 10 – 55. 2 | 0 – 00. 07. 3 | 0 – 00. 73. 3 | 0 – 07. 32. 8 | 0 – 00. 00. 05 | 0 – 00. 00. 51 | 0 – 00. 05. 09 |
| 2 | 0 – 21. 1 | 2 – 11. 0 | 21 – 1o. 4 | 0 – 00. 14. 6 | 0 – 01. 46. 5 | 0 – 14. 64. 6 | 0 – 00. 00. 10 | 0 – 00. 01. 1o | 0 – 00. 1o. 18 |
| 3 | 0 – 31. 7 | 3 – 16. 6 | 31 – 65. 6 | 0 – 00. 22. 0 | 0 – 02. 19. 7 | 0 – 21. 97. 3 | 0 – 00. 00. 15 | 0 – 00. 01. 53 | 0 – 00. 15. 27 |
| 4 | 0 – 42. 2 | 4 – 22. 1 | 42 – 2o. 8 | 0 – 00. 29. 3 | 0 – 02. 93. 0 | 0 – 29. 3o. 1 | 0 – 00. 00. 20 | 0 – 00. 02. 04 | 0 – 00. 2o. 35 |
| 5 | 0 – 52. 8 | 5 – 27. 6 | 52 – 76. 0 | 0 – 00. 36. 6 | 0 – 03. 66. 3 | 0 – 36. 62. 9 | 0 – 00. 00. 25 | 0 – 00. 02. 54 | 0 – 00. 25. 44 |
| 6 | 0 – 63. 3 | 6 – 33. 1 | 63 – 31: 2 | 0 – 00. 44. 0 | 0 – 04. 39. 6 | 0 – 43. 95. 7 | 0 – 00. 00. 30 | 0 – 00. 03. 05 | 0 – 00. 30. 53 |
| 7 | 0 – 73. 9 | 7 – 38. 6 | 73 – 86. 4 | 0 – 00. 51. 3 | 0 – 05. 12. 8 | 0 – 51. 28. 5 | 0 – 00. 00. 36 | 0 – 00. 03. 56 | 0 – 00. 35. 62 |
| 8 | 0 – 84. 4 | 8 – 44. 2 | 84 – 41. 6 | 0 – 00. 58. 6 | 0 – 05. 86. 1 | 0 – 58. 61. 3 | 0 – 00. 00. 41 | 0 – 00. 04. 07 | 0 – 00. 4o. 71 |
| 9 | 0 – 95. 0 | 9 – 49. 7 | 94 – 96. 9 | 0 – 00. 73. 3 | 0 – 06. 59. 4 | 0 – 65. 94. 0 | 0 – 00. 00. 46 | 0 – 00. 04. 58 | 0 – 00. 45. 80 |

# CANNE CARRÉE (vraie)

DE MONTPELLIER.

N° 19.

| | CANNES CARRÉES. | 0 | 00 | 000 | PANS CARRÉS. | 0 | 00 |
|---|---|---|---|---|---|---|---|
| | m. d. | m. d. | m. d. | m. d. | m. d. | m. d. | m. d. |
| 1 | 3 – 95. 0 | 39 – 49. 7 | 394 – 97. 0 | 3,949 – 70. 0 | 0 – 06. 2 | 0 – 61. 7 | 6 – 17. 1 |
| 2 | 7 – 90. 0 | 78 – 99. 4 | 789 – 94. 0 | 7,899 – 40. 1 | 0 – 12. 3 | 1 – 23. 4 | 12 – 34. 3 |
| 3 | 11 – 85. 0 | 118 – 49. 1 | 1,184 – 91. 0 | 11,849 – 10. 2 | 0 – 18. 5 | 1 – 85. 1 | 18 – 51. 4 |
| 4 | 15 – 77. 9 | 157 – 98. 8 | 1,579 – 88. 0 | 15,798 – 80. 3 | 0 – 24. 7 | 2 – 46. 9 | 24 – 68. 6 |
| 5 | 19 – 74. 8 | 197 – 48. 5 | 1,974 – 85. 0 | 19,748 – 50. 3 | 0 – 30. 9 | 3 – 08. 6 | 30 – 85. 7 |
| 6 | 23 – 69. 8 | 236 – 98. 2 | 2,369 – 82. 0 | 23,698 – 20. 4 | 0 – 37. 0 | 3 – 70. 3 | 37 – 02. 8 |
| 7 | 27 – 64. 8 | 276 – 47. 9 | 2,764 – 79. 0 | 27,647 – 90. 4 | 0 – 43. 2 | 4 – 32. 0 | 43 – 20. 0 |
| 8 | 31 – 59. 8 | 315 – 97. 6 | 3,159 – 76. 0 | 31,597 – 60. 5 | 0 – 49. 4 | 4 – 93. 7 | 49 – 37. 1 |
| 9 | 35 – 54. 7 | 355 – 47. 3 | 3,554 – 73. 0 | 35,547 – 30. 6 | 0 – 55. 5 | 5 – 55. 4 | 55 – 54. 3 |

# CANNE CARRÉE (supposée)

### DE MONTPELLIER.

N° 20.

| CANNES CARRÉES. | 0 | 00 | 000 | PANS CARRÉS. | 0 | 00 |
|---|---|---|---|---|---|---|
| m. d. | m. d. | m. d. | m. d. | m. d. | m. d. | m. d. |
| 1 4 – 01. 3 | 40 – 12. 7 | 401 – 27. 1 | 4,012 – 71. 5 | 0 – 06. 3 | 0 – 62. 7 | 6 – 27. 0 |
| 2 8 – 02. 5 | 80 – 25. 4 | 802 – 54. 3 | 8,025 – 43. 0 | 0 – 12. 5 | 1 – 25. 4 | 12 – 54. 0 |
| 3 12 – 03. 8 | 120 – 38. 1 | 1,203 – 81. 4 | 12,038 – 14. 5 | 0 – 18. 8 | 1 – 88. 1 | 18 – 81. 0 |
| 4 16 – 05. 1 | 160 – 50. 9 | 1,605 – 08. 6 | 16,050 – 86. 0 | 0 – 25. 1 | 2 – 50. 8 | 25 – 07. 9 |
| 5 20 – 06. 4 | 200 – 63. 6 | 2,006 – 35. 7 | 20,063 – 57. 5 | 0 – 31. 3 | 3 – 13. 5 | 31 – 34. 9 |
| 6 24 – 07. 6 | 240 – 76. 3 | 2,407 – 62. 9 | 24,076 – 28. 9 | 0 – 37. 6 | 3 – 76. 2 | 37 – 61. 9 |
| 7 28 – 08. 9 | 280 – 89. 0 | 2,808 – 90. 0 | 28,089 – 00. 4 | 0 – 43. 9 | 4 – 38. 9 | 43 – 88. 9 |
| 8 32 – 10. 2 | 321 – 01. 7 | 3,210 – 17. 2 | 32,101 – 71. 9 | 0 – 50. 1 | 5 – 01. 6 | 50 – 15. 9 |
| 9 36 – 11. 4 | 361 – 14. 4 | 3,611 – 44. 3 | 36,114 – 43. 4 | 0 – 56. 4 | 5 – 64. 3 | 56 – 42. 9 |

## CANNE CARRÉE ( vraie )

DE TOULOUSE.

N° 21.

| | CANNES CARRÉES. | | 0 | | 00 | | 000 | | PANS CARRÉS. | | 0 | | 00 | |
|---|---|---|---|---|---|---|---|---|---|---|---|---|---|---|
| | m. | d. | m. | d. | m. | d. | m. | d. | m. | d. | m. | d. | m. | d. |
| 1 | 3 | 22.6 | 32 | 25.9 | 322 | 59.4 | 3,225 | 94.0 | 0 | 05.0 | 0 | 50.4 | 5 | 04.1 |
| 2 | 6 | 45.2 | 64 | 51.9 | 645 | 18.8 | 6,451 | 88.0 | 0 | 10.1 | 1 | 00.8 | 10 | 08.1 |
| 3 | 9 | 67.8 | 96 | 77.8 | 967 | 78.2 | 9,677 | 82.0 | 0 | 15.1 | 1 | 51.2 | 15 | 12.2 |
| 4 | 12 | 90.4 | 129 | 03.8 | 1,290 | 37.6 | 12,903 | 76.0 | 0 | 20.2 | 2 | 01.6 | 20 | 16.2 |
| 5 | 16 | 13.0 | 161 | 29.7 | 1,612 | 97.0 | 16,129 | 70.0 | 0 | 25.2 | 2 | 52.0 | 25 | 20.3 |
| 6 | 19 | 35.6 | 193 | 55.6 | 1,935 | 54.4 | 19,355 | 64.0 | 0 | 30.2 | 3 | 02.4 | 30 | 24.3 |
| 7 | 22 | 58.2 | 225 | 81.6 | 2,258 | 15.8 | 22,581 | 58.0 | 0 | 35.3 | 3 | 52.8 | 35 | 28.4 |
| 8 | 25 | 80.8 | 258 | 07.5 | 2,580 | 75.2 | 25,807 | 52.0 | 0 | 40.3 | 4 | 03.2 | 40 | 32.4 |
| 9 | 29 | 03.3 | 290 | 33.5 | 2,903 | 34.6 | 29,033 | 46.1 | 0 | 45.4 | 4 | 53.6 | 45 | 36.5 |

CANNE CARRÉE D'ALBI.

N° 22.

| CANNES CARRÉES. | o | oo | ooo | PANS CARRES. | o | oo |
|---|---|---|---|---|---|---|
| m. d. | m. d. | m. d. | m. d. | m. d. | m. d. | m. d. |
| 3 – 19. 2 | 31 – 92. 0 | 319 – 19. 9 | 3,191 – 99. 2 | 0 – 05. 0 | 0 – 49. 9 | 4 – 98. 7 |
| 6 – 38. 4 | 63 – 84. 0 | 638 – 39. 8 | 6,383 – 98. 3 | 0 – 10. 0 | 0 – 99. 7 | 9 – 97. 5 |
| 9 – 57. 6 | 95 – 76. 0 | 957 – 59. 8 | 9,575 – 97. 5 | 0 – 15. 0 | 1 – 49. 6 | 14 – 96. 2 |
| 12 – 76. 8 | 127 – 68. 0 | 1,276 – 79. 7 | 12,767 – 96. 7 | 0 – 19. 9 | 1 – 99. 5 | 19 – 95. 0 |
| 15 – 96. 0 | 159 – 60. 0 | 1,595 – 99. 6 | 15,959 – 95. 9 | 0 – 24. 9 | 2 – 49. 4 | 24 – 93. 7 |
| 19 – 15. 2 | 191 – 52. 0 | 1,915 – 19. 5 | 19.151 – 95. 1 | 0 – 29. 9 | 2 – 99. 2 | 29 – 92. 5 |
| 22 – 34. 4 | 223 – 44. 0 | 2,234 – 39. 4 | 22,343 – 94. 2 | 0 – 34. 9 | 3 – 49. 1 | 34 – 91. 2 |
| 25 – 53. 6 | 255 – 36. 0 | 2,553 – 59. 3 | 25,535 – 93. 4 | 0 – 39. 9 | 3 – 99. 0 | 39 – 90. 0 |
| 28 – 72. 8 | 287 – 28. 0 | 2,872 – 79. 3 | 28,727 – 92. 6 | 0 – 44. 9 | 4 – 48. 9 | 44 – 88. 7 |

# CANNE CARRÉE DE CASTRES.

N° 23.

| CANNES CARRÉES. | | O | | OO | | OOO | | PANS CARRÉES. | | O | | OO | |
|---|---|---|---|---|---|---|---|---|---|---|---|---|---|
| m. | d. | m. | d. | m. | d. | m. | d. | m. | d. | m. | d. | m. | d. |
| 1 | 3 – 24. 1 | 32 – 40. 5 | 324 – 05. 5 | 3,240 – 54. 6 | 0 – 05. 1 | 0 – 50. 6 | 5 – 06. 3 |
| 2 | 6 – 48. 1 | 64 – 81. 1 | 648 – 10. 9 | 6,481 – 09. 1 | 0 – 10. 1 | 1 – 01. 3 | 10 – 12. 7 |
| 3 | 9 – 72. 2 | 97 – 21. 6 | 972 – 16. 4 | 9,721 – 63. 7 | 0 – 15. 2 | 1 – 51. 9 | 15 – 19. 0 |
| 4 | 12 – 96. 2 | 129 – 62. 2 | 1,296 – 21. 8 | 12,962 – 18. 2 | 0 – 20. 3 | 2 – 02. 5 | 20 – 25. 3 |
| 5 | 16 – 20. 3 | 162 – 02. 7 | 1,620 – 27. 3 | 16,202 – 72. 8 | 0 – 25. 3 | 2 – 53. 2 | 25 – 31. 7 |
| 6 | 19 – 44. 3 | 194 – 43. 3 | 1,944 – 32. 7 | 19,443 – 27. 3 | 0 – 30. 4 | 3 – 03. 8 | 30 – 38. 0 |
| 7 | 22 – 68. 4 | 226 – 83. 8 | 2,268 – 38. 2 | 22,683 – 81. 9 | 0 – 35. 4 | 3 – 54. 4 | 35 – 44. 3 |
| 8 | 25 – 92. 4 | 259 – 24. 4 | 2,592 – 43. 6 | 25,924 – 36. 5 | 0 – 40. 5 | 4 – 05. 1 | 40 – 50. 7 |
| 9 | 29 – 16. 5 | 291 – 64. 9 | 2,916 – 49. 1 | 29,164 – 91. 0 | 0 – 45. 6 | 4 – 55. 7 | 45 – 57. 0 |

CANNE CARRÉE DE LAUTREC.

N° 24.

| | CANNES CARRÉS. | | O | | OO | | OOO | | PANS CARRÉS. | | O | | OO | |
|---|---|---|---|---|---|---|---|---|---|---|---|---|---|---|
| | m. | d. | m. | d. | m. | d. | m. | d. | m. | d. | m. | d. | m. | d. |
| 1 | 3 — 27. | 8 | 32 — 78. | 5 | 327 — 85. | 0 | 3,278 — 5o. | 3 | 0 — o5. | 1 | 0 — 51. | 2 | 5 — 12. | 3 |
| 2 | 6 — 55. | 7 | 65 — 57. | 0 | 655 — 7o. | 1 | 6,557 — oo. | 6 | 0 — 1o. | 2 | 1 — o2. | 4 | 1o — 24. | 5 |
| 3 | 9 — 83. | 5 | 98 — 35. | 5 | 983 — 55. | 1 | 9,835 — 5o. | 9 | 0 — 15. | 4 | 1 — 53. | 7 | 15 — 36. | 8 |
| 4 | 13 — 11. | 4 | 131 — 14. | o | 1,311 — 4o. | 1 | 13,114 — o1. | 2 | 0 — 2o. | 5 | 2 — o4. | 9 | 2o — 49. | 1 |
| 5 | 16 — 39. | 2 | 163 — 92. | 5 | 1,639 — 25. | 2 | 16,392 — 51. | 5 | 0 — 25. | 6 | 2 — 56. | 1 | 25 — 61. | 3 |
| 6 | 19 — 67. | 1 | 196 — 71. | o | 1,967 — 1o. | 2 | 19,671 — o1. | 8 | 0 — 3o. | 7 | 3 — o7. | 4 | 3o — 73. | 6 |
| 7 | 22 — 94. | 9 | 229 — 49. | 5 | 2,294 — 95. | 2 | 22,949 — 52. | 1 | 0 — 35. | 9 | 3 — 58. | 6 | 35 — 85. | 9 |
| 8 | 26 — 22. | 8 | 262 — 28. | o | 2,622 — 8o. | 2 | 26.228 — o2. | 4 | 0 — 41. | o | 4 — o9. | 8 | 4o — 98. | 1 |
| 9 | 29 — 5o. | 6 | 295 — o6. | 5 | 2,95o — 65. | 3 | 29.5o6 — 52. | 7 | 0 — 46. | 1 | 4 — 61. | o | 46 — 1o. | 4 |

# CANNE CARRÉE DE BRASSAC.

N° 25.

| | CANNES CARRÉES. | 0 | 00 | 000 | PANS CARRÉS. | 0 | 00 |
|---|---|---|---|---|---|---|---|
| | m. d. | m. d. | m. d. | m. d. | m. d. | m. d. | m. d. |
| 1 | 3 – 76. 4 | 37 – 63. 6 | 376 – 36. 5 | 3,763 – 65. 0 | 0 – 05. 9 | 0 – 58. 8 | 5 – 88. 1 |
| 2 | 7 – 52. 7 | 75 – 27. 3 | 752 – 73. 0 | 7,527 – 30. 0 | 0 – 11. 8 | 1 – 17. 6 | 11 – 76. 1 |
| 3 | 11 – 29. 1 | 112 – 90. 9 | 1,129 – 09. 5 | 11,290 – 95. 1 | 0 – 17. 6 | 1 – 76. 4 | 17 – 64. 2 |
| 4 | 15 – 05. 5 | 150 – 54. 6 | 1,505 – 46. 0 | 15,054 – 60. 1 | 0 – 23. 5 | 2 – 35. 2 | 23 – 52. 3 |
| 5 | 18 – 81. 8 | 188 – 18. 1 | 1,881 – 82. 5 | 18,818 – 25. 1 | 0 – 29. 4 | 2 – 94. 0 | 29 – 40. 4 |
| 6 | 22 – 58. 2 | 225 – 81. 9 | 2,258 – 19. 0 | 22,581 – 90. 1 | 0 – 35. 3 | 3 – 52. 8 | 35 – 28. 4 |
| 7 | 26 – 34. 6 | 263 – 45. 6 | 2,634 – 55. 5 | 26,345 – 55. 1 | 0 – 41. 2 | 4 – 11. 6 | 41 – 16. 5 |
| 8 | 30 – 10. 9 | 301 – 09. 2 | 3,010 – 92. 0 | 30,109 – 20. 2 | 0 – 47. 0 | 4 – 70. 5 | 47 – 04. 6 |
| 9 | 33 – 87. 3 | 338 – 72. 8 | 3,387 – 28. 5 | 33,872 – 85. 2 | 0 – 52. 9 | 5 – 29. 3 | 52 – 92. 6 |

# CANNE CARRÉE DE LAVAUR,
SUPPOSÉE DE TOULOUSE.

N° 26.

| CANNES CARRÉES. | O | OO | OOO | PANS CARRÉS. | O | OO |
|---|---|---|---|---|---|---|
| m.   d. | m.   d. | m.   d. | m.   d. | m.   d. | m.   d. | m.   d. |
| 3 – 25. 7 | 32 – 56. 8 | 325 – 68. 1 | 3,256 – 80. 9 | 0 – 05. 1 | 0 – 50. 9 | 5 – 08. 9 |
| 6 – 51. 4 | 65 – 13. 6 | 651 – 36. 2 | 6,513 – 61. 9 | 0 – 10. 2 | 1 – 01. 8 | 10 – 17. 8 |
| 9 – 77. 0 | 97 – 70. 4 | 977 – 04. 3 | 9,770 – 42. 8 | 0 – 15. 3 | 1 – 52. 7 | 15 – 26. 6 |
| 13 – 02. 7 | 130 – 27. 2 | 1,302 – 72. 4 | 13,027 – 23. 7 | 0 – 20. 4 | 2 – 03. 5 | 20 – 35. 5 |
| 16 – 28. 4 | 162 – 84. 0 | 1,628 – 40. 4 | 16,284 – 04. 6 | 0 – 25. 4 | 2 – 54. 4 | 25 – 44. 4 |
| 19 – 54. 1 | 195 – 40. 9 | 1,954 – 08. 6 | 19,540 – 85. 6 | 0 – 30. 5 | 3 – 05. 3 | 30 – 53. 3 |
| 22 – 79. 8 | 227 – 97. 7 | 2,279 – 76. 6 | 22,797 – 66. 5 | 0 – 35. 6 | 3 – 56. 2 | 35 – 62. 1 |
| 26 – 05. 4 | 260 – 54. 5 | 2,605 – 44. 7 | 26,054 – 47. 4 | 0 – 40. 7 | 4 – 07. 1 | 40 – 71. 0 |
| 29 – 31. 1 | 293 – 11. 3 | 2,931 – 12. 8 | 29,311 – 28. 3 | 0 – 45. 8 | 4 – 58. 0 | 45 – 79. 9 |

# CANNE CARRÉE DE GRAULHET.

N° 27.

| | CANNES CARRÉES. | 0 | 00 | 000 | PANS CARRÉS. | 0 | 00 |
|---|---|---|---|---|---|---|---|
| | m. d. | m. d. | m. d. | m. d. | m. d. | m. d. | m. d. |
| 1 | 3 – 12. 8 | 31 – 27. 8 | 312 – 78. 4 | 3,127 – 84. 0 | 0 – 04. 9 | 0 – 48. 9 | 4 – 88. 7 |
| 2 | 6 – 25. 6 | 62 – 55. 7 | 625 – 56. 8 | 6,255 – 67. 9 | 0 – 09. 8 | 0 – 97. 7 | 9 – 77. 4 |
| 3 | 9 – 38. 4 | 93 – 83. 5 | 938 – 35. 2 | 9,383 – 51. 9 | 0 – 14. 7 | 1 – 46. 6 | 14 – 66. 2 |
| 4 | 12 – 51. 1 | 125 – 11. 4 | 1,251 – 13. 6 | 12,511 – 35. 8 | 0 – 19. 5 | 1 – 95. 5 | 19 – 54. 9 |
| 5 | 15 – 63. 9 | 156 – 39. 9 | 1,563 – 92. 0 | 15,639 – 19. 8 | 0 – 24. 4 | 2 – 44. 4 | 24 – 43. 6 |
| 6 | 18 – 76. 7 | 187 – 67. 0 | 1,876 – 7o. 4 | 18,767 – 03. 8 | 0 – 29. 3 | 2 – 93. 2 | 29 – 32. 3 |
| 7 | 21 – 89. 5 | 218 – 94. 9 | 2,186 – 48. 8 | 21,894 – 87. 7 | 0 – 34. 2 | 3 – 42. 1 | 34 – 21. 1 |
| 8 | 25 – 02. 3 | 250 – 22. 7 | 2,502 – 27. 2 | 25,022 – 71. 7 | 0 – 39. 1 | 3 – 91. 0 | 39 – 09. 8 |
| 9 | 28 – 15. 1 | 281 – 5o. 6 | 2,815 – 05. 6 | 28,150 – 55. 7 | 0 – 44. 0 | 4 – 39. 8 | 43 – 98. 5 |

# CANNE CARRÉE DE MONTAUBAN.

N° 28.

| CANNES CARRÉES. | O | OO | OOO | PANS CARRÉS. | O | OO |
|---|---|---|---|---|---|---|
| m. d. | m. d. | m. d. | m. d. | m. d. | m. d. | m. d. |
| 3 – 38. 8 | 33 – 88. 4 | 338 – 83. 8 | 3,388 – 38. 4 | 0 – 05. 3 | 0 – 52. 9 | 5 – 29. 4 |
| 6 – 77. 7 | 67 – 76. 8 | 677 – 67. 7 | 6,776 – 76. 9 | 0 – 10. 6 | 1 – 05. 9 | 10 – 58. 9 |
| 10 – 16. 5 | 101 – 65. 2 | 1,016 – 51. 5 | 10,165 – 15. 3 | 0 – 15. 9 | 1 – 58. 8 | 15 – 88. 3 |
| 13 – 55. 4 | 135 – 53. 5 | 1,355 – 35. 4 | 13,553 – 53. 7 | 0 – 21. 2 | 2 – 11. 8 | 21 – 17. 7 |
| 16 – 94. 2 | 169 – 41. 9 | 1,694 – 19. 2 | 16,941 – 92. 2 | 0 – 26. 5 | 2 – 64. 7 | 26 – 47. 2 |
| 20 – 33. 0 | 203 – 30. 3 | 2,033 – 03. 1 | 20,330 – 30. 6 | 0 – 31. 8 | 3 – 17. 7 | 31 – 76. 6 |
| 23 – 71. 9 | 237 – 18. 7 | 2,371 – 87. 0 | 23,718 – 69. 1 | 0 – 37. 1 | 3 – 70. 6 | 37 – 06. 0 |
| 27 – 00. 7 | 270 – 07. 1 | 2,700 – 70. 7 | 27,007 – 07. 5 | 0 – 42. 4 | 4 – 23. 5 | 42 – 35. 5 |
| 30 – 49. 5 | 304 – 95. 5 | 3,049 – 54. 6 | 30,495 – 46. 0 | 0 – 47. 6 | 4 – 76. 5 | 47 – 64. 9 |

CANNE CARRÉE DE VILLEMUR.

N° 29.

| | CANNES CARRÉES. | | o | | oo | | ooo | | PANS CARRÉS. | | o | | oo | |
|---|---|---|---|---|---|---|---|---|---|---|---|---|---|---|
| | m. | d. | m. | d. | m. | d. | m. | d. | m. | d. | m. | d. | m. | d. |
| 1 | 3 – 32. | 2 | 33 – 22. | 3 | 332 – 22. | 7 | 3,322 – 27. | 1 | 0 – o5. | 2 | o – 51. | 9 | 5 – 19. | 1 |
| 2 | 6 – 64. | 5 | 66 – 44. | 5 | 664 – 45. | 4 | 6,644 – 54. | 2 | 0 – 1o. | 4 | 1 – o3. | 8 | 1o – 38. | 2 |
| 3 | 9 – 96. | 7 | 99 – 66. | 8 | 996 – 68. | 1 | 9,966 – 81. | 3 | 0 – 15. | 6 | 1 – 55. | 7 | 15 – 57. | 3 |
| 4 | 13 – 28. | 9 | 432 – 89. | 1 | 1,328 – 9o. | 8 | 13,289 – o8. | 4 | 0 – 2o. | 8 | 2 – o7. | 6 | 2o – 76. | 4 |
| 5 | 16 – 61. | 1 | 166 – 11. | 4 | 1,661 – 13. | 6 | 16,611 – 35. | 6 | 0 – 26. | o | 2 – 59. | 6 | 25 – 95. | 5 |
| 6 | 19 – 93. | 4 | 198 – 33. | 6 | 1,993 – 36. | 3 | 19,933 – 62. | 7 | 0 – 31. | 1 | 3 – 11. | 5 | 31 – 14. | 6 |
| 7 | 23 – 25. | 6 | 232 – 55. | 9 | 2,325 – 59. | o | 23,255 – 89. | 8 | 0 – 36. | 3 | 3 – 63. | 4 | 36 – 33. | 7 |
| 8 | 26 – 57. | 8 | 265 – 78. | 2 | 2,657 – 81. | 7 | 26,578 – 16. | 9 | 0 – 41. | 5 | 4 – 15. | 3 | 41 – 52. | 8 |
| 9 | 29 – 90. | o | 299 – oo. | 4 | 2,990 – o4. | 4 | 29,900 – 44. | 0 | 0 – 46. | 7 | 4 – 67. | 2 | 46 – 71. | 9 |

# PERCHES CARRÉES

ayant pour élément la canne vraie de Montpellier

*Perche de 13 Pans 1/2.*

| PERCHES CARRÉES. | | O | | OO | |
|---|---|---|---|---|---|
| a. | c. | a. | c. | a. | c. |
| 1 | 0 – 11. 2 | 1 – 12. 5 | | 11 – 24. 7 | |
| 2 | 0 – 22. 5 | 2 – 24. 9 | | 22 – 49. 5 | |
| 3 | 0 – 33. 7 | 3 – 37. 4 | | 33 – 74. 2 | |
| 4 | 0 – 45. 0 | 4 – 49. 9 | | 44 – 99. 0 | |
| 5 | 0 – 56. 2 | 5 – 62. 4 | | 56 – 23. 7 | |
| 6 | 0 – 67. 5 | 6 – 74. 8 | | 67 – 48. 4 | |
| 7 | 0 – 78. 7 | 7 – 87. 3 | | 78 – 73. 2 | |
| 8 | 0 – 9o. 0 | 8 – 99. 8 | | 89 – 97. 9 | |
| 9 | 1 – 01. 2 | 10 – 12. 3 | | 1o1 – 22. 6 | |

*Perche de 16 Pans.*

| | O | | OO | |
|---|---|---|---|---|
| 1 | 0 – 15. 8 | 1 – 58. 0 | 15 – 79. 9 |
| 2 | 0 – 31. 6 | 3 – 16. 0 | 31 – 59. 8 |
| 3 | 0 – 47. 4 | 4 – 74. 0 | 47 – 39. 6 |
| 4 | 0 – 63. 2 | 6 – 32. 0 | 63 – 19. 5 |
| 5 | 0 – 79. 0 | 7 – 9o. 0 | 78 – 99. 4 |
| 6 | 0 – 94. 8 | 9 – 48. 0 | 94 – 79. 2 |
| 7 | 1 – 1o. 6 | 11 – 05. 9 | 11o – 59. 2 |
| 8 | 1 – 26. 4 | 12 – 63. 9 | 126 – 39. 0 |
| 9 | 1 – 42. 2 | 14 – 21. 9 | 142 – 18. 9 |

*Perche de 18 Pans.*

| | O | | OO | |
|---|---|---|---|---|
| 1 | 0 – 2o. 0 | 1 – 99. 9 | 19 – 99. 5 |
| 2 | 0 – 4o. 0 | 3 – 99. 9 | 39 – 99. 1 |
| 3 | 0 – 6o. 0 | 5 – 99. 9 | 59 – 98. 6 |
| 4 | 0 – 8o. 0 | 7 – 99. 8 | 79 – 98. 1 |
| 5 | 1 – oo. 0 | 9 – 99. 8 | 99 – 97. 7 |
| 6 | 1 – 2o. 0 | 11 – 99. 7 | 119 – 97. 2 |
| 7 | 1 – 4o. 0 | 13 – 99. 7 | 139 – 96. 7 |
| 8 | 1 – 6o. 0 | 15 – 99. 6 | 159 – 96. 3 |
| 9 | 1 – 8o. 0 | 17 – 99. 6 | 179 – 95. 8 |

3o

3i

32

*Perche de 20 Pans.*

| PERCHES CARRÉS. | O | OO | |
|---|---|---|---|
| a.   c. | a.   c. | a.   c. | **33** |
| 1 | 0 – 24. 7 | 2 – 46. 9 | 24 – 68. 6 |
| 2 | 0 – 49. 4 | 4 – 93. 7 | 49 – 37. 1 |
| 3 | 0 – 74. 0 | 7 – 40. 6 | 74 – 05. 7 |
| 4 | 0 – 98. 7 | 9 – 87. 4 | 98 – 74. 2 |
| 5 | 1 – 23. 4 | 12 – 34. 3 | 123 – 42. 8 |
| 6 | 1 – 48. 1 | 14 – 81. 1 | 148 – 11. 4 |
| 7 | 1 – 72. 8 | 17 – 28. 0 | 172 – 79. 9 |
| 8 | 1 – 97. 5 | 19 – 74. 8 | 197 – 48. 5 |
| 9 | 2 – 22. 2 | 22 – 21. 7 | 222 – 17. 1 |

## PERCHES CARRÉES,

**ayant pour élément la canne supposée de Montpellier.**

*Perche de 13 Pans 1/2.*    **34**

| | O | OO | |
|---|---|---|---|
| 1 | 0 – 11. 4 | 1 – 14. 3 | 11 – 42. 7 |
| 2 | 0 – 22. 8 | 2 – 28. 5 | 22 – 85. 4 |
| 3 | 0 – 34. 3 | 3 – 42. 8 | 34 – 28. 0 |
| 4 | 0 – 45. 7 | 4 – 57. 1 | 45 – 70. 8 |
| 5 | 0 – 57. 1 | 5 – 71. 3 | 57 – 13. 4 |
| 6 | 0 – 68. 6 | 6 – 85. 6 | 68 – 56. 1 |
| 7 | 0 – 80. 0 | 7 – 99. 9 | 79 – 98. 8 |
| 8 | 0 – 91. 4 | 9 – 14. 1 | 91 – 41. 5 |
| 9 | 1 – 02. 8 | 10 – 28. 4 | 102 – 84. 1 |

*Perche de 16 Pans.*    **35**

| | O | OO | |
|---|---|---|---|
| 1 | 0 – 16. 0 | 1 – 60. 5 | 16 – 05. 1 |
| 2 | 0 – 32. 1 | 3 – 21. 0 | 32 – 10. 2 |
| 3 | 0 – 48. 1 | 4 – 81. 5 | 48 – 15. 2 |
| 4 | 0 – 64. 2 | 6 – 42. 0 | 64 – 20. 3 |
| 5 | 0 – 80. 2 | 8 – 02. 5 | 80 – 25. 4 |
| 6 | 0 – 96. 3 | 9 – 63. 0 | 96 – 30. 5 |
| 7 | 1 – 12. 3 | 11 – 23. 6 | 112 – 35. 6 |
| 8 | 1 – 28. 4 | 12 – 84. 1 | 128 – 40. 7 |
| 9 | 1 – 44. 4 | 14 – 44. 6 | 144 – 45. 8 |

*Perche de 18 Pans.*

| PERCHES CARRÉES. | O | | OO | |
|---|---|---|---|---|
| a.    c. | a.    c. | | a.    c. | |
| 1 | 0 – 2o. 3 | 2 – o3. 1 | 2o – 31. 4 | 36 |
| 2 | 0 – 4o. 6 | 4 – o6. 3 | 4o – 62. 9 | |
| 3 | 0 – 61. o | 6 – o9. 4 | 6o – 94. 3 | |
| 4 | 0 – 81. 2 | 8 – 12. 6 | 81 – 25. 7 | |
| 5 | 1 – o1. 6 | 1o – 15. 7 | 1o1 – 57. 2 | |
| 6 | 1 – 21. 9 | 12 – 18. 9 | 121 – 88. 6 | |
| 7 | 1 – 42. 2 | 14 – 22. o | 142 – 2o. o | |
| 8 | 1 – 62. 5 | 16 – 25. 1 | 162 – 51. 5 | |
| 9 | 1 – 82. 8 | 18 – 28. 3 | 182 – 83. o | |

*Perche de 20 Pans.*

| | O | | OO | |
|---|---|---|---|---|
| 1 | 0 – 25. 1 | 2 – 5o. 8 | 25 – o7. 9 | 37 |
| 2 | 0 – 5o. 1 | 5 – o1. 6 | 5o – 15. 9 | |
| 3 | 0 – 75. 2 | 7 – 52. 4 | 75 – 23. 9 | |
| 4 | 1 – oo. 3 | 1o – o3. 2 | 100 – 31. 8 | |
| 5 | 1 – 25. 4 | 12 – 54. o | 125 – 39. 7 | |
| 6 | 1 – 5o. 5 | 15 – o4. 8 | 15o – 47. 7 | |
| 7 | 1 – 75. 5 | 17 – 55. 6 | 175 – 55. 6 | |
| 8 | 2 – oo. 6 | 20 – o6. 3 | 2oo – 63. 6 | |
| 9 | 2 – 25. 7 | 22 – 57. 1 | 225 – 71. 5 | |

# PERCHES CARRÉES.

ayant pour élément la canne vraie
de Toulouse.

*Perche de 14 Pans.*

| | O | | OO | |
|---|---|---|---|---|
| 1 | 0 – o9. 9 | 0 – 98. 8 | 9 – 87. 9 | 38 |
| 2 | 0 – 19. 7 | 1 – 97. 6 | 19 – 75. 9 | |
| 3 | 0 – 29. 6 | 2 – 96. 4 | 29 – 63. 8 | |
| 4 | 0 – 39. 5 | 3 – 95. 2 | 39 – 51. 8 | |
| 5 | 0 – 49. 4 | 4 – 94. o | 49 – 39. 7 | |
| 6 | 0 – 59. 3 | 5 – 92. 8 | 59 – 27. 7 | |
| 7 | 0 – 69. 1 | 6 – 91. 6 | 69 – 15. 6 | |
| 8 | 0 – 79. o | 7 – 9o. 3 | 79 – o3. 5 | |
| 9 | 0 – 88. 9 | 8 – 89. 1 | 88 – 91. 5 | |

*Perche de 16 Pans.*

| PERCHES CARRÉES. | | O | | O | |
|---|---|---|---|---|---|
| a. | c. | a. | c. | a. | c. |
| 1 | 0 – 12. 9 | 1 – 29. 0 | 12 – 9o. 4 |
| 2 | 0 – 25. 8 | 2 – 58. 1 | 25 – 8o. 7 |
| 3 | 0 – 38. 7 | 3 – 87. 1 | 38 – 71. 1 |
| 4 | 0 – 51. 6 | 5 – 16. 1 | 51 – 61. 5 |
| 5 | 0 – 64. 5 | 6 – 45. 2 | 64 – 51. 9 |
| 6 | 0 – 77. 4 | 7 – 74. 2 | 77 – 42. 2 |
| 7 | 0 – 9o. 3 | 9 – o3. 3 | 9o – 32. 6 |
| 8 | 1 – o3. 2 | 1o – 32. 3 | 1o3 – 23. 0 |
| 9 | 1 – 16. 1 | 11 – 61. 3 | 116 – 13. 4 |

*39*

*Perche de 18 Pans.*

| 1 | 0 – 16. 3 | 1 – 63. 3 | 16 – 33. 1 |
|---|---|---|---|
| 2 | 0 – 32. 7 | 3 – 26. 6 | 32 – 66. 3 |
| 3 | 0 – 49. o | 4 – 9o. o | 48 – 99. 4 |
| 4 | 0 – 65. 3 | 6 – 53. 2 | 65 – 32. 5 |
| 5 | 0 – 81. 6 | 8 – 16. 6 | 81 – 65. 7 |
| 6 | 0 – 98. o | 9 – 79. 9 | 97 – 98. 8 |
| 7 | 1 – 14. 3 | 11 – 43. 2 | 114 – 31. 9 |
| 8 | 1 – 3o. 6 | 13 – o6. 5 | 13o – 65. 0 |
| 9 | 1 – 47. o | 14 – 69. 8 | 146 – 98. 2 |

*40*

*Perche de 20 Pans.*

| 1 | 0 – 2o. 2 | 2 – o1. 6 | 2o – 16. 2 |
|---|---|---|---|
| 2 | 0 – 4o. 3 | 4 – o3. 2 | 4o – 32. 4 |
| 3 | 0 – 6o. 5 | 6 – o4. 9 | 6o – 48. 6 |
| 4 | 0 – 8o. 6 | 8 – o6. 5 | 8o – 64. 8 |
| 5 | 1 – oo. 8 | 1o – o8. 1 | 1oo – 81. 1 |
| 6 | 1 – 21. o | 12 – o9. 7 | 12o – 97. 3 |
| 7 | 1 – 41. 1 | 14 – 11. 3 | 141 – 13. 5 |
| 8 | 1 – 61. 3 | 16 – 13. o | 161 – 29. 7 |
| 9 | 1 – 81. 5 | 18 – 14. 6 | 181 – 45. 9 |

*41*

# PERCHES CARRÉES,

### ayant pour élément la canne d'Albi.

## *Perche de 16 Pans.*

| PERCHES CARRÉES. | O | O O |
|---|---|---|
| a. c. | a. c. | a. c. |
| 1 | 0 – 12. 8 | 1 – 27. 7 | 12 – 76. 8 |
| 2 | 0 – 25. 5 | 2 – 55. 3 | 25 – 53. 9 |
| 3 | 0 – 38. 3 | 3 – 83. o | 38 – 3o. 4 |
| 4 | 0 – 51. 1 | 5 – 1o. 7 | 51 – 07. 2 |
| 5 | 0 – 63. 8 | 6 – 38. 4 | 63 – 84. o |
| 6 | 0 – 76. 6 | 7 – 66. 1 | 76 – 6o. 8 |
| 7 | 0 – 89. 4 | 8 – 93. 7 | 89 – 37. 6 |
| 8 | 1 – o2. 1 | 1o – 21. 4 | 1o2 – 14. 4 |
| 9 | 1 – 14. 9 | 11 – 49. 1 | 114 – 91. 2 |

## *Perche de 16 Pans 1/2.*

| | O | O O |
|---|---|---|
| 1 | 0 – 13. 6 | 1 – 35. 8 | 13 – 57. 8 |
| 2 | 0 – 27. 1 | 2 – 71. 6 | 27 – 15. 7 |
| 3 | 0 – 4o. 7 | 4 – 07. 3 | 4o – 73. 5 |
| 4 | 0 – 54. 3 | 5 – 43. 1 | 54 – 31. 4 |
| 5 | 0 – 67. 9 | 6 – 78. 9 | 67 – 89. 2 |
| 6 | 0 – 81. 5 | 8 – 14. 7 | 81 – 47. 1 |
| 7 | 0 – 95. o | 9 – 5o. 5 | 95 – o4. 9 |
| 8 | 1 – 08. 6 | 1o – 86. 3 | 1o8 – 62. 7 |
| 9 | 1 – 22. 2 | 12 – 22. o | 122 – 2o. 6 |

## *Perche de 17 Pans.*

| | O | O O |
|---|---|---|
| 1 | 0 – 14. 4 | 1 – 44. 1 | 14 – 41. 4 |
| 2 | 0 – 28. 8 | 2 – 88. 3 | 28 – 82. 8 |
| 3 | 0 – 43. 2 | 4 – 32. 4 | 43 – 24. 1 |
| 4 | 0 – 57. 6 | 5 – 76. 5 | 57 – 65. 5 |
| 5 | 0 – 72. 1 | 7 – 2o. 7 | 72 – o6. 9 |
| 6 | 0 – 86. 5 | 8 – 64. 8 | 86 – 48- 3 |
| 7 | 1 – oo. 9 | 1o – o9. o | 1oo – 89. 7 |
| 8 | 1 – 15. 3 | 11 – 53. 1 | 115 – 31. 1 |
| 9 | 1 – 29. 7 | 12 – 97. 2 | 129 – 72. 4 |

## Perche de 17 Pans 1/2

| PERCHES CARRÉES. | O | OO |
|---|---|---|
| a.    c. | a.    c. | a.    c. |
| 1 | 0 – 15. 3 | 1 – 52. 7 | 15 – 27. 4 |
| 2 | 0 – 3o. 5 | 3 – o5. 5 | 30 – 54. 8 |
| 3 | 0 – 45. 8 | 4 – 58. 2 | 45 – 82. 2 |
| 4 | 0 – 61. 1 | 6 – 11. 0 | 61 – o9. 7 |
| 5 | 0 – 76. 4 | 7 – 63. 7 | 76 – 37. 1 |
| 6 | 0 – 91. 6 | 9 – 16. 4 | 91 – 64. 5 |
| 7 | 1 – o6. 9 | 1o – 69. 2 | 1o6 – 91. 9 |
| 8 | 1 – 22. 2 | 12 – 21. 9 | 122 – 19. 3 |
| 9 | 1 – 37. 5 | 13 – 74. 7 | 137 – 46. 8 |

## Perche de 18 Pans.

| 1 | 0 – 16. 2 | 1 – 61. 6 | 16 – 15. 9 |
|---|---|---|---|
| 2 | 0 – 32. 3 | 3 – 23. 2 | 32 – 31. 9 |
| 3 | 0 – 48. 5 | 4 – 84. 8 | 48 – 47. 8 |
| 4 | 0 – 64. 6 | 6 – 46. 4 | 64 – 63. 8 |
| 5 | 0 – 80. 8 | 8 – 08. 0 | 80 – 79. 7 |
| 6 | 0 – 97. 0 | 9 – 69. 6 | 96 – 95. 7 |
| 7 | 1 – 13. 1 | 11 – 31. 2 | 113 – 11. 6 |
| 8 | 1 – 29. 3 | 12 – 92. 8 | 129 – 27. 6 |
| 9 | 1 – 45. 4 | 14 – 54. 3 | 145 – 43. 5 |

## Perche de 20 Pans.

| 1 | 0 – 19. 9 | 1 – 99. 5 | 19 – 95. 0 |
|---|---|---|---|
| 2 | 0 – 39. 9 | 3 – 99. 0 | 39 – 9o. 0 |
| 3 | 0 – 59. 8 | 5 – 98. 5 | 59 – 85. 0 |
| 4 | 0 – 79. 8 | 7 – 98. 0 | 79 – 8o. 0 |
| 5 | 9 – 99. 7 | 9 – 97. 5 | 99 – 75. 0 |
| 6 | 1 – 19. 7 | 11 – 97. 0 | 119 – 7o. 0 |
| 7 | 1 – 39. 6 | 13 – 96. 5 | 139 – 65. 0 |
| 8 | 1 – 59. 6 | 15 – 96. 0 | 159 – 6o. 0 |
| 9 | 1 – 79. 5 | 17 – 95. 5 | 179 – 55. 0 |

45

46

47

## Perche de 22 Pans.



| PERCHES CARRÉES. | 0 | | 00 | |
|---|---|---|---|---|
| a. c. | a. | c. | a. | c. |
| 1 | 0 – 24. 1 | 2 – 41. 4 | 24 – 13. 9 |
| 2 | 0 – 48. 3 | 4 – 82. 8 | 48 – 27. 9 |
| 3 | 0 – 72. 4 | 7 – 24. 2 | 72 – 41. 8 |
| 4 | 0 – 96. 6 | 9 – 65. 6 | 96 – 55. 8 |
| 5 | 1 – 20. 7 | 12 – 07. 0 | 120 – 69. 7 |
| 6 | 1 – 44. 8 | 14 – 48. 4 | 144 – 83. 7 |
| 7 | 1 – 69. 0 | 16 – 89. 8 | 168 – 97. 6 |
| 8 | 1 – 93. 1 | 19 – 31. 2 | 193 – 11. 5 |
| 9 | 2 – 17. 3 | 21 – 72. 5 | 217 – 25. 5 |

## Perche de 22 Pans 1/4.



| | 0 | | 00 | |
|---|---|---|---|---|
| 1 | 0 – 24. 7 | 2 – 46. 9 | 24 – 69. 1 |
| 2 | 0 – 49. 4 | 4 – 93. 8 | 49 – 38. 2 |
| 3 | 0 – 74. 1 | 7 – 40. 7 | 74 – 07. 4 |
| 4 | 0 – 98. 8 | 9 – 87. 6 | 98 – 76. 5 |
| 5 | 1 – 23. 5 | 12 – 34. 6 | 123 – 45. 6 |
| 6 | 1 – 48. 1 | 14 – 81. 5 | 148 – 14. 7 |
| 7 | 1 – 72. 8 | 17 – 28. 4 | 172 – 83. 8 |
| 8 | 1 – 97. 5 | 19 – 75. 3 | 197 – 52. 9 |
| 9 | 2 – 22. 2 | 22 – 22. 2 | 122 – 22. 1 |

# PERCHES CARRÉES,

### ayant pour élément la canne de Castres.

## Perche de 16 Pans.



| | | | | |
|---|---|---|---|---|
| 1 | 0 – 13. 0 | 1 – 29. 6 | 12 – 96. 2 |
| 2 | 0 – 25. 9 | 2 – 59. 2 | 25 – 92. 4 |
| 3 | 0 – 38. 9 | 3 – 88. 9 | 38 – 88. 7 |
| 4 | 0 – 51. 8 | 5 – 18. 5 | 51 – 84. 0 |
| 5 | 0 – 64. 8 | 6 – 48. 1 | 64 – 81. 1 |
| 6 | 0 – 77. 8 | 7 – 77. 7 | 77 – 77. 3 |
| 7 | 0 – 90. 7 | 9 – 07. 4 | 90 – 73. 5 |
| 8 | 1 – 03. 7 | 10 – 37. 0 | 103 – 69. 7 |
| 9 | 1 – 16. 7 | 11 – 66. 6 | 116 – 66. 0 |

### Perche de 18 Pans.

| PERCHES CARRÉES. | O | OO |
|---|---|---|
| a.    c. | a.    c. | a.    c. |
| 1 | 0 – 16. 4 | 1 – 64. 1 | 16 – 40. 5 |
| 2 | 0 – 32. 8 | 3 – 28. 1 | 32 – 81. 1 |
| 3 | 0 – 49   2 | 4 – 92. 2 | 49 – 21. 6 |
| 4 | 0 – 65. 6 | 6 – 56. 2 | 65 – 62. 1 |
| 5 | 0 – 82. o | 8 – 2o. 3 | 82 – o2. 6 |
| 6 | 0 – 98. 4 | 9 – 84. 3 | 98 – 43. 2 |
| 7 | 1 – 14. 8 | 11 – 48. 4 | 114 – 83. 7 |
| 8 | 1 – 31. 2 | 13 – 12. 4 | 131 – 24. 2 |
| 9 | 1 – 47. 6 | 14 – 76. 5 | 147 – 64. 7 |



### Perche de 20 Pans.



| | O | OO |
|---|---|---|
| 1 | 0 – 2o. 3 | 2 – o2. 5 | 2o – 25. 3 |
| 2 | 0 – 4o. 5 | 4 – o5. 1 | 4o – 5o. 7 |
| 3 | 0 – 6o. 8 | 6 – o7. 6 | 6o – 76. 0 |
| 4 | 0 – 81. 1 | 8 – 1o. 1 | 81 – o1. 4 |
| 5 | 1 – o1. 3 | 1o – 12. 7 | 1o1 – 26. 7 |
| 6 | 1 – 21. 5 | 12 – 15. 2 | 121 – 52. 0 |
| 7 | 1 – 41. 8 | 14 – 17. 7 | 141 – 77. 4 |
| 8 | 1 – 62. o | 16 – 2o. 3 | 162 – o2. 7 |
| 9 | 1 – 82. 3 | 18 – 22. 8 | 182 – 28. 1 |

## PERCHES CARRÉES,

ayant pour élément la canne de Lavaur.

### Perche de 14 Pans.



| | | |
|---|---|---|
| 1 | 0 – 1o. o | 0 – 99. 7 | 9 – 97. 4 |
| 2 | 0 – 19. 9 | 1 – 99. 5 | 19 – 94. 8 |
| 3 | 0 – 29. 9 | 2 – 99. 2 | 29 – 92. 2 |
| 4 | 0 – 39. 9 | 3 – 99. o | 39 – 89. 6 |
| 5 | 0 – 49. 9 | 4 – 98. 7 | 49 – 87. o |
| 6 | 0 – 59. 8 | 5 – 98. 4 | 59 – 84. 4 |
| 7 | 0 – 69. 8 | 6 – 98. 2 | 69 – 81. 8 |
| 8 | 0 – 79. 8 | 7 – 97. 9 | 79 – 79. 2 |
| 9 | 0 – 89. 8 | 8 – 97. 7 | 89 – 76. 6 |

## Perche de 16 Pans.

| PERCHES CARRÉES. | O | | OO | |
| --- | --- | --- | --- | --- |
| a.    c. | a.    c. | | a.    c. | |
| 1 | 0 – 13.   0 | 1 – 3o.   3 | 13 – o2.   7 |
| 2 | 0 – 26.   1 | 2 – 6o.   5 | 26 – o5.   4 |
| 3 | 0 – 39.   1 | 3 – 9o.   8 | 39 – o8.   2 |
| 4 | 0 – 52.   1 | 5 – 21.   1 | 52 – 1o.   9 |
| 5 | 0 – 65.   1 | 6 – 51.   4 | 65 – 13.   6 |
| 6 | 0 – 78.   2 | 7 – 81.   6 | 78 – 16.   3 |
| 7 | 0 – 91.   2 | 9 – 11.   9 | 91 – 19.   1 |
| 8 | 1 – o4.   2 | 1o – 42.   2 | 1o4 – 21.   8 |
| 9 | 1 – 17.   2 | 11 – 72.   4 | 117 – 24.   5 |

## Perche de 18 Pans.

| PERCHES CARRÉES. | O | | OO | |
| --- | --- | --- | --- | --- |
| 1 | 0 – 16.   5 | 1 – 64.   9 | 16 – 48.   8 |
| 2 | 0 – 33.   o | 3 – 29.   7 | 32 – 97.   5 |
| 3 | 0 – 49.   5 | 4 – 94.   6 | 49 – 46.   3 |
| 4 | 0 – 65.   9 | 6 – 59.   5 | 65 – 95.   o |
| 5 | 0 – 82.   4 | 8 – 24.   4 | 82 – 43.   8 |
| 6 | 0 – 98.   9 | 9 – 89.   3 | 98 – 92.   6 |
| 7 | 1 – 15.   4 | 11 – 54.   1 | 115 – 41.   3 |
| 8 | 1 – 31.   9 | 13 – 19.   o | 131 – 9o.   1 |
| 9 | 1 – 48.   4 | 14 – 83.   9 | 148 – 38.   8 |

## Perche de 20 Pans.

| PERCHES CARRÉES. | O | | OO | |
| --- | --- | --- | --- | --- |
| 1 | 0 – 2o.   4 | 2 – o3.   5 | 2o – 35.   5 |
| 2 | 0 – 4o.   7 | 4 – o7.   1 | 4o – 71.   o |
| 3 | 0 – 61.   1 | 6 – 1o.   6 | 61 – o6.   5 |
| 4 | 0 – 81.   4 | 8 – 14.   2 | 81 – 42.   o |
| 5 | 1 – o1.   8 | 1o – 17.   7 | 1o1 – 77.   5 |
| 6 | 1 – 22.   1 | 12 – 21.   3 | 122 – 13.   o |
| 7 | 1 – 42.   5 | 14 – 24.   9 | 142 – 48.   5 |
| 8 | 1 – 62.   8 | 16 – 28.   4 | 162 – 84.   o |
| 9 | 1 – 83.   2 | 18 – 31.   9 | 183 – 19.   5 |

# PERCHES CARRÉES,
### ayant pour élément la canne de Graulhet.
## *Perche de 16 Pans.*

57

| PERCHES CARRÉES. | O | | OO | |
|---|---|---|---|---|
| a.    c. | a.    c. | | a.    c. | |
| 1 | 0 – 12. 5 | 1 – 25. 1 | 12 – 51. 1 |
| 2 | 0 – 25. 0 | 2 – 50. 2 | 25 – 02. 3 |
| 3 | 0 – 37. 5 | 3 – 75. 3 | 37 – 53. 4 |
| 4 | 0 – 50. 0 | 5 – 00. 4 | 50 – 04. 5 |
| 5 | 0 – 62. 6 | 6 – 25. 6 | 62 – 55. 7 |
| 6 | 0 – 75. 1 | 7 – 50. 7 | 75 – 06. 6 |
| 7 | 0 – 87. 6 | 8 – 75. 8 | 87 – 57. 9 |
| 8 | 1 – 00. 1 | 10 – 00. 9 | 100 – 09. 1 |
| 9 | 1 – 12. 6 | 11 – 26. 0 | 112 – 60. 2 |

## *Perche de 18 Pans.*

58

| PERCHES CARRÉES. | O | | OO | |
|---|---|---|---|---|
| 1 | 0 – 15. 8 | 1 – 58. 3 | 15 – 83. 5 |
| 2 | 0 – 31. 7 | 3 – 16. 7 | 31 – 66. 9 |
| 3 | 0 – 47. 5 | 4 – 75. 0 | 47 – 50. 4 |
| 4 | 0 – 63. 3 | 6 – 33. 4 | 63 – 33. 8 |
| 5 | 0 – 79. 2 | 7 – 91. 7 | 79 – 17. 3 |
| 6 | 0 – 95. 0 | 9. 50. 1 | 95 – 00. 8 |
| 7 | 1 – 10. 8 | 11 – 08. 2 | 110 – 84. 2 |
| 8 | 1 – 26. 7 | 12 – 66. 8 | 126 – 67. 7 |
| 9 | 1 – 42. 5 | 14 – 25. 1 | 142 – 51. 2 |

# PERCHES CARRÉES
### ayant pour élément la canne de Montauban.
## *Perche de 16 Pans.*

59

| PERCHES CARRÉES. | O | | OO | |
|---|---|---|---|---|
| 1 | 0 – 13. 5 | 1 – 35. 5 | 13 – 55. 4 |
| 2 | 0 – 27. 1 | 2 – 71. 1 | 27 – 10. 7 |
| 3 | 0 – 40. 7 | 4 – 06. 6 | 40 – 66. 1 |
| 4 | 0 – 54. 2 | 5 – 42. 1 | 54 – 21. 4 |
| 5 | 0 – 67. 8 | 6 – 77. 7 | 67 – 76. 8 |
| 6 | 0 – 81. 3 | 8 – 13. 2 | 81 – 32. 1 |
| 7 | 0 – 94. 9 | 9 – 48. 7 | 94 – 87. 5 |
| 8 | 1 – 08. 4 | 10 – 84. 3 | 108 – 42. 8 |
| 9 | 1 – 22. 0 | 12 – 19. 8 | 121 – 98. 2 |

## Perche de 18 Pans.

| PERCHES CARRÉES. | O | | O | |
| --- | --- | --- | --- | --- |
| | a. | c. | a. | c. |
| 1 | 0 – 17. | 2 | 1 – 71. | 5 | 17 – 15. | 4 |
| 2 | 0 – 34. | 3 | 3 – 43. | 1 | 34 – 3o. | 7 |
| 3 | 0 – 51. | 5 | 5 – 14. | 6 | 51 – 46. | 1 |
| 4 | 0 – 68. | 6 | 6 – 86. | 1 | 68 – 61. | 5 |
| 5 | 0 – 85. | 8 | 8 – 57. | 7 | 85 – 76. | 8 |
| 6 | 1 – o2. | 9 | 1o – 29. | 2 | 1o2 – 92. | 2 |
| 7 | 1 – 2o. | 1 | 12 – oo. | 8 | 12o – o7. | 6 |
| 8 | 1 – 37. | 2 | 13 – 72. | 3 | 137 – 23. | o |
| 9 | 1 – 54. | 4 | 15 – 43. | 8 | 154 – 38. | 3 |

## Perche de 20 Pans.

| | a. | c. | a. | c. | a. | c. |
| --- | --- | --- | --- | --- | --- | --- |
| 1 | 0 – 21. | 2 | 2 – 11. | 8 | 2t – 17. | 7 |
| 2 | 0 – 42. | 3 | 4 – 23. | 5 | 42 – 35. | 5 |
| 3 | 0 – 63. | 5 | 6 – 35. | 3 | 63 – 53. | 2 |
| 4 | 0 – 84. | 7 | 8 – 47. | 1 | 84 – 71. | 0 |
| 5 | 1 – o5. | 9 | 1o – 58. | 9 | 1o5 – 88. | 7 |
| 6 | 1 – 27. | 1 | 12 – 7o. | 6 | 127 – o6. | 4 |
| 7 | 1 – 48. | 2 | 14 – 82. | 4 | 148 – 24. | 2 |
| 8 | 1 – 69. | 4 | 16 – 94. | 2 | 169 – 41. | 9 |
| 9 | 1 – 9o. | 6 | 19 – o6. | o | 19o – 59. | 7 |

# PERCHES CARRÉES,
### ayant pour élément la canne de Villemur.

## Perche de 13 Pans.

| | a. | c. | a. | c. | a. | c. |
| --- | --- | --- | --- | --- | --- | --- |
| 1 | 0 – 13. | 3 | 1 – 32. | 9 | 13 – 28. | 9 |
| 2 | 0 – 26. | 6 | 2 – 65. | 8 | 26 – 57. | 8 |
| 3 | 0 – 39. | 9 | 3 – 98. | 7 | 39 – 86. | 7 |
| 4 | 0 – 53. | 2 | 5 – 31. | 6 | 53 – 15. | 6 |
| 5 | 0 – 66. | 4 | 6 – 64. | 4 | 66 – 44. | 5 |
| 6 | 0 – 79. | 7 | 7 – 97. | 3 | 79 – 73. | 4 |
| 7 | 0 – 93. | o | 9 – 3o. | 2 | 93 – o2. | 4 |
| 8 | 1 – o6. | 3 | 1o – 63. | 1 | 1o6 – 31. | 3 |
| 9 | 1 – 19. | 6 | 11 – 96. | o | 119 – 6o. | 2 |

# ARPENT DES EAUX ET FORÊTS,

contenant 100 perches de 22 pieds.

| | ARPENTS. | | | O | | | OO | | |
|---|---|---|---|---|---|---|---|---|---|
| | h. | a. | c. | h. | a. | c. | h. | a. | c. |
| 1 | 00. | 51 – 07. | 2 | 05. | 10 – 72. | 0 | 51. | 07 – 19. | 8 |
| 2 | 01. | 02 – 14. | 4 | 10. | 21 – 44. | 0 | 102. | 14 – 39. | 7 |
| 3 | 01. | 53 – 21. | 6 | 15. | 32 – 15. | 9 | 153. | 21 – 59. | 5 |
| 4 | 02. | 04 – 28. | 8 | 20. | 42 – 87. | 9 | 204. | 28 – 79. | 3 |
| 5 | 02. | 55 – 36. | 0 | 25. | 53 – 59. | 9 | 255. | 35 – 99. | 1 |
| 6 | 03. | 06 – 43. | 2 | 30. | 64 – 31. | 9 | 306. | 43 – 19. | 0 |
| 7 | 03. | 57 – 50. | 4 | 35. | 75 – 03. | 9 | 357. | 50 – 38. | 8 |
| 8 | 04. | 08 – 57. | 6 | 40. | 85 – 75. | 9 | 408. | 57 – 58. | 6 |
| 9 | 04. | 59 – 64. | 8 | 45. | 96 – 47. | 8 | 459. | 64 – 78. | 5 |

| | PECHES. | | | O | | | OO | | |
|---|---|---|---|---|---|---|---|---|---|
| | h. | a. | c. | h. | a. | c. | h. | a. | c. |
| 1 | 00. | 00 – 51. | 1 | 00. | 05 – 10. | 7 | 00. | 51 – 07. | 2 |
| 2 | 00. | 01 – 02. | 1 | 00. | 10 – 21. | 4 | 01. | 02 – 14. | 4 |
| 3 | 00. | 01 – 53. | 2 | 00. | 15 – 32. | 2 | 01. | 53 – 21. | 6 |
| 4 | 00. | 02 – 04. | 3 | 00. | 20 – 42. | 9 | 02. | 04 – 28. | 8 |
| 5 | 00. | 02 – 55. | 4 | 00. | 25 – 53. | 6 | 02. | 55 – 36. | 0 |
| 6 | 00. | 03 – 06. | 4 | 00. | 30 – 64. | 3 | 03. | 06 – 43. | 2 |
| 7 | 00. | 03 – 57. | 5 | 00. | 35 – 75. | 0 | 03. | 57 – 50. | 4 |
| 8 | 00. | 04 – 08. | 6 | 00. | 40 – 85. | 8 | 04. | 08 – 57. | 6 |
| 9 | 00. | 04 – 59. | 6 | 00. | 45 – 96. | 5 | 04. | 59 – 64. | 8 |

## FRACTIONS DE PERCHE.

| | h. | a. | c. |
|---|---|---|---|
| 1/4 | 00. | 00 – 12. | 77 |
| 1/2 | 00. | 00 – 25. | 53 |
| 3/4 | 00. | 00 – 38. | 30 |

# SÉTERÉE

contenant 4oo perches de 13 pans 1/2.
( Canne vraie de Montpellier. )

| SÉTERÉES. | | | O | | | OO | | |
|---|---|---|---|---|---|---|---|---|
| h. | a. | c. | h. | a. | c. | h. | a. | c. |
| 1 | 00. | 44 – 98. 9 | 04. | 49 – 89. 6 | | 44. | 98 – 95. 6 |
| 2 | oo. | 89 – 97. 9 | o8. | 99 – 79. 1 | | 89. | 97 – 91. 2 |
| 3 | o1. | 34 – 96. 9 | 13. | 49 – 68. 7 | | 134. | 96 – 86. 8 |
| 4 | o1. | 79 – 95. 8 | 17. | 99 – 58. 2 | | 179. | 95 – 82. 4 |
| 5 | o2. | 24 – 94. 8 | 22. | 49 – 47. 8 | | 224. | 94 – 77. 9 |
| 6 | o2. | 69 – 93. 7 | 26. | 99 – 37. 3 | | 269. | 93 – 73. 5 |
| 7 | o3. | 14 – 92. 7 | 31. | 49 – 26. 9 | | 314. | 92 – 69. 1 |
| 8 | o3. | 59 – 91. 6 | 35. | 99 – 16. 5 | | 359. | 91 – 64. 7 |
| 9 | o4. | 04 – 9o. 6 | 4o. | 49 – o6. o | | 4o4. | 9o – 6o. 3 |

| QUARTE 1/4. | | | QUARTON 1/16ᶜ. | | | PUGNÈRE 1/64ᶜ. | | |
|---|---|---|---|---|---|---|---|---|
| h. | a. | c. | h. | a. | c. | h. | a. | c. |
| 1 | 00. | 11 – 24. 7 | 00. | 02 – 81. 2 | 00. | 00 – 7o. 3 |
| 2 | 00. | 22 – 49. 5 | 00. | 05 – 62. 4 | 00. | 01 – 4o. 6 |
| 3 | 00. | 33 – 74. 2 | 00. | 08 – 43. 6 | 00. | 02 – 1o. 9 |
| 4 | 00. | 44 – 98. 9 | 00. | 11 – 24. 7 | 00. | 02 – 81. 2 |
| 5 | 00. | 56 – 23. 7 | 00. | 14 – o5. 9 | 00. | 03 – 51. 5 |
| 6 | 00. | 67 – 48. 4 | 00. | 16 – 87. 1 | 00. | 04 – 21. 8 |
| 7 | 00. | 78 – 73. 2 | 00. | 19 – 68. 3 | 00. | 04 – 92. 1 |
| 8 | 00. | 89 – 97. 9 | 00. | 22 – 49. 5 | 00. | 05 – 62. 4 |
| 9 | o1. | 01 – 22. 6 | 00. | 25 – 3o. 7 | 00. | 06 – 32. 7 |

## FRACTIONS DE PUGNÈRE.

| | h. | a. | c. |
|---|---|---|---|
| 1/4 | 00. | 00 – 17. | 57 |
| 1/2 | 00. | 00 – 35. | 15 |
| 3/4 | 00. | 00 – 52. | 72 |

# SÉTERÉE

contenant 320 perches de 16 pans.
( Canne vraie de Montpellier. )

| SETERÉES. | | | O | | | OO | | |
|---|---|---|---|---|---|---|---|---|
| h. | a. | c. | h. | a. | c. | h. | a. | c. |
| 1 | 00. 50 | – 55. 6 | 05. 05 | – 56. 2 | 50. 55 | – 61. 7 |
| 2 | 01. 11 | – 11. 2 | 11. 11 | – 12. 3 | 111. 11 | – 23. 4 |
| 3 | 01. 61 | – 66. 8 | 16. 16 | – 68. 5 | 161. 66 | – 85. o |
| 4 | o2. 12 | – 22. 5 | 21. 22 | – 24. 7 | 212. 22 | – 46. 7 |
| 5 | o2. 62 | – 78. 1 | 26. 27 | – 8o. 8 | 262. 78 | – o8. 4 |
| 6 | 03. 13 | – 33. 7 | 31. 33 | – 37. o | 313. 33 | – 7o. 1 |
| 7 | 03. 63 | – 89. 3 | 36. 38 | – 93. 2 | 363. 89 | – 31. 8 |
| 8 | 04. 14 | – 44. 9 | 41. 44 | – 49. 3 | 414. 44 | – 93. 4 |
| 9 | 04. 65 | – 00. 6 | 46. 5o | – 05. 5 | 465. 00 | – 55. 1 |

| MESURE OU RASE 1/8ᵉ. | | | O | | | BOISSEAU 1/32ᵉ. | | |
|---|---|---|---|---|---|---|---|---|
| h. | a. | c. | h. | a. | c. | h. | a. | c. |
| 1 | 00. 06 | – 31. 9 | 00. 63 | – 19. 5 | 00. o1 | – 58. o |
| 2 | 00. 12 | – 63. 9 | o1. 26 | – 39. o | 00. 03 | – 16. o |
| 3 | 00. 18 | – 95. 9 | o1. 89 | – 58. 6 | 00. 04 | – 74. o |
| 4 | 00. 25 | – 27. 8 | o2. 52 | – 78. 1 | 00. 06 | – 31. 9 |
| 5 | 00. 31 | – 59. 8 | o3. 15 | – 97. 6 | 00. o7 | – 89. 9 |
| 6 | 00. 37 | – 91. 7 | o3. 79 | – 17. 1 | 00. 09 | – 47. 9 |
| 7 | 00. 44 | – 23. 7 | o4. 42 | – 36. 6 | 00. 11 | – o5. 9 |
| 8 | 00. 5o | – 55. 6 | 05. 05 | – 56. 2 | 00. 12 | – 63. 9 |
| 9 | 00. 56 | – 87. 6 | 05. 68 | – 75. 7 | 00. 14 | – 2l. 9 |

### FRACTIONS DE BOISSEAU.

| | h. | a. | c. |
|---|---|---|---|
| 1/4 | 00. | 00 | – 39. 50 |
| 1/2 ou penne | oo. | 00 | – 79. 00 |
| 3/4 | 00. | 01 | – 18. 50 |

## SÉTERÉE

### contenant 324 perches de 16 pans.
#### ( canne vraie de Montpellier. )

| | SÉTERÉES. | | | O | | | OO | | |
|---|---|---|---|---|---|---|---|---|---|
| | h. | a. | c. | h. | a. | c. | h. | a. | c. |
| 1 | oo. | 51 – 18. | 8 | o5. | 11 – 88. | 1 | 51. | 18 – 81. | 2 |
| 2 | o1. | o2 – 37. | 6 | 1o. | 23 – 76. | 2 | 1o2. | 37 – 62. | 4 |
| 3 | o1. | 53 – 56. | 4 | 15. | 35 – 64. | 4 | 153. | 56 – 43. | 6 |
| 4 | o2. | o4. 75. | 2 | 2o. | 47 – 52. | 5 | 2o4. | 75 – 24. | 8 |
| 5 | o2. | 55 – 94. | 1 | 25. | 59 – 4o. | 6 | 255. | 94 – o6. | 0 |
| 6 | o3. | o7 – 12. | 9 | 3o. | 71 – 28. | 7 | 3o7. | 12 – 87. | 2 |
| 7 | o3. | 58 – 31. | 7 | 35. | 83 – 16. | 8 | 358. | 31 – 68. | 4 |
| 8 | o4. | o9 – 5o. | 5 | 4o. | 95 – o5. | 0 | 4o9. | 5o – 49. | 6 |
| 9 | o4. | 6o – 69. | 3 | 46. | o6 – 93. | 1 | 46o. | 69 – 3o. | 8 |

| | MESURE OU RASE 1/8e. | | | O | | | BOISSEAU 1/32e. | | |
|---|---|---|---|---|---|---|---|---|---|
| | h. | a. | c. | h. | a. | c. | h. | a, | c. |
| 1 | oo. | o6 – 39. | 8 | oo. | 63 – 98. | 5 | oo. | o1 – 6o. | 0 |
| 2 | oo. | 12 – 79. | 7 | o1. | 27 – 97. | 0 | oo. | o3 – 19. | 9 |
| 3 | oo. | 18 – 19. | 6 | o1 – 91. | 95. | 5 | oo. | o4 – 79. | 9 |
| 4 | oo. | 25 – 59. | 4 | o2. | 55 – 94. | 1 | oo. | o6 – 39. | 8 |
| 5 | oo. | 31 – 99. | 3 | o3. | 19 – 92. | 6 | oo. | o7 – 99. | 8 |
| 6 | oo. | 38 – 39. | 1 | o3. | 83 – 91. | 1 | oo. | o9 – 59. | 8 |
| 7 | oo. | 44 – 79. | 0 | o4. | 47 – 89. | 6 | oo. | 11 – 19. | 7 |
| 8 | oo. | 51 – 18. | 8 | o5. | 11 – 88. | 1 | oo. | 12 – 79. | 7 |
| 9 | oo. | 57 – 58. | 7 | o5. | 75 – 86. | 6 | oo. | 14 – 39. | 7 |

### FRACTIONS DE BOISSEAU.

| | h. | a. | c. |
|---|---|---|---|
| 1/4 | oo. | oo – 39. | 99 |
| 1/2 ou penne | oo. | oo – 79. | 98 |
| 3/4 | oo. | o1 – 19. | 97 |

## SÉTERÉE

### contenant 400 perches de 16 pans.
#### ( canne vraie de Montpellier.)

| SÉTERÉES. | | | O | | | OO | | |
|---|---|---|---|---|---|---|---|---|
| h. | a. | c. | h. | a. | c. | h. | a. | c. |
| 1 | 00. 63. 19, 5 | | 06. 31 – 95. 2 | | | 63. 19 – 52. 1 | | |
| 2 | 01. 26 – 39. 0 | | 12. 63 – 9o. 4 | | | 126. 39 – 04. 2 | | |
| 3 | 01 – 89 – 58. 6 | | 18. 95 – 85. 6 | | | 189. 58 – 56. 3 | | |
| 4 | 02. 52 – 78. 1 | | 25. 27 – 8o. 8 | | | 252. 78 – 08. 4 | | |
| 5 | 03. 15 – 97. 6 | | 31. 59 – 76. 0 | | | 315. 97 – 6o. 5 | | |
| 6 | 03. 79 – 17. 1 | | 37. 91 – 71. 3 | | | 379. 17 – 12. 6 | | |
| 7 | 04. 42 – 36. 6 | | 44. 23 – 66. 5 | | | 442. 36 – 64. 7 | | |
| 8 | 05. 05 – 56. 2 | | 5o. 55 – 61. 7 | | | 5o5. 56 – 16. 8 | | |
| 9 | 05. 68 – 75. 7 | | 56. 87 – 56. 9 | | | 568. 75 – 68. 9 | | |

| MESURE ou rase 1/8ᶜ. | | | O | | | BOISSEAU 1/32. | | |
|---|---|---|---|---|---|---|---|---|
| h. | a. | c. | h. | a. | c. | h. | a. | c. |
| 1 | 00. 07 – 89. 9 | | 00. 78 – 99. 4 | | | 00. 01 – 97. 5 | | |
| 2 | 00. 15 – 79. 9 | | 01. 57 – 98. 8 | | | 00. 03 – 95. 0 | | |
| 3 | 00. 23 – 69. 8 | | 02. 36 – 98. 2 | | | 00. 05 – 92. 5 | | |
| 4 | 00. 31 – 59. 8 | | 03. 15 – 97. 6 | | | 00. 07 – 89. 9 | | |
| 5 | 00. 39 – 49. 7 | | 03. 94 – 97. 0 | | | 00. 09 – 87. 4 | | |
| 6 | 00. 47 – 39. 6 | | 04. 73 – 96. 4 | | | 00. 11 – 84. 9 | | |
| 7 | 00. 55 – 29. 6 | | 05. 52 – 95. 8 | | | 00. 13 – 82. 4 | | |
| 8 | 00. 65 – 19. 5 | | 06. 31 – 95. 2 | | | 00. 15 – 79. 9 | | |
| 9 | 00. 71 – 09. 5 | | 07. 1o – 94. 6 | | | 00. 17 – 77. 4 | | |

### FRACTIONS DE BOISSEAU.

| | h. | a. | c. |
|---|---|---|---|
| 1/4 | 00. | 00 – 49. | 37 |
| 1/2 ou penne | 00. | 00 – 98. | 74 |
| 3/4 | 00. | 01 – 48. | 11 |

## SÉTERÉE

contenant 320 perches de 18 pans.
( Canne vraie de Montpellier. )

| | SÉTERÉES. | | | O | | | OO | | |
|---|---|---|---|---|---|---|---|---|---|
| | h. | a. | c. | h. | a. | c. | h. | a. | c. |
| 1 | 00. | 63 – 98. | 5 | o6. | 39 – 85. | 1 | 63. | 98 – 51. | 5 |
| 2 | o1. | 27 – 97. | o | 12. | 79 – 7o. | 3 | 127. | 97 – o3. | o |
| 3 | o1. | 91 – 95. | 5 | 19. | 19 – 55. | 4 | 191. | 95 – 54. | 5 |
| 4 | o2. | 55 – 94. | 1 | 25. | 59 – 4o. | 6 | 255. | 94 – o6. | o |
| 5 | o3. | 19 – 92. | 6 | 31. | 99 – 25. | 7 | 319. | 92 – 57. | 5 |
| 6 | o3. | 83 – 91. | 1 | 38. | 39 – 1o. | 9 | 383. | 91 – o9. | o |
| 7 | o4. | 47 – 89. | 6 | 44. | 78 – 96. | 1 | 447. | 89 – 6o. | 5 |
| 8 | o5. | 11 – 88. | 1 | 51. | 18 – 81. | 2 | 511. | 88 – 12. | o |
| 9 | o5. | 75 – 86. | 6 | 57. | 58 – 66. | 4 | 575. | 86 – 63. | 5 |

| | MESURE OU RASE 1/8e. | | | O | | | BOISSEAU 1/32e. | | |
|---|---|---|---|---|---|---|---|---|---|
| | h. | a. | c. | h. | a. | c. | h. | a. | c. |
| 1 | oo. | o7 – 99. | 8 | oo. | 79 – 98. | 1 | oo. | o1 – 99. | 9 |
| 2 | oo. | 15 – 99. | 6 | o1. | 59 – 96. | 3 | oo. | o3 – 99. | 9 |
| 3 | oo. | 23 – 99. | 4 | o2. | 39 – 94. | 4 | oo. | o5 – 99. | 9 |
| 4 | oo. | 31 – 99. | 3 | o3. | 19 – 92. | 6 | oo. | o7 – 99. | 8 |
| 5 | oo. | 39 – 99. | 1 | o3. | 99 – 9o. | 7 | oo. | o9 – 99. | 8 |
| 6 | oo. | 47 – 98. | 9 | o4. | 79 – 88. | 9 | oo. | 11 – 99. | 7 |
| 7 | oo. | 55 – 98. | 7 | o5. | 59 – 87. | o | oo. | 13 – 99. | 7 |
| 8 | oo. | 63 – 98. | 5 | o6. | 39 – 85. | 1 | oo. | 15 – 99. | 6 |
| 9 | oo. | 71 – 98. | 3 | o7. | 19 – 83. | 3 | oo. | 17 – 99. | 6 |

### FRACTIONS DE BOISSEAU.

| | h. | a. | c. |
|---|---|---|---|
| 1/4 | oo. | oo – 49. | 99 |
| 1/2 ou penne | oo. | oo – 99. | 98 |
| 3/4 | oo. | o1 – 49. | 96 |

# SÉTERÉE

contenant 324 perches de 18 pans.

( canne vraie de Montpellier. )

| SÉTERÉES. | | | O | | | OO | | |
|---|---|---|---|---|---|---|---|---|
| h. | a. | c. | h. | a. | c. | h. | a. | c. |
| 1 | 00. 64 – 78. | 5 | 06. 47 – 85. | o | 64. 78 – 49. | 6 |
| 2 | 01. 29 – 57. | o | 12. 95 – 69. | 9 | 129. 56 – 99. | 3 |
| 3 | 01. 94 – 35. | 5 | 19. 43 – 54. | 9 | 194. 35 – 48. | 9 |
| 4 | 02. 59 – 14. | o | 25. 91 – 39. | 9 | 259. 13 – 98. | 6 |
| 5 | 03. 23 – 92. | 5 | 32. 39 – 24. | 8 | 323. 92 – 48. | 2 |
| 6 | 03. 88 – 71. | o | 38. 87 – o9. | 8 | 388. 70 – 97. | 9 |
| 7 | 04. 53 – 49. | 5 | 45. 34 – 94. | 7 | 453. 49 – 47. | 5 |
| 8 | 05. 18 – 28. | o | 51. 82 – 79. | 7 | 518. 27 – 97. | 2 |
| 9 | 05. 83 – o6. | 5 | 58. 3o – 64. | 7 | 583. o6 – 46. | 8 |

| MESURE OU RASE. 1/8e | | | O | | | BOISSEAU. 1/32e | | |
|---|---|---|---|---|---|---|---|---|
| h. | a. | c. | h. | a. | c. | h. | a. | c. |
| 1 | 00. 08 – o9. | 8 | 00. 8o – 98. | 1 | 00. 02 – 02. | 5 |
| 2 | 00. 16 – 19. | 6 | 01. 61 – 96. | 2 | 00. 04 – 04. | 9 |
| 3 | 00. 24 – 29. | 4 | 02. 42 – 94. | 4 | 00. 06 – 07. | 4 |
| 4 | 00. 32 – 39. | 2 | 03. 23 – 92. | 5 | 00. 08 – o9. | 8 |
| 5 | 00. 4o – 49. | 1 | 04. 04 – 9o. | 6 | 00. 1o – 12. | 3 |
| 6 | 00. 48 – 58. | 9 | 04. 85 – 88. | 7 | 00. 12 – 14. | 7 |
| 7 | 00. 56 – 68. | 7 | o5. 66 – 86. | 8 | 00. 14 – 17. | 2 |
| 8 | 00. 64 – 78. | 5 | 06. 47 – 85. | o | 00. 16 – 19. | 6 |
| 9 | 00. 72 – 88. | 3 | 07. 28 – 83. | 1 | 00. 18 – 22. | 1 |

## FRACTIONS DE BOISSEAU.

| | h. | a. | c. |
|---|---|---|---|
| 1/4 | 00. | 00 – 5o. | 61 |
| 1/2 ou penne | 00. | 01 – 01. | 23 |
| 3/4 | 00. | 01 – 51. | 84 |

# SÉTERÉE

contenant 320 perches de 20 pans.

(canne vraie de Montpellier.)

| | SÉTERÉES. | | | O | | | OO | |
|---|---|---|---|---|---|---|---|---|
| | h. a. c. | | | h. a. c. | | | h. a. c. | |
| 1 | oo. 78 – 89. 4 | | | o7. 89 – 94. o | | | 78. 99 – 4o. 1 | |
| 2 | o1. 57 – 98. 8 | | | 15. 79 – 88. o | | | 157. 98 – 8o. 3 | |
| 3 | o2. 36 – 98. 2 | | | 23. 69 – 82. o | | | 236. 98 – 2o. 4 | |
| 4 | o3. 15 – 97. 6 | | | 31. 59 – 76. o | | | 315. 97 – 6o. 5 | |
| 5 | o3. 94 – 97. o | | | 39. 49 – 7o. 1 | | | 394. 97 – oo. 6 | |
| 6 | o4. 73 – 96. 4 | | | 47. 39 – 64. 1 | | | 473. 96 – 4o. 8 | |
| 7 | o5. 52 – 95. 8 | | | 55. 29 – 58. 1 | | | 552. 95 – 8o. 9 | |
| 8 | o6. 31 – 95. 2 | | | 63. 19 – 52. 1 | | | 631. 95 – 21. o | |
| 9 | o7. 1o – 94. 6 | | | 71. o9 – 46. 1 | | | 71o. 94 – 61. 1 | |

| | MESURE OU RASE. 1/8ᵉ | | | O | | | BOISSEAU. 1/32ᵉ | |
|---|---|---|---|---|---|---|---|---|
| | h. a. c. | | | h. a. c. | | | h. a. c. | |
| 1 | oo. o9 – 87. 4 | | | oo. 98 – 74. 3 | | | oo. o2 – 46. 9 | |
| 2 | oo. 19 – 74. 8 | | | o1. 97 – 48. 5 | | | oo. o4 – 93. 7 | |
| 3 | oo. 29 – 62. 3 | | | o2. 96 – 22. 8 | | | oo. o7 – 4o. 6 | |
| 4 | oo. 39 – 49. 7 | | | o3. 94 – 97. o | | | oo. o9 – 87. 4 | |
| 5 | oo. 49 – 37. 1 | | | o4. 93 – 71. 3 | | | oo. 12 – 34. 3 | |
| 6 | oo. 59 – 24. 5 | | | o5. 92 – 45. 5 | | | oo. 14 – 81. 1 | |
| 7 | oo. 69 – 12. o | | | o6. 91 – 19. 8 | | | oo. 17 – 28. o | |
| 8 | oo. 78 – 99. 4 | | | o7. 89 – 94. o | | | oo. 19 – 74. 8 | |
| 9 | oo. 88 – 86. 8 | | | o8. 88 – 68. 3 | | | oo. 22 – 21. 7 | |

### FRACTIONS DE BOISSEAU.

| | h. a. c. |
|---|---|
| 1/4 | oo. oo – 61. 71 |
| 1/2 ou penne | oo. o1 – 23. 43 |
| 3/4 | oo. o1 – 85. 14 |

# SÉTERÉE

contenant 324 perches de 2o pans.
( canne vraie de Montpellier.)

| | SÉTERÉES. | | | O | | | OO | | |
|---|---|---|---|---|---|---|---|---|---|
| | h. | a. | c. | h. | a. | c. | h. | a. | c. |
| 1 | 00. | 79 – | 98. 1 | 07. | 99 – | 81. 4 | 79. | 98 – | 14. 4 |
| 2 | 01. | 5y – | 96. 3 | 15. | 99 – | 62. 9 | 159. | 96 – | 28. 8 |
| 3 | 02. | 39 – | 94. 4 | 23. | 99 – | 44. 3 | 239. | 94 – | 43. 1 |
| 4 | 03. | 19 – | 92. 6 | 31. | 99 – | 25. 7 | 319. | 92 – | 57. 5 |
| 5 | 03. | 99 – | 9o. 7 | 39. | 99 – | o7. 2 | 399. | 9o – | 71. 9 |
| 6 | 04. | 79 – | 88. 9 | 47. | 98 – | 88. 6 | 479. | 88 – | 86. 3 |
| 7 | 05. | 59 – | 87. o | 55. | 98 – | 7o. 1 | 559. | 87 – | oo. 6 |
| 8 | 06. | 39 – | 85. 1 | 63. | 98 – | 51. 5 | 639. | 85 – | 15. o |
| 9 | 07. | 19 – | 83. 3 | 71. | 98 – | 32. 9 | 719 – | 83. | 29. 4 |

| | MESURE OU RASE. 1⁄8ᵉ | | | O | | | BOISSEAU. 1⁄32ᵉ | | |
|---|---|---|---|---|---|---|---|---|---|
| | h. | a. | c. | h. | a. | c. | h. | a. | c. |
| 1 | 00. | 09 – | 99. 8 | 00. | 99 – | 97. 7 | 00. | 02 – | 49. 9 |
| 2 | 00. | 19 – | 99. 5 | 01. | 99 – | 95. 4 | 00. | 04 – | 99. 9 |
| 3 | 00. | 29 – | 99. 3 | 02. | 99 – | 93. 0 | 00. | 07 – | 49. 8 |
| 4 | 00. | 39 – | 99. 1 | 03. | 99 – | 9o. 7 | 00. | o9 – | 99. 8 |
| 5 | 00. | 49 – | 98. 8 | 04. | 99 – | 88. 4 | 00. | 12 – | 49. 7 |
| 6 | 00. | 59 – | 98. 6 | 05. | 99 – | 86. 1 | 00. | 14 – | 99. 6 |
| 7 | 00. | 69 – | 98. 4 | o6. | 99 – | 83. 8 | 00. | 17 – | 49. 6 |
| 8 | 00. | 79 – | 98. 1 | 07. | 99 – | 81. 4 | 00. | 19 – | 99. 5 |
| 9 | 00. | 89 – | 97. 9 | 08. | 99 – | 79. 1 | 00. | 22 – | 49. 5 |

## FRACTIONS DE BOISSEAU.

| | h. | a. | c. |
|---|---|---|---|
| 1⁄4 | oo. | oo – | 62. 48 |
| 1⁄2 ou penne | oo. | 01 – | 25. oo |
| 3⁄4 | oo. | o1 – | 87. 45 |

# SÉTERÉE

contenant 400 perches de 20 pans.
( canne vraie de Montpellier. )

| SÉTERÉES. | | | O | | | OO | | |
|---|---|---|---|---|---|---|---|---|
| h. | a. | c. | h. | a. | c. | h. | a. | c. |
| 1 | 00. 98 | — 74. 2 | 09. 87 | — 42. 5 | 98. 74 | — 25. 2 | | |
| 2 | 01. 97 | — 48. 5 | 19. 74 | — 85. o | 197. 48 | — 5o. 3 | | |
| 3 | 02. 96 | — 22. 7 | 29. 62 | — 27. 5 | 296. 22 | — 75. 5 | | |
| 4 | 03. 94 | — 97. o | 39. 49 | — 7o. 1 | 394. 97 | — oo. 6 | | |
| 5 | 04. 93 | — 71. 3 | 49. 37 | — 12. 6 | 493. 71 | — 25. 8 | | |
| 6 | 05. 92 | — 45. 5 | 59. 24 | — 55. 1 | 592. 45 | — 5o. 9 | | |
| 7 | 06. 91 | — 19. 8 | 69. 11 | — 97. 6 | 691. 19 | — 76. 1 | | |
| 8 | 07. 89 | — 94. o | 78. 99 | — 4o. 1 | 789. 94 | . 01. 3 | | |
| 9 | 08. 88 | — 68. 3 | 88. 86 | — 82. 6 | 888. 68 | — 26. 4 | | |

| MESURE OU RASE. 1/8ᵉ | | | O | | | BOISSEAU 1/32.ᵉ | | |
|---|---|---|---|---|---|---|---|---|
| h. | a. | c. | h. | a. | c. | h. | a. | c. |
| 1 | 00. 12 | — 34. 3 | 01. 23 | — 42. 8 | 00. 03 | — o8. 6 | | |
| 2 | 00. 24 | — 68. 6 | o2. 46 | — 85. 6 | 00. 06 | — 17. 1 | | |
| 3 | 00. 37 | — o2. 8 | 03. 7o | — 28. 4 | 00. o9 | — 25. 7 | | |
| 4 | 00. 49 | — 37. 1 | o4. 93 | — 71. 3 | 00. 12 | — 34. 3 | | |
| 5 | 00. 61 | — 71. 4 | o6. 17 | — 14. 1 | 00. 15 | — 42. 8 | | |
| 6 | 00. 74 | — o5. 7 | 07. 40 | — 56. 9 | 00. 18 | — 51. 4 | | |
| 7 | 00. 86 | — 4o. o | 08. 63 | — 99. 7 | 00. 21 | — 6o. o | | |
| 8 | 00. 98 | — 74. 2 | o9. 87 | — 42. 5 | 00. 24 | — 68. 6 | | |
| 9 | 01. 11 | — o8. 5 | 11. 1o | — 85. 3 | 00. 27 | — 77. 1 | | |

## FRACTIONS DE BOISSEAU.

| | h. | a. | c. |
|---|---|---|---|
| 1/4 | 00. | 00 — 77. | 14 |
| 1/2 ou penne | 00. | o1 — 54. | 28 |
| 3/4 | 00. | o2 - 31. | 43 |

# SÉTERÉE.

de 900 cannes
( vraies de Montpellier. )

| SÉTERÉES. | | | O | | | OO | | |
|---|---|---|---|---|---|---|---|---|
| h. | a. | c. | h. | a. | c. | h. | a. | c. |
| 1 | 00. 35 | – 54. 7 | 03. 55 | – 47. 3 | 35. 54 | – 73. 1 |
| 2 | 00. 71 | – 09. 5 | 07. 1o | – 94. 6 | 71. 09 | – 46. 1 |
| 3 | 01. 06 | – 64. 2 | 1o. 66 | – 41. 9 | 1o6. 64 | – 19. 2 |
| 4 | 01. 42 | – 18. 9 | 14. 21 | – 89. 2 | 142. 18 | – 92. 2 |
| 5 | 01. 77 | – 73. 6 | 17. 77 | – 36. 5 | 177. 73 | – 65. 3 |
| 6 | 02. 13 | – 28. 4 | 21. 32 | – 83. 8 | 213. 28 | – 38. 3 |
| 7 | 02. 48 | . 83. 1 | 24. 88 | – 31. 1 | 248. 83 | – 11. 4 |
| 8 | 02. 84 | – 37. 8 | 28. 43 | – 78. 4 | 284. 37 | – 84. 5 |
| 9 | 03. 19 | – 92. 6 | 31. 99 | – 25. 7 | 319. 92 | – 57. 5 |

| QUARTE. 1⁄4 | | | MÉGÈRE. 1⁄8ᵉ | | | QUARTON ou BOISSEAU. 1⁄16ᵉ | | |
|---|---|---|---|---|---|---|---|---|
| h. | a. | c. | h. | a. | c. | h. | a. | c. |
| 1 | 00. 08 | – 88. 7 | 00. o4 | – 44. 3 | 00. 02 | – 22. o |
| 2 | 00. 17 | – 77. 4 | 00. 08 | – 88. 7 | 00. 04 | – 44. 3 |
| 3 | 00. 26 | – 66. 0 | 00. 13 | – 33. o | 00. o6 | – 66. 5 |
| 4 | 00. 35 | – 54. 7 | 00. 17 | – 77. 4 | 00. o8 | – 88. 7 |
| 5 | 00. 44 | – 43. 4 | 00. 22 | – 21. 7 | 00. 11 | – 1o. 9 |
| 6 | 00. 53 | – 32. 1 | 00. 26 | – 66. o | 00. 13 | – 33. 1 |
| 7 | 00. 62 | – 2o. 8 | 00. 31 | – 1o. 4 | 00. 15 | – 55. 2 |
| 8 | 00. 71 | – 09. 5 | 00. 35 | – 54. 7 | 00. 17 | – 77. 4 |
| 9 | 00. 79 | – 98. 1 | 00. 39 | – 99. 1 | 00. 19 | – 99. 6 |

| PUGNÈRE. 1⁄30ᵉ | | | BOISSEAU. 1⁄32ᵉ | | | PUGNÈRE. 1⁄64ᵉ | | |
|---|---|---|---|---|---|---|---|---|
| h. | a. | c. | h. | a. | c. | h. | a. | c. |
| 1 | 00. 01 | – 18. 5 | 00. o1 | – 11. 1 | 00. 00 | – 55. 5 |
| 2 | 00. 02 | – 37. 0 | 00. 02 | – 22. 2 | 00. o1 | – 11. 1 |
| 3 | 00. 03 | – 55. 5 | 00. 03 | – 33. 3 | 00. o1 | – 66. 6 |

# SÉTERÉE

de 1024 cannes
vraies de Montpellier.)

| SÉTERÉES. | | | O | | | OO | | |
|---|---|---|---|---|---|---|---|---|
| h. | a. | c. | h. | a. | c. | h. | a. | c. |
| 1 | 00. | 40 – 44. 5 | 04. | 04 – 44. 9 | 40. | 44 – 49. 3 |
| 2 | 00. | 80 – 89. 0 | 08. | 08 – 89. 9 | 80. | 88 – 98. 7 |
| 3 | 01. | 21 – 33. 5 | 12. | 13 – 34. 8 | 121. | 33 – 48. 0 |
| 4 | 01. | 61 – 78. 0 | 16. | 17 – 79. 7 | 161. | 77 – 97. 4 |
| 5 | 02. | 02 – 22. 5 | 20. | 22 – 24. 7 | 202. | 22 – 46. 7 |
| 6 | 02. | 42 – 67. 0 | 24. | 26 – 69. 6 | 242. | 66 – 96. 1 |
| 7 | 02. | 83 – 11. 4 | 28. | 31 – 14. 5 | 283. | 11 – 45. 4 |
| 8 | 03. | 23 – 55. 9 | 32. | 35 – 59. 5 | 323. | 55 – 94. 7 |
| 9 | 03. | 64 – 00. 4 | 36. | 40 – 04. 4 | 364. | 00 – 44. 1 |

| QUARTE. 1/4 | | | MÉGÈRE ou MESURE ou RASE. 1/8ᶜ | | | BOISSEAU.1/32ᶜ | | |
|---|---|---|---|---|---|---|---|---|
| h. | a. | c. | h. | a. | c. | h. | a. | c. |
| 1 | 00. | 10 – 11. 1 | 00. | 05 – 05. 6 | 00. | 01 – 26. 4 |
| 2 | 00. | 20 – 22. 2 | 00. | 10 – 11. 1 | 00. | 02 – 52. 8 |
| 3 | 00. | 30 – 33. 4 | 00. | 15 – 16. 7 | 00. | 03 – 79. 2 |
| 4 | 00. | 40 – 44. 5 | 00. | 20 – 22. 2 | 00. | 05 – 05. 6 |
| 5 | 00. | 50. 55. 6 | 00. | 25 – 27. 8 | 00. | 06 – 31. 9 |
| 6 | 00. | 60 – 66. 7 | 00. | 30 – 33. 4 | 00. | 07 – 58. 3 |
| 7 | 00. | 70 – 77. 9 | 00. | 35 – 38. 9 | 00. | 08 – 84. 7 |
| 8 | 00. | 80 – 89. 0 | 00. | 40 – 44. 5 | 00. | 10 – 11. 1 |
| 9 | 00. | 91 – 00. 1 | 00. | 45 – 50. 1 | 00. | 11 – 37. 5 |

| PUGNÈRE. 1/64ᶜ | | | FRACTIONS DE BOISSEAU. | | |
|---|---|---|---|---|---|
| h. | a. | c. | | h. | a. c. |
| 1 | 00. | 00 – 63. 2 | 1/4 | 00. | 00 – 31. 6 |
| 2 | 00. | 01 – 26. 4 | 1/2 ou penne | 00. | 00 – 63. 2 |
| 3 | 00. | 01 – 89. 6 | 3/4 | 00. | 00 – 94. 8 |

## SÉTERÉE
### de 1160 cannes
#### ( vraies de Montpellier. )

| SÉTERÉES. | | | O | | | OO | | |
|---|---|---|---|---|---|---|---|---|
| h. | a. | c. | h. | a. | c. | h. | a. | c. |
| 1 | 00. 45 – 81. | 6 | 04. 58 – 16. | 5 | 45. 81 – 65. | 3 |
| 2 | 00. 91 – 63. | 3 | 09. 16 – 33. | 1 | 91. 63 – 30. | 5 |
| 3 | 01. 37 – 44. | 9 | 13. 74 – 49. | 6 | 137. 44 – 95. | 8 |
| 4 | 01. 83 – 26. | 6 | 18. 32 – 66. | 1 | 183. 26 – 61. | 1 |
| 5 | 02. 29 – 08. | 3 | 22. 90 – 82. | 6 | 229. 08 – 26. | 4 |
| 6 | 02. 74 – 89. | 9 | 27. 48 – 99. | 2 | 274. 89 – 91. | 6 |
| 7 | 03. 20 – 71. | 6 | 32. 07 – 15. | 7 | 320. 71 – 56. | 9 |
| 8 | 03. 66 – 53. | 2 | 36. 65 – 32. | 2 | 366. 53 – 22. | 2 |
| 9 | 04. 12 – 34. | 9 | 41. 23 – 48. | 7 | 412. 34 – 87. | 5 |

| QUARTE. 1/4 | | | QUARTON. 1/16° | | | PUGNÈRE. 1/64ᵉ | | |
|---|---|---|---|---|---|---|---|---|
| h. | a. | c. | h. | a. | c. | h. | a. | c. |
| 1 | 00. 11 – 45. | 4 | 00. 02 – 86. | 3 | 00. 00 – 71. | 6 |
| 2 | 00. 22 – 90. | 8 | 00. 05 – 72. | 7 | 00. 01 – 43. | 2 |
| 3 | 00. 34 – 36. | 2 | 00. 08 – 59. | 1 | 00. 02 – 14. | 8 |
| 4 | 00. 45 – 81. | 6 | 00. 11 – 45. | 4 | 00. 02 – 86. | 3 |
| 5 | 00. 57 – 27. | 1 | 00. 14 – 31. | 8 | 00. 03 – 57. | 9 |
| 6 | 00. 68 – 72. | 5 | 00. 17 – 18. | 1 | 00. 04. 29. | 5 |
| 7 | 00. 80 – 17. | 9 | 00. 20 – 04. | 5 | 00. 05 – 01. | 1 |
| 8 | 00. 91 – 63. | 3 | 00. 22 – 90. | 8 | 00. 05 – 72. | 7 |
| 9 | 01. 03 – 08. | 7 | 00. 25 – 77. | 2 | 00. 06 – 44. | 3 |

### FRACTIONS DE PUGNÈRE.

| | h. | a. | c. |
|---|---|---|---|
| 1/4 | 00. | 00 – 17. | 90 |
| 1/2 | 00. | 00 – 35. | 79 |
| 3/4 | 00. | 00 – 53. | 69 |

## SÉTERÉE

### de 1248 cannes.

( vraies dé Montpellier. )

| SÉTERÉES. | | | O | | | OO | | |
|---|---|---|---|---|---|---|---|---|
| h. | a. | c. | h. | a. | c. | h. | a. | c. |
| 1 | 00. 49 – 29. | 2 | 04. 92 – 92. | 3 | 49. 29 – 22. | 6 | | |
| 2 | 00. 98 – 58. | 4 | 09. 85 – 84. | 5 | 98. 58 – 45. | 3 | | |
| 3 | 01. 47 – 87. | 7 | 14. 78 – 76. | 8 | 147. 87 – 67. | 9 | | |
| 4 | 01. 97 – 16. | 9 | 19. 71 – 69. | 1 | 197. 16 – 9o. | 6 | | |
| 5 | 02. 46 – 36. | 1 | 24. 63 – 61. | 3 | 246. 36 – 13. | 2 | | |
| 6 | 02. 95 – 65. | 3 | 29. 56 – 53. | 6 | 295. 65 – 35. | 8 | | |
| 7 | 03. 44 – 94. | 6 | 34. 49 – 45. | 8 | 344. 94 – 58. | 5 | | |
| 8 | 03. 94 – 23. | 8 | 39. 42 – 38. | 1 | 394. 23 – 81. | 1 | | |
| 9 | 04. 43 – 53. | 0 | 44. 35 – 3o. | 4 | 443. 53 – 03. | 7 | | |

| QUARTE. 1/4 | | | RASE ou MESURE. 1/8ᵉ | | | PUGNÈRE. 1/16ᵉ | | |
|---|---|---|---|---|---|---|---|---|
| h. | a. | c. | h. | a. | c. | h. | a. | c. |
| 1 | 00. 12 – 32. | 3 | 00. 06 – 16. | 1 | 00. 03 – 08. | o | | |
| 2 | 00. 24 – 64. | 6 | 00. 12 – 32. | 3 | 00. 06 – 16. | 1 | | |
| 3 | 00. 36 – 96. | 9 | 00. 18 – 48. | 5 | 00. 09 – 24. | 1 | | |
| 4 | 00. 49 – 29. | 2 | 00. 24 – 64. | 6 | 00. 12 – 32. | 1 | | |
| 5 | 00. 61 – 61. | 5 | 00. 30 – 8o. | 8 | 00. 15 – 4o. | 1 | | |
| 6 | 00. 73 – 93. | 8 | 00. 36 – 96. | 9 | 00. 18 – 48. | 2 | | |
| 7 | 00. 86 – 26. | 1 | 00. 43 – 13. | 1 | 00. 21 – 56. | 2 | | |
| 8 | 00. 98 – 58. | 4 | 00. 49 – 29. | 2 | 00. 24 – 64. | 2 | | |
| 9 | 01. 10 – 9o. | 8 | 00. 55 – 45. | 4 | 00. 27 – 72. | 2 | | |

| BOISSEAU. 1/32ᵉ | | | PENNE. 1/64ᵉ | | | DEXTRE 1/312ᵉ | | |
|---|---|---|---|---|---|---|---|---|
| h. | a. | c. | h. | a. | c. | h. | a. | c. |
| 1 | 00, 01 – 54. | 0 | 00. 00 – 77. | 0 | 00. 00 – 15. | 80 | | |
| 2 | 00. 03 – 08. | 1 | | | 00. 00 – 31. | 60 | | |
| 3 | 00. 04 – 62. | 1 | | | 00. 00 – 47. | 40 | | |

## SÉTERÉE

de 1280 cannes
( vraies de Montpellier. )

| SÉTERÉES. | | | O | | | OO | | |
|---|---|---|---|---|---|---|---|---|
| h. | a. | c. | h. | a. | c. | h. | a. | c. |
| 1 | 00. 5o | 55. 6 | 05. 05 | 56. 2 | | 5o. 55 | 61. 7 | |
| 2 | o1. o1 | 11. 2 | 1o. 11 | 12. 3 | | 1o1. 11 | 23. 4 | |
| 3 | o1. 51 | 66. 8 | 15. 16 | 68. 5 | | 151. 66 | 85. o | |
| 4 | o2. o2 | 22. 5 | 2o. 22 | 24. 7 | | 2o2. 22 | 46. 7 | |
| 5 | o2. 52 | 78. 1 | 25. 27 | 8o. 8 | | 2.52. 78 | o8. 4 | |
| 6 | o3. o3 | 33. 7 | 3o. 33 | 37. o | | 3o3. 33 | 7o. 1 | |
| 7 | o3. 53 | 89. 3 | 35. 38 | 93. 2 | | 353. 89 | 31. 8 | |
| 8 | o4. o4 | 44. 9 | 4o. 44 | 49. 3 | | 4o4. 44 | 93. 4 | |
| 9 | o4. 55 | oo. 5 | 45. 5o | o5. 5 | | 455. oo | 55. 1 | |

| MESURE ou RASE. 1/8ᶜ | | | O | | | BOISSEAU. 1/32ᶜ | | |
|---|---|---|---|---|---|---|---|---|
| h. | a. | c. | h. | a. | c. | h. | a. | c. |
| 1 | oo. o6 | 31. 9 | oo. 63 | 19. 5 | | oo. o1 | 58. o | |
| 2 | oo. 12 | 63. 9 | o1. 26 | 39. o | | oo. o3 | 16. o | |
| 3 | oo. 18 | 95. 8 | o1. 89 | 58. 6 | | oo. o4 | 74. o | |
| 4 | oo. 25 | 27. 8 | o2. 52 | 78. 1 | | oo. o6 | 31. 9 | |
| 5 | oo. 31 | 59. 8 | o3. 15 | 97. 6 | | oo. o7 | 89. 9 | |
| 6 | oo. 37 | 91. 7 | o3. 79 | 17. 1 | | oo. o9 | 47. 9 | |
| 7 | oo. 44 | 23. 7 | o4. 42 | 36. 6 | | oo. 11 | o5. 9 | |
| 8 | oo. 5o | 55. 6 | o5. o5 | 56. 2 | | oo. 12 | 63. 9 | |
| 9 | oo. 56 | 87. 6 | o5. 68 | 75. 7 | | oo. 14 | 21. 9 | |

### FRACTIONS DE BOISSEAU.

| | h. | a. | c. |
|---|---|---|---|
| 1/4 | oo. oo | 39. 5o | |
| 1/2 ou penne | oo. oo | 78. 99 | |
| 3/4 | oo. o1 | 18. 49 | |

## SÉTERÉE
### de 1296 cannes
#### ( vraies de Montpellier. )

| SÉTERÉES. | | | O | | | OO | | |
|---|---|---|---|---|---|---|---|---|
| h. | a. | c. | h. | a. | c. | h. | a. | c. |
| 1 | 00. 51 – 18. | 8 | 05. 11 – 88. | 1 | 51. 18 – 81. | 2 |
| 2 | 01. 02 – 37. | 6 | 10. 23 – 76. | 2 | 102. 37 – 62. | 4 |
| 3 | 01. 53 – 56. | 4 | 15. 35 – 64. | 4 | 153. 56 – 43. | 6 |
| 4 | 02. 04 – 75. | 2 | 20. 47 – 52. | 5 | 204. 75 – 24. | 8 |
| 5 | 02. 55 – 94. | 1 | 25. 59 – 40. | 6 | 255. 94 – 06. | 0 |
| 6 | 03. 07 – 12. | 9 | 30. 71 – 28. | 7 | 307. 12 – 87. | 2 |
| 7 | 03. 58 – 31. | 7 | 35. 83 – 16. | 8 | 358. 31 – 68. | 4 |
| 8 | 04. 09 – 50. | 5 | 40. 95 – 04. | 9 | 409. 50 – 49. | 6 |
| 9 | 04. 60 – 69. | 3 | 46. 06 – 93. | 1 | 460. 69 – 30. | 8 |

| MESURE OU RASE. 1/8° | | | O | | | BOISSEAU. 1/32° | | |
|---|---|---|---|---|---|---|---|---|
| h. | a. | c. | h. | a. | c. | h. | a. | c. |
| 1 | 00. 06 – 39. | 8 | 00. 63 – 98. | 5 | 00. 01 – 59. | 9 |
| 2 | 00. 12 – 79. | 7 | 01. 27 – 97. | 0 | 00. 03 – 19. | 9 |
| 3 | 00. 19 – 19. | 5 | 01. 91 – 95. | 5 | 00. 04 – 79. | 9 |
| 4 | 00. 25 – 59. | 4 | 02. 55 – 94. | 1 | 00. 06 – 39. | 8 |
| 5 | 00. 31 – 99. | 2 | 03. 19 – 92. | 6 | 00. 07 – 99. | 8 |
| 6 | 00. 38 – 39. | 1 | 03. 83 – 91. | 1 | 00. 09 – 59. | 8 |
| 7 | 00. 44 – 78. | 9 | 04. 47 – 89. | 6 | 00. 11 – 19. | 7 |
| 8 | 00. 51 – 18. | 8 | 05. 11 – 88. | 1 | 00. 12 – 79. | 7 |
| 9 | 00. 57 – 58. | 7 | 05. 75 – 86. | 6 | 00. 14 – 39. | 7 |

### FRACTIONS DE BOISSEAU.

| | h. | a. | c. |
|---|---|---|---|
| 1/4 | 00. | 00 – 39. | 99 |
| 1/2 ou penne | 00. | 00 – 79. | 98 |
| 3/4 | 00. | 01 – 19. | 97 |

## SÉTERÉE
### de 1500 cannes
( vraies de Montpellier. )

| SÉTERÉES. | O | OO |
|---|---|---|
| h. a. c. | h. a. c. | h. a. c. |
| 1 | 00. 59 – 24. 5 | 05. 92 – 45. 5 | 59. 24 – 55. 1 |
| 2 | 01. 18 – 49. 1 | 11. 84 – 91. 0 | 118. 49 – 10. 2 |
| 3 | 01. 77 – 73. 6 | 17. 77 – 36. 5 | 177. 73 – 65. 3 |
| 4 | 02. 36 – 98. 2 | 23. 69 – 82. 0 | 236. 98 – 20. 4 |
| 5 | 02. 96 – 22. 7 | 29. 62 – 27. 5 | 296. 22 – 75. 5 |
| 6 | 03. 55 – 47. 3 | 35. 54 – 73. 0 | 355. 47 – 30. 6 |
| 7 | 04. 14 – 71. 8 | 41. 47 – 18. 6 | 414. 71 – 85. 7 |
| 8 | 04. 73 – 96. 4 | 47. 39 – 64. 1 | 473. 96 – 40. 8 |
| 9 | 05. 33 – 20. 9 | 53. 32 – 09. 6 | 533. 20 – 95. 8 |

| MESURE OU RASE 1/8ᶜ. | O | BOISSEAU 1/32ᵉ. |
|---|---|---|
| h. a. c. | h. a. c. | h. a. a. |
| 1 | 00. 07 – 40. 6 | 00. 74 – 05. 7 | 00. 01 – 85. 1 |
| 2 | 00. 14 – 81. 1 | 01. 48 – 11. 4 | 00. 03 – 70. 3 |
| 3 | 00. 22 – 21. 7 | 02. 22 – 17. 1 | 00. 05 – 55. 4 |
| 4 | 00. 29 – 62. 3 | 02. 96 – 22. 7 | 00. 07 – 40. 6 |
| 5 | 00. 37 – 02. 8 | 03. 70 – 28. 4 | 00. 09 – 25. 7 |
| 6 | 00. 44 – 43. 4 | 04. 44 – 34. 1 | 00. 11 – 10. 8 |
| 7 | 00. 51 – 84. 0 | 05. 18 – 39. 8 | 00. 12 – 96. 0 |
| 8 | 00. 59 – 24. 5 | 05. 92 – 45. 5 | 00. 14 – 81. 1 |
| 9 | 00. 66 – 65. 1 | 06. 66 – 51. 2 | 00. 16 – 66. 3 |

### FRACTIONS DE BOISSEAU.

| | h. a. c. |
|---|---|
| 1/4 | 00. 00 – 46. 28 |
| 1/2 ou penne | 00. 00 – 92. 57 |
| 3/4 | 00. 01 – 38. 85 |

# N° 8o

## SÉTERÉE

contenant 400 perches de 13 pans 1⁄2.

(Canne supposée de Montpellier.)

| SÉTERÉES. | | | O | | | OO | | |
|---|---|---|---|---|---|---|---|---|
| h. | a. | c. | h. | a. | e. | h. | a. | c. |
| 1 | oo. 45 – 7o. | 7 | o4. 57 – o7. | 3 | 45. 7o – 73. | 3 |
| 2 | oo. 9ι – 41. | 5 | o9. 14 – 14. | 7 | 91. 41 – 46. | 6 |
| 3 | o1. 37 – 12. | 2 | 13. 71 – 22. | o | 137. 12 – 19. | 9 |
| 4 | ο1. 82 – 82. | 9 | 18. 28 – 29. | 3 | 182. 82 – 93. | 2 |
| 5 | o2. 28 – 53. | 7 | 22. 85 – 36. | 6 | 228. 53 – 66. | 5 |
| 6 | o2. 74 – 2ι. | 4 | 27. 42 – 44. | o | 274. 24 – 39. | 8 |
| 7 | o3. 19 – 95. | 1 | 31. 99 – 51. | 3 | 319. 95 – 13. | 1 |
| 8 | o3. 65 – 65. | 9 | 36. 56 – 58. | 6 | 365. 65 – 86. | 5 |
| 9 | o4. 11 – 36. | 6 | 41. 13 – 66. | o | 411. 36 – 59. | 8 |

| QUARTE. 1⁄4 | | | QUARTON. 1⁄16ᶜ | | | PUGNÈRE. 1⁄64ᶜ | | |
|---|---|---|---|---|---|---|---|---|
| h. | a. | c. | h. | a. | c. | h. | a. | c. |
| 1 | oo. 11 – 42. | 7 | oo. o2 – 85. | 5 | oo. oo – 71. | 4 |
| 2 | oo. 22 – 85. | 4 | oo. o5 – 7o. | 9 | oo. o1 – 42. | 7 |
| 3 | oo. 34 – 28. | o | oo. o8 – 56. | 4 | oo. o2 – 14. | 1 |
| 4 | oo. 45 – 7o. | 7 | oo. 11 – 41. | 9 | oo. o2 – 85. | 5 |
| 5 | oo. 57 – 13. | 4 | oo. 14 – 27. | 3 | oo. o3 – 56. | 8 |
| 6 | oo. 68 – 56. | 1 | oo. 17 – 12. | 8 | oo. o4 – 28. | 2 |
| 7 | oo. 79 – 98. | 8 | oo. 19 – 98. | 3 | oo. o4 – 99. | 6 |
| 8 | oo. 91 – 41. | 5 | oo. 22 – 83. | 8 | oo. o5 – 7o. | 9 |
| 9 | o1. o2 – 8ι. | 1 | oo. 25 – 69. | 2 | oo. o6 – 42. | 3 |

### FRACTIONS DE PUGNÈRE.

| | h. | a. | c. |
|---|---|---|---|
| 1⁄4 | oo. | oo – 17. | 84 |
| 1⁄2 oupenne | oo. | oo – 35. | 68 |
| 3⁄4 | oo. | oo – 53. | 52 |

# SÉTERÉE

**contenant 320 perches de 16 pans.**

(canne supposée de Montpellier.)

| SÉTERÉES. | | | O | | | OO | | |
|---|---|---|---|---|---|---|---|---|
| h. | a. | c. | h. | a. | c. | h. | a. | c. |
| 1 | 00. 51 | − 36. 3 | 05. 13 | − 62. 7 | 51. | 36 | − 27. | 5 |
| 2 | 01. 12 | − 72. 5 | 11. 27 | − 25. 5 | 112. | 72 | − 55. | 0 |
| 3 | 01. 54 | − 08. 8 | 15. 40 | − 88. 2 | 154. | 08 | − 82. | 5 |
| 4 | 02. 05 | − 45. 1 | 2o. 54 | − 51. o | 205. | 45 | − 1o. | 0 |
| 5 | 02. 56 | − 81. 4 | 25. 68 | − 13. 7 | 256. | 81 | − 37. | 5 |
| 6 | 03. 08 | − 17. 6 | 3o. 81 | − 76. 5 | 3o8. | 17 | − 65. | 0 |
| 7 | 03. 59 | − 53. 9 | 35. 95 | − 39. 2 | 359. | 53 | − 92. | 5 |
| 8 | 04. 1o | − 9o. 2 | 41. 09 | − 02. o | 41o. | 90 | − 2o. | 1 |
| 9 | 04. 62 | − 26. 5 | 46. 22 | − 64. 7 | 462. | 26 | − 47. | 6 |

| MESURE OU RASE. $1/8^e$ | | | O | | | BOISSEAU. $1/32^e$ | | |
|---|---|---|---|---|---|---|---|---|
| h. | a. | c. | h. | a. | c. | c. | h. | .a |
| 1 | 00. 06 | − 42. 0 | 00. 64 | − 2o. 3 | 00. 01 | − 6o. | 5 |
| 2 | 00. 12 | − 84. 1 | 01. 28 | − 4o. 7 | 00. 03 | − 21. | 0 |
| 3 | 00. 19 | − 26. 1 | 01. 92 | − 61. 0 | 00. o4 | − 81. | 5 |
| 4 | 00. 25 | − 68. 1 | 02. 56 | − 81. 4 | 00. 06 | − 42. | 0 |
| 5 | 00. 32 | − 1o. 2 | 03. 21 | − 01. 7 | 00. 08 | − 02. | 5 |
| 6 | 00. 38 | − 52. 2 | 03. 85 | − 22. 1 | 00. 09 | − 63. | 0 |
| 7 | 00. 44 | − 94. 2 | 04. 49 | − 42. 4 | 00. 11 | − 23. | 6 |
| 8 | 00. 51 | − 36. 3 | 05. 13 | − 62. 7 | 00. 12 | − 84. | 1 |
| 9 | 00. 57 | − 78. 3 | 05. 77 | − 83. 1 | 00. 14 | − 44. | 6 |

| FRACTIONS DE BOISSEAU. | | | |
|---|---|---|---|
| | h. | a. | c. |
| 1/4 | 00. | 00 − 4o. | 13 |
| 1/2 ou penne | 00. | 00 − 8o. | 25 |
| 3/4 | 00. | 01 − 2o. | 38 |

# SÉTERÉE

contenant 324 perches de 16 pans.

(canne supposée de Montpellier.)

| SÉTERÉES. | | | O | | | OO | | |
|---|---|---|---|---|---|---|---|---|
| h. | a. | c. | h. | a. | c. | h. | a. | c. |
| 1 | oo. 52 – oo. | 5 | o5. 2o – o4. | 8 | 52. oo – 47. | 8 |
| 2 | o1. o4 – oo. | 9 | 1o. 4o – o9. | 6 | 1o4 – oo – 95. | 7 |
| 3 | o1. 56 – o1. | 4 | 15. 6o – 14. | 3 | 156. o1 – 43. | 5 |
| 4 | o2. o8 – o1. | 9 | 2o. 8o – 19. | 1 | 2o8. o1 – 91. | 4 |
| 5 | o2. 6o – o2. | 4 | 26. oo – 23. | 9 | 26o. o2 – 39. | 3 |
| 6 | o3. 12 – o2. | 9 | 31. 2o – 28. | 7 | 312. o2 – 87. | 1 |
| 7 | o3. 64 – o3. | 3 | 36. 4o – 33. | 5 | 364. o3 – 34. | 9 |
| 8 | o4. 16 – o3. | 8 | 41. 6o – 38. | 3 | 416. o3 – 82. | 8 |
| 9 | o4. 68 – o4. | 3 | 46. 8o – 43. | 1 | 468. o4 – 3o. | 7 |

| MESURE OU RASE. 1⁄8ᶜ | | | O | | | BOISSEAU. 1⁄32ᶜ | | |
|---|---|---|---|---|---|---|---|---|
| h. | a. | c. | h. | a. | c. | h. | a. | c. |
| 1 | oo. o6 – 5o. | 1 | oo. 65 – oo. | 6 | oo. o1 – 62. | 5 |
| 2 | oo. 13 – oo. | 1 | o1. 3o – o1. | 2 | oo. o3 – 25. | o |
| 3 | oo. 19 – 5o. | 2 | o1. 95 – o1. | 8 | oo. o4 – 87. | 5 |
| 4 | oo. 26 – oo. | 2 | o2. 6o – o2. | 4 | oo. o6 – 5o. | 1 |
| 5 | oo. 32 – 5o. | 3 | o3. 25 – o3. | o | oo. o8 – 12. | 6 |
| 6 | oo. 39 – oo. | 4 | o3. 9o – o3. | 6 | oo. o9 – 75. | 1 |
| 7 | oo. 45 – 5o. | 4 | o4. 55 – o4. | 2 | oo. 11 – 37. | 6 |
| 8 | oo. 52 – oo. | 5 | o5. 2o – o4. | 8 | oo. 13 – oo. | 1 |
| 9 | oo. 58 – 5o. | 5 | o5. 85 – o5. | 4 | oo. 14 – 62. | 6 |

## FRACTIONS DE BOISSEAU.

| | h. | a. | c. |
|---|---|---|---|
| 1⁄4 | oo. | oo – 4o. | 63 |
| 1⁄2 ou penne | oo. | oo – 81. | 26 |
| 3⁄4 | oo. | o1 – 21. | 89 |

# SÉTERÉE

contenant 400 perches de 16 pans.

( canne supposée de Montpellier.)

| SÉTERÉES. | | | O | | | OO | | |
|---|---|---|---|---|---|---|---|---|
| h. | a. | c. | h. | a. | c. | h. | a. | c. |
| 1 | 00. 64 – 2o. | 3 | o6. 42 – o3. | 4 | 64. 2o – 34. | 4 |
| 2 | 01. 28 – 4o. | 7 | 12. 84 – o6. | 9 | 128. 4o – 68. | 8 |
| 3 | 01. 92 – 61. | o | 19. 26 – 1o. | 3 | 192. 61 – o3. | 1 |
| 4 | 02. 56 – 81. | 4 | 25. 68 – 13. | 7 | 256. 81 – 37. | 5 |
| 5 | 03. 21 – 01. | 7 | 32. 1o – 17. | 2 | 321. 01 – 71. | 9 |
| 6 | 03. 85 – 22. | 1 | 38. 52 – 2o. | 6 | 385. 22 – o6. | 3 |
| 7 | 04. 49 – 42. | 4 | 44. 94 – 24. | 1 | 449. 42 – 4o. | 7 |
| 8 | 05. 13 – 62. | 7 | 51. 36 – 27. | 5 | 513. 62 – 75. | 1 |
| 9 | 05. 77 – 83. | 1 | 57. 78 – 3o. | 9 | 577. 83 – o9. | 5 |

| MESURE OU RASE. $1/8^e$ | | | O | | | BOISSEAU. $1/32^e$ | | |
|---|---|---|---|---|---|---|---|---|
| h. | a. | c. | h. | a. | c. | h. | a. | c. |
| 1 | 00. o8 – o2. | 5 | 00. 8o. 25. | 4 | 00. o2 – 00. | 6 |
| 2 | 00. 16 – o5. | 1 | 01. 6o – 5o. | 9 | 00. o4 – 01. | 3 |
| 3 | 00. 24 – o7. | 6 | o2. 4o – 76. | 2 | 00. o6 – 01. | 9 |
| 4 | 00. 32 – 1o. | 2 | o3. 21 – 01. | 7 | 00. o8 – o2. | 5 |
| 5 | 00. 4o – 12. | 7 | o4. 01 – 27. | 1 | 00. 1o – o3. | 2 |
| 6 | 00. 48 – 15. | 3 | o4. 81 – 52. | 6 | 00. 12 – o3. | 8 |
| 7 | 00. 56 – 17. | 8 | o5. 61 – 78. | o | 00. 14 – o4. | 4 |
| 8 | 00. 64 – 2o. | 3 | o6. 42 – o3. | 4 | 00. 16 – o5. | 1 |
| 9 | 00. 72 – 22. | 9 | o7. 22 – 28. | 9 | 00. 18 – o5. | 7 |

### FRACTIONS DE BOISSEAU.

| | h. | a. | c. |
|---|---|---|---|
| 1/4 | 00. | 00 – 5o. | 16 |
| 1/2 ou penne | 00. | 01 – 00. | 32 |
| 3/4 | 00. | 01 – 5o. | 48 |

# SÉTERÉE

contenant 32o perches de 18 pans.

( canne suporée de Montpellier. )

| | SÉTERÉES. | | | O | | | OO | | |
|---|---|---|---|---|---|---|---|---|---|
| | h. | a. | c. | h. | a. | c. | h. | a. | c. |
| 1 | 00. | 65 – 00. | 6 | o6. | 5o – o6. | o | 65. | oo – 59. | 8 |
| 2 | 01. | 3o – 01. | 2 | 13. | oo – 12. | o | 130. | 01 – 19. | 6 |
| 3 | 01. | 05 – 01. | 8 | 19. | 5o – 17. | 9 | 195. | 01 – 79. | 4 |
| 4 | o2. | 6o – o2. | 4 | 26. | oo – 23. | 9 | 26o. | 02 – 39. | 3 |
| 5 | 03. | 25 – 03. | o | 32. | 5o – 29. | 9 | 325. | 02 – 99. | 1 |
| 6 | 03. | 9o – 03. | 6 | 39. | oo – 35. | 9 | 39o. | 03 – 58. | 9 |
| 7 | o4. | 55 – o4. | 2 | 45. | 5o – 41. | 9 | 455. | 04 – 18. | 7 |
| 8 | 05. | 2o – o4. | 8 | 52. | oo – 47. | 8 | 52o. | 64 – 78. | 5 |
| 9 | 05. | 85 – o5. | 4 | 58. | 5o – 53. | 8 | 585. | o5 – 38. | 3 |

| | MESURE OU RASE. 1/8ᶜ | | | O | | | BOISSEAU 1/32.ᶜ | | |
|---|---|---|---|---|---|---|---|---|---|
| | h. | a. | c. | h. | a. | c. | h. | a. | c. |
| 1 | 00. | 08 – 12. | 6 | oo. | 81 – 25. | 7 | oo. | 02 – 03. | 1 |
| 2 | 00. | 16 – 25. | 5 | 01. | 62 – 51. | 5 | oo. | 04 – o6. | 3 |
| 3 | 00. | 24 – 37. | 7 | o2. | 43 – 77. | 2 | oo. | 06 – 09. | 4 |
| 4 | 00. | 32 – 5o. | 3 | o3. | 25 – 03. | o | oo. | 08 – 12. | 6 |
| 5 | 00. | 4o – 62. | 9 | o4. | o6 – 28. | 7 | oo. | 10 – 15. | 7 |
| 6 | 00. | 48 – 75. | 4 | o4. | 87 – 54. | 5 | oo. | 12 – 18. | 9 |
| 7 | oo. | 56 – 88. | o | o5. | 68 – 8o. | 2 | oo. | 14 – 22. | o |
| 8 | oo. | 65 – oo. | 6 | o6. | 50 – 06. | o | oo. | 16 – 25. | 1 |
| 9 | oo. | 73 – 13. | 2 | o7. | 31 – 31. | 7 | oo. | 18 – 28. | 3 |

## FRACTIONS DE BOISSEAU.

| | h. | a. | c. |
|---|---|---|---|
| 1/4 | 00. | 00 – 5o. | 78 |
| 1/2 ou penne | oo. | 01 – 01. | 57 |
| 3/4 | 00. | 01 – 52. | 36 |

## SÉTERÉE.

contenant 324 perches de 18 pans

( Canne supposée de Montpellier. )

| SÉTERÉES. | | | O | | | OO | | |
|---|---|---|---|---|---|---|---|---|
| h. | a. | c. | h. | a. | c. | h. | a. | c. |
| 1 | 00. 65 | − 81. 8 | o6. 58 | − 18. 5 | 65. 81 | − 85. 6 |
| 2 | o1. 31 | − 63. 7 | 13. 16 | − 37. 1 | 131. 63 | − 71. 1 |
| 3 | o1. 97 | − 45. 6 | 19. 74 | − 55. 7 | 197. 45 | − 56. 7 |
| 4 | o2. 63 | − 27. 4 | 26. 32 | − 74. 2 | 263. 27 | − 42. 2 |
| 5 | o3. 29 | − o9. 3 | 32. 9o | − 92. 8 | 329. o9 | − 27. 8 |
| 6 | o3. 94 | − 91. 1 | 39. 49 | − 11. 3 | 394. 91 | − 13. 4 |
| 7 | o4. 6o | − 73. o | 46. o7 | − 29. 9 | 46o. 72 | − 98. 9 |
| 8 | o5. 26 | − 54. 8 | 52. 65 | − 48. 4 | 526. 54 | − 84. 5 |
| 9 | o5. 92 | − 36. 7 | 59. 23 | − 67. o | 592. 36 | − 7o. 1 |

| MESURE OU RASE. $1/8^e$ | | | O | | | BOISSEAU. $1/32^e$ | | |
|---|---|---|---|---|---|---|---|---|
| h. | a. | c. | h. | a. | c. | c. | a. | h. |
| 1 | 00. o8 | − 22. 7 | 00. 82 | − 27. 3 | 00. o2 | − o5. 7 |
| 2 | 00. 16 | − 45. 5 | o1. 64 | − 54. 6 | 00. o4 | − 11. 4 |
| 3 | 00. 24 | − 68. 2 | o2. 46 | − 81. 9 | 00. o6 | − 17. o |
| 4 | 00. 32 | − 9o. 9 | o3. 29 | − o9. 3 | 00. o8 | − 22. 7 |
| 5 | 00. 41 | − 13. 6 | o4. 11 | − 36. 6 | 00. 1o | − 28. 4 |
| 6 | 00. 49 | − 36. 4 | o4. 93 | − 63. 9 | oo. 12 | − 34. 2 |
| 7 | 00. 57 | − 59. 1 | o5. 75 | − 91. 2 | 00. 14 | − 39. 9 |
| 8 | oo. 65 | − 81. 8 | o6. 58 | − 18. 5 | oo. 16 | − 45. 6 |
| 9 | oo. 74 | − o4. 6 | o7. 4o | − 45. 9 | 00. 18 | − 51. 2 |

### FRACTIONS DE BOISSEAU.

| | h. | a. | c. |
|---|---|---|---|
| 1/4 | 00. 00 | − 51. 42 |
| 1/2 ou penne | 00. o1 | − o2. 84 |
| 3/4 | 00. o1 | − 54. 26 |

## SÉTERÉE

### contenant 32o perches de 2o pans
#### (Canne supposeᵉ de Montpellier.)

| SÉTERÉES. | | | O | | | OO | | |
|---|---|---|---|---|---|---|---|---|
| h. | a. | c. | h. | a. | c. | h. | a. | c. |
| 1 | 00. 80 – 25. | 4 | o8. 02 – 54. | 3 | 8o. 25 – 43. | 0 | | |
| 2 | 01. 6o – 5o. | 8 | 16. 05 – 08. | 6 | 160. 5o – 85. | 9 | | |
| 3 | 02. 4o – 76. | 3 | 24. 07 – 62. | 9 | 240. 76 – 28. | 9 | | |
| 4 | 03. 21 – 01. | 7 | 32. 1o – 17. | 2 | 321. o1 – 71. | 9 | | |
| 5 | 04. 01 – 27. | 1 | 4o. 12 – 71. | 5 | 401. 27 – 14. | 9 | | |
| 6 | 04. 81 – 52. | 6 | 48. 15 – 25. | 8 | 481. 52 – 57. | 9 | | |
| 7 | 05. 61 – 78. | o | 56. 17 – 8o. | 1 | 561. 78 – oo. | 9 | | |
| 8 | o6. 42 – 03. | 4 | 64. 2o – 34. | 4 | 642. 03 – 43. | 8 | | |
| 9 | 07. 22 – 28. | 9 | 72. 22 – 88. | 7 | 722. 28 – 86. | 8 | | |

| MESURE OU RASE 1/8ᵉ. | | | O | | | BOISSEAU 1/32ᵉ. | | |
|---|---|---|---|---|---|---|---|---|
| h. | a. | c. | h. | a. | c. | h. | a. | a. |
| 1 | 00. 1o – 03. | 2 | 01. 00 – 31. | 8 | 00. 02 – 5o. | 8 | | |
| 2 | 00. 20 – o6. | 3 | 02. 00 – 63. | 6 | 00. 05 – 01. | 6 | | |
| 3 | 00. 30 – o9. | 5 | 03. oo – 95. | 4 | 00. 07 – 52. | 4 | | |
| 4 | 00. 4o – 12. | 7 | 04. 01 – 27. | 1 | 00. 1o – 03. | 2 | | |
| 5 | 00. 50 – 15. | 9 | 05. 01 – 58. | 9 | 00. 12 – 54. | o | | |
| 6 | 00. 6o – 19. | 1 | o6. 01 – 9o. | 7 | 00. 15 – o4. | 8 | | |
| 7 | 00. 7o – 22. | 2 | 07. 02 – 22. | 5 | 00. 17 – 55. | 6 | | |
| 8 | 00. 80 – 25. | 4 | o8. 02 – 54. | 3 | 00. 20 – o6. | 3 | | |
| 9 | 00. 90 – 28. | 6 | 09. 02 – 86. | 1 | 00. 22 – 57. | 1 | | |

### FRACTIONS DE BOISSEAU.

|  | h. | a. | c. |
|---|---|---|---|
| 1/4 | 00. | 00 – 62. | 7o |
| 1/2 ou penne | 00. | 01 – 25. | 40 |
| 3/4 | 00. | 01 – 88. | 1o |

# SÉTERÉE

## contenant 324 perches de 20 pans

### ( canne supposée de Montpellier )

| SÉTERÉES. | | | O | | | OO | | |
|---|---|---|---|---|---|---|---|---|
| h. | a. | c. | h. | a. | c. | h. | a. | c. |
| 1 | 00. 81 – 25. | 7 | o8. 12 – 57. | 5 | 81. 25 – 74. | 8 |
| 2 | 01. 62 – 51. | 5 | 16. 25 – 14. | 9 | 162. 51 – 49. | 5 |
| 3 | 02. 43 – 77. | 2 | 24. 37 – 72. | 4 | 243. 77 – 24. | 3 |
| 4 | 03. 25 – 03. | 0 | 32. 5o – 29. | 9 | 325. o2 – 99. | 1 |
| 5 | o4. 06 – 28. | 7 | 4o. 62 – 87. | 4 | 4o6. 28 – 73. | 8 |
| 6 | o4. 87 – 54. | 5 | 48. 75 – 44. | 9 | 487. 54 – 48. | 6 |
| 7 | o5. 68 – 8o. | 2 | 56. 88 – o2. | 3 | 568. 8o – 23. | 4 |
| 8 | c6. 5o – o6. | 0 | 65. 00 – 59. | 8 | 65o. o5 – 98. | 1 |
| 9 | o7. 31 – 31. | 7 | 73. 13 – 17. | 3 | 731. 31 – 72. | 9 |

| MESURE OU RASE. 1/8ᵉ | | | O | | | BOISSEAU. 1/32ᵉ | | |
|---|---|---|---|---|---|---|---|---|
| h. | a. | c. | h. | a. | c. | h. | a. | c. |
| 1 | 00. 1o – 15. | 7 | o1. o1 – 57. | 2 | 00. o2 – 53. | 9 |
| 2 | 00. 2o – 31. | 4 | 02. 03 – 14. | 4 | 00. 05 – o7. | 8 |
| 3 | 00. 3o – 47. | 1 | 03. o4 – 71. | 5 | 00. 07 – 61. | 8 |
| 4 | 00. 4o – 62. | 9 | o4. 06 – 28. | 7 | 00. 1o – 15. | 7 |
| 5 | 00. 5o – 78. | 6 | 05. 07 – 85. | 9 | 00. 12 – 69. | 6 |
| 6 | 00. 6o – 94. | 3 | 06. 09 – 43. | 1 | 00. 15 – 23. | 6 |
| 7 | 00. 71 – 1o. | 0 | 07. 11 – 00. | 3 | 00. 17 – 77. | 5 |
| 8 | 00. 81 – 25. | 7 | o8. 12 – 57. | 5 | 00. 2o – 31. | 4 |
| 9 | 00. 91 – 41. | 5 | 09. 14 – 14. | 7 | 00. 22 – 85. | 4 |

### FRACTIONS DE BOISSEAU.

| | h. | a. | c. |
|---|---|---|---|
| 1/4 | 00. | 00 – 63. | 48 |
| 1/2 ou penne | 00. | o1 – 26. | 96 |
| 3/4 | 00. | o1 – 9o. | 45 |

# SÉTERÉE

contenant 400 perches de 2o pans
( Canne supposée de Montpellier. )

| SÉTERÉES. | | | O | | | OO | | |
| --- | --- | --- | --- | --- | --- | --- | --- | --- |
| h. | a. | c. | h. | a. | c. | h. | a. | c. |
| 1 | 01. 00 – 31. | 8 | 1o. 03 – 17. | 9 | 1oo. 31 – 78. | 7 |
| 2 | 02. 00 – 63. | 6 | 2o. o6 – 35. | 7 | 2oo. 63 – 57. | 4 |
| 3 | 03. 00 – 95. | 4 | 3o. o9 – 53. | 6 | 3oo. 95 – 36. | 2 |
| 4 | 04. 01 – 27. | 1 | 4o. 12 – 71. | 5 | 4o1. 27 – 14. | 9 |
| 5 | 05. 01 – 58. | 9 | 5o. 15 – 89. | 4 | 5o1. 58 – 93. | 6 |
| 6 | o6. 01 – 9o. | 7 | 6o. 19 – 07. | 2 | 6o1. 9o – 72. | 4 |
| 7 | 07. 02 – 22. | 5 | 7o. 22 – 25. | 1 | 7o2. 22 – 51. | 1 |
| 8 | 08. 02 – 54. | 3 | 8o. 25 – 43. | o | 8o2. 54 – 29. | 8 |
| 9 | o9. 02 – 86. | 1 | 9o. 28 – 6o. | 8 | 9o2. 86 – o8. | 5 |

| MESURE ou RASE 18ᵉ | | | O | | | BOISSEAU. 1ₗ32ᵉ | | |
| --- | --- | --- | --- | --- | --- | --- | --- | --- |
| h. | a. | c. | h. | a. | c. | h. | a. | c. |
| 1 | 00. 12 – 54. | o | 01. 25 – 39. | 7 | 00. 03 – 13. | 5 |
| 2 | 00. 25 – o7. | 9 | 02. 5o – 79. | 5 | 00. 06 – 27. | o |
| 3 | 00. 37 – 61. | 9 | 03. 76 – 19. | 2 | 00. 09 – 4o. | 5 |
| 4 | 00. 5o – 15. | 9 | 05. 01 – 58. | 9 | 00. 12 – 54. | o |
| 5 | 00. 62 – 69. | 9 | 06. 26 – 98. | 7 | 00. 15 – 67. | 5 |
| 6 | 00. 75 – 23. | 8 | 07. 52 – 38. | 4 | 00. 18 – 81. | o |
| 7 | 00. 87 – 77. | 8 | 08. 77 – 78. | 1 | 00. 21 – 94. | 4 |
| 8 | 01. 00 – 31. | 8 | 1o. 03 – 17. | 9 | 00. 25 – o7. | 9 |
| 9 | 01. 12 – 85. | 8 | 11. 28 – 57. | 8 | 00. 28 – 21. | 4 |

### FRACTIONS DE BOISSEAU.

| | h. | a. | c. |
| --- | --- | --- | --- |
| 1ₗ4 | 00. | 00 – 78. | 37 |
| 1ₗ2 ou penne | oo. | o1 – 56. | 75 |
| 3ₗ4 | 00. | o2 – 35. | 12 |

## SÉTERÉE

de 9oo cannes
(supposées de Montpellier.)

| SÉTERÉES. | | | O | | | OO | | |
|---|---|---|---|---|---|---|---|---|
| h. | a. | c. | h. | a. | c. | h. | a. | c. |
| 1 | 00. 36 | – 11. 4 | 03. 61 | – 14. 4 | 36. 11 | – 44. 3 |
| 2 | 00. 72 | – 22. 9 | 07. 22 | – 28. 9 | 72. 22 | – 88. 7 |
| 3 | 01. 08 | – 34. 3 | 10. 83 | – 43. 3 | 108. 34 | – 33. 0 |
| 4 | 01. 44 | – 45. 8 | 14. 44 | – 57. 7 | 144. 45 | – 77. 4 |
| 5 | 01. 80 | – 57. 2 | 18. 05 | – 72. 2 | 180. 57 | – 21. 7 |
| 6 | 02. 16 | – 68. 7 | 21. 66 | – 86. 6 | 216. 68 | – 66. 0 |
| 7 | 02. 52 | – 80. 1 | 25. 28 | – 01. 0 | 252. 80 | – 1o. 4 |
| 8 | 02. 88 | – 91. 5 | 28. 89 | – 15. 5 | 288. 91 | – 54. 7 |
| 9 | 03. 25 | – 03. 0 | 32. 5o | – 29. 9 | 325. 02 | – 99. 1 |

| QUARTE. 1/4 | | | MÉGÈRE. 1/8e | | | QUARTON OU BOISSEAU. 1/16e | | |
|---|---|---|---|---|---|---|---|---|
| h. | a. | c. | h. | a. | c. | h. | a. | c. |
| 1 | 00. 09 | – 02. 9 | 00. 04 | – 51. 4 | 00. 02 | – 25. 7 |
| 2 | 00. 18 | – 05. 7 | 00. 09 | – 02. 9 | 00. 04 | – 51. 4 |
| 3 | 00. 27 | – 08. 6 | 00. 13 | – 54. 3 | 00. 06 | – 77. 1 |
| 4 | 00. 36 | – 11. 4 | 00. 18 | – 05. 7 | 00. 09 | – 02. 9 |
| 5 | 00. 45 | – 14. 3 | 00. 22 | – 57. 2 | 00. 11 | – 28. 6 |
| 6 | 00. 54 | – 17. 2 | 00. 27 | – 08. 6 | 00. 13 | – 54. 3 |
| 7 | 00. 63 | – 2o. 0 | 00. 31 | – 60. 0 | 00. 15 | – 8o. 0 |
| 8 | 00. 72 | – 29. 9 | 00. 36 | – 11. 4 | 00. 18 | – 05. 7 |
| 9 | 00. 81 | – 25. 7 | 00. 40 | – 62. 9 | 00. 2o | – 31. 4 |

| PUGNÈRE. 1/30e | | | BOISSEAU. 1/32e | | | PUGNÈRE. 1/64e | | |
|---|---|---|---|---|---|---|---|---|
| h. | a. | c. | h. | a. | c. | h. | a. | c. |
| 1 | 00. 01 | – 2o. 4 | 00. 01 | – 12. 9 | 00. 00 | – 56. 4 |
| 2 | 00. 02 | – 4o. 8 | 00. 02 | – 25. 7 | 00. 01 | – 12. 9 |
| 3 | 00. 03 | – 61. 1 | 00. 03 | – 38. 6 | 00. 01 | – 69. 3 |

## SÉTERÉE
### de 1248 cannes
( supposées de Montpellier. )

| | SÉTERÉES. | | | O | | | OO | | |
|---|---|---|---|---|---|---|---|---|---|
| | h. | a. | c. | h. | a. | e. | h. | a. | c. |
| 1 | 00. | 50 – 07. | 9 | 05. | 00 – 78. | 7 | 50. | 07 – 86. | 8 |
| 2 | 01. | 00 – 15. | 7 | 10. | 01 – 57. | 4 | 100. | 15 – 73. | 6 |
| 3 | 01. | 50 – 23. | 6 | 15. | 02 – 36. | 0 | 150. | 23 – 60. | 5 |
| 4 | 02. | 00 – 31. | 5 | 20. | 03 – 14. | 7 | 200. | 31 – 47. | 3 |
| 5 | 02. | 50 – 39. | 3 | 25. | 03 – 93. | 4 | 250. | 39 – 34. | 1 |
| 6 | 03. | 00 – 47. | 2 | 30. | 04 – 72. | 1 | 300. | 47 – 20. | 9 |
| 7 | 03. | 50 – 55. | 1 | 35. | 05 – 50. | 8 | 350. | 55 – 07. | 7 |
| 8 | 04. | 00 – 62. | 9 | 40. | 06 – 29. | 5 | 400. | 62 – 94. | 6 |
| 9 | 04. | 50 – 70. | 8 | 45. | 07 – 08. | 1 | 450. | 70 – 81. | 4 |

| | QUARTE. 1/4 | | | RASE ou MESURE. 1/8e | | | PUGNÈRE. 1/16e | | |
|---|---|---|---|---|---|---|---|---|---|
| | h. | a. | c. | h. | a. | c. | h. | a. | c. |
| 1 | 00. | 12 – 52. | 0 | 00. | 06 – 26. | 0 | 00. | 03 – 13. | 0 |
| 2 | 00. | 25 – 03. | 9 | 00. | 12 – 52. | 0 | 00. | 06 – 26. | 0 |
| 3 | 00. | 37 – 55. | 9 | 00. | 18 – 77. | 9 | 00. | 09 – 39. | 0 |
| 4 | 00. | 50 – 07. | 9 | 00. | 25 – 03. | 9 | 00. | 12 – 52. | 0 |
| 5 | 00. | 62 – 59. | 8 | 00. | 31 – 29. | 9 | 00. | 15 – 65. | 0 |
| 6 | 00. | 75 – 11. | 8 | 00. | 37 – 55. | 9 | 00. | 18 – 78. | 0 |
| 7 | 00. | 87 – 63. | 8 | 00. | 43 – 81. | 9 | 00. | 21 – 90. | 9 |
| 8 | 01. | 00 – 15. | 7 | 00. | 50 – 07. | 9 | 00. | 25 – 03. | 9 |
| 9 | 01. | 12 – 67. | 7 | 00. | 56 – 33. | 8 | 00. | 28 – 16. | 9 |

| | BOISSEAU. 1/32e | | | PENNE. 1/64e | | | DEXTRE 1/312e | | |
|---|---|---|---|---|---|---|---|---|---|
| | h. | a. | c. | h. | a. | c. | h. | a. | c. |
| 1 | 00. | 01 – 56. | 5 | 00. | 00 – 78. | 2 | 00. | 00 – 07. | 9 |
| 2 | 00. | 03 – 13. | 0 | | | | 00. | 00 – 15. | 8 |
| 3 | 00. | 04 – 69. | 5 | | | | 00. | 00 – 31. | 6 |

# SÉTERÉE

### de 1280 cannes

#### ( supposées de Montpellier. )

| SÉTERÉES. | | | O | | | OO | | |
|---|---|---|---|---|---|---|---|---|
| h. | a. | c. | h. | a. | c. | h. | a. | c. |
| 1 | 00. 51 – 36. | 3 | 05. 13 – 62. | 7 | 51. 33 – 27. | 5 |
| 2 | 01. 02 – 72. | 5 | 10. 27 – 25. | 5 | 102. 72 – 55. | 0 |
| 3 | 01. 54 – 08. | 8 | 15. 40 – 88. | 3 | 154. 08 – 82. | 5 |
| 4 | 02. 05 – 45. | 1 | 20. 54 – 51. | 0 | 205. 45 – 10. | 0 |
| 5 | 02. 56 – 81. | 4 | 25. 68 – 13. | 8 | 256. 81 – 37. | 5 |
| 6 | 03. 08 – 17. | 6 | 30. 81 – 76. | 5 | 308. 17 – 65. | 1 |
| 7 | 03. 59 – 53. | 0 | 35. 95 – 39. | 3 | 359. 53 – 92. | 6 |
| 8 | 04. 10 – 90. | 2 | 41. 09 – 02. | 0 | 410. 90 – 20. | 1 |
| 9 | 04. 62 – 26. | 5 | 46. 22 – 64. | 8 | 462. 26 – 47. | 6 |

| MESURE OU RASE. 1/8ᵉ | | | O | | | BOISSEAU. 1/32ᵉ | | |
|---|---|---|---|---|---|---|---|---|
| h. | a. | c. | h. | a. | c. | c. | h. | .a |
| 1 | 00. 06 – 42. | 0 | 00. 64 – 20. | 3 | 00. 01 – 60. | 5 |
| 2 | 00. 12 – 84. | 1 | 01. 28 – 40. | 7 | 00. 03 – 21. | 0 |
| 3 | 00. 19 – 26. | 1 | 01. 92 – 61. | 0 | 00. 04 – 81. | 5 |
| 4 | 00. 25 – 68. | 1 | 02. 56 – 81. | 4 | 00. 06 – 42. | 0 |
| 5 | 00. 32 – 10. | 2 | 03. 21 – 01. | 7 | 00. 08 – 02. | 5 |
| 6 | 00. 38 – 52. | 2 | 03. 85 – 22. | 1 | 00. 09 – 63. | 1 |
| 7 | 00. 44 – 94. | 2 | 04. 49 – 42. | 4 | 00. 11 – 23. | 6 |
| 8 | 00. 51 – 36. | 3 | 05. 13 – 62. | 7 | 00. 12 – 84. | 1 |
| 9 | 00. 57 – 78. | 3 | 05. 77 – 83. | 1 | 00. 14 – 44. | 6 |

### FRACTIONS DE BOISSEAU.

| | h. | a. | c. | |
|---|---|---|---|---|
| 1/4 | 00. | 00 – 40. | 13 |
| 1/2 ou penne | 00. | 00 – 80. | 25 |
| 3/4 | 00. | 01 – 20. | 38 |

# SÉTERÉE

## contenant 1296 cannes.

### (Mesure supposée de Montpellier.)

| SÉTERÉES. | | | O | | | OO | | |
|---|---|---|---|---|---|---|---|---|
| h. | a. | c. | h. | a. | c. | h. | a. | c. |
| 1 | 00. 52 | 00. 5 | 05. 20 | 04. 8 | | 52. 00 | 47. 9 | |
| 2 | 01. 04 | 01. 0 | 10. 40 | 09. 6 | | 104. 00 | 95. 7 | |
| 3 | 01. 56 | 01. 4 | 15. 60 | 14. 4 | | 156. 01 | 43. 6 | |
| 4 | 02. 08 | 01. 9 | 20. 80 | 19. 1 | | 208. 01 | 91. 4 | |
| 5 | 02. 60 | 02. 4 | 26. 00 | 23. 9 | | 260. 02 | 39. 3 | |
| 6 | 03. 12 | 02. 9 | 31. 20 | 28. 7 | | 312. 02 | 87. 1 | |
| 7 | 03. 64 | 03. 3 | 36. 40 | 33. 5 | | 364. 03 | 35. 0 | |
| 8 | 04. 16 | 03. 8 | 41. 60 | 38. 3 | | 416. 03 | 82. 8 | |
| 9 | 04. 68 | 04. 3 | 46. 80 | 43. 1 | | 468. 04 | 30. 7 | |

| MESURE OU RASE. 1/8ᵉ | | | O | | | BOISSEAU. 1/32ᵉ | | |
|---|---|---|---|---|---|---|---|---|
| h. | a. | c. | h. | a. | c. | h. | a. | c. |
| 1 | 00. 06 | 50. 1 | 00. 65 | 00. 6 | | 00. 01 | 62. 5 | |
| 2 | 00. 13 | 00. 1 | 01. 30 | 01. 2 | | 00. 03 | 25. 0 | |
| 3 | 00. 19 | 50. 2 | 01. 95 | 61. 8 | | 00. 04 | 87. 5 | |
| 4 | 00. 26 | 00. 2 | 02. 60 | 02. 4 | | 00. 06 | 50. 1 | |
| 5 | 00. 32 | 50. 3 | 03. 25 | 03. 0 | | 00. 08 | 12. 6 | |
| 6 | 00. 39 | 00. 4 | 03. 90 | 03. 6 | | 00. 09 | 75. 1 | |
| 7 | 00. 45 | 50. 4 | 04. 55 | 04. 2 | | 00. 11 | 37. 6 | |
| 8 | 00. 52 | 00. 5 | 05. 20 | 04. 8 | | 00. 13 | 00. 1 | |
| 9 | 00. 58 | 50. 5 | 05. 85 | 05. 4 | | 00. 14 | 62. 6 | |

### FRACTIONS DE BOISSEAU.

| | h. | a. | c. |
|---|---|---|---|
| 1/4 | 00. | 00 | 40. 63 |
| 1/2 ou penne | 00. | 00 | 81. 26 |
| 3/4 | 00. | 01 | 21. 89 |

## SÉTERÉE
### de 1500 cannes
( supposés de Montpellier. )

| SÉTERÉES. | | | O | | | OO | | |
|---|---|---|---|---|---|---|---|---|
| h. | a. | c. | h. | a. | c. | h. | a. | c. |
| 1 | 00. 60 | – 19. 1 | 06. 01 | – 90. 7 | 60. | 19 – 07. | 2 | |
| 2 | 01. 20 | – 38. 1 | 12. 03 | – 81. 4 | 120. | 38 – 14. | 5 | |
| 3 | 01. 80 | – 57. 2 | 18. 05 | – 72. 2 | 180. | 57 – 21. | 7 | |
| 4 | 02. 40 | – 76. 3 | 24. 07 | – 62. 9 | 240. | 76 – 28. | 9 | |
| 5 | 03. 00 | – 95. 4 | 30. 09 | – 53. 6 | 300. | 95 – 36. | 2 | |
| 6 | 03. 61 | – 14. 4 | 36. 11 | – 44. 3 | 361. | 14 – 43. | 4 | |
| 7 | 04. 21 | – 33. 5 | 42. 13 | – 35. 1 | 421. | 33 – 50. | 7 | |
| 8 | 04. 81 | – 52. 6 | 48. 15 | – 25. 8 | 481. | 52 – 57. | 9 | |
| 9 | 05. 41 | – 71. 6 | 54. 17 | – 16. 5 | 541. | 71 – 65. | 1 | |

| MESURE OU RASE. 1/8° | | | O | | | BOISSEAU. 1/32° | | |
|---|---|---|---|---|---|---|---|---|
| h. | a. | c. | h. | a. | c. | h. | a. | c. |
| 1 | 00. 07 | – 52. 4 | 00. 75 | – 23. 8 | 00. 01 | – 88. | 1 | |
| 2 | 00. 15 | – 04. 8 | 01. 50 | – 47. 7 | 00. 03 | – 76. | 2 | |
| 3 | 00. 22 | – 57. 1 | 02. 25 | – 71. 5 | 00. 05 | – 64. | 3 | |
| 4 | 00. 30 | – 09. 5 | 03. 00 | – 95. 4 | 00. 07 | – 52. | 4 | |
| 5 | 00. 37 | – 61. 9 | 03. 76 | – 19. 2 | 00. 09 | – 40. | 5 | |
| 6 | 00. 45 | – 14. 3 | 04. 51 | – 43. 0 | 00. 11 | – 28. | 6 | |
| 7 | 00. 52 | – 66. 7 | 05. 26 | – 66. 9 | 00. 13 | – 16. | 7 | |
| 8 | 00. 60 | – 19. 1 | 06. 01 | – 90. 7 | 00. 15 | – 04. | 8 | |
| 9 | 00. 67 | – 71. 5 | 06. 77 | – 14. 6 | 00. 16 | – 92. | 9 | |

### FRACTIONS DE BOISSEAU.

| | h. | a. | c. |
|---|---|---|---|
| 1/4 | 00. | 00 – 47. | 02 |
| 1/2 ou penne | 00. | 00 – 94. | 05 |
| 3/4 | 00. | 01 – 41. | 07 |

# ARPENT

contenant 576 perches de 14 pans
( Canne vraie de Toulouse )

| | ARPENT | | | O | | | OO | | |
|---|---|---|---|---|---|---|---|---|---|
| | h. | a. | c. | h. | a. | c. | h. | a. | c. |
| 1 | oo. | 56 – 9o. | 6 | o5. | 69 – o5. | 6 | 56. | 9o – 55. | 8 |
| 2 | o1. | 13 – 81. | 1 | 11. | 38 – 11. | 2 | 113. | 81 – 11. | 6 |
| 3 | o1. | 7o – 71. | 7 | 17. | o7 – 16. | 7 | 17o. | 71 – 67. | 5 |
| 4 | o2. | 27 – 62. | 2 | 22. | 76 – 22. | 3 | 227. | 62 – 23. | 3 |
| 5 | o2. | 84 – 52. | 8 | 28. | 45 – 27. | 9 | 284. | 52 – 79. | 1 |
| 6 | o3. | 41 – 43. | 3 | 34. | 14 – 33. | 5 | 341. | 43 – 34. | 9 |
| 7 | o3. | 98 – 33. | 9 | 39. | 83 – 89. | 1 | 398. | 33 – 9o. | 8 |
| 8 | o4. | 55 – 24. | 5 | 45. | 52 – 44. | 7 | 455. | 24 – 46. | 6 |
| 9 | o5. | 12 – 15. | o | 51. | 21 – 5o. | 2 | 512. | 15 – o2. | 4 |

| | PUGNÈRE 1⁄4 | | | O | | | BOISSEAU. 1⁄32ᵉ | | |
|---|---|---|---|---|---|---|---|---|---|
| | h. | a. | c. | h. | a. | c. | h. | a. | c. |
| 1 | oo. | 14 – 22. | 6 | o1. | 42 – 26. | 4 | oo. | o1 – 77. | 8 |
| 2 | oo. | 28 – 45. | 3 | o2. | 84 – 52. | 8 | oo. | o3 – 55. | 7 |
| 3 | oo. | 42 – 67. | 9 | o4. | 26 – 79. | 2 | oo. | o5 – 33. | 5 |
| 4 | oo. | 56 – 9o. | 6 | o5. | 69 – o5. | 6 | oo. | o7 – 11. | 3 |
| 5 | oo. | 71 – 13. | 2 | o7. | 11 – 32. | o | oo. | o8 – 89. | 1 |
| 6 | oo. | 85 – 35. | 8 | o8. | 53 – 58. | 4 | oo. | 1o – 67. | o |
| 7 | oo. | 99 – 58. | 5 | o9. | 95 – 84. | 8 | oo. | 12 – 44. | 8 |
| 8 | o1. | 13 – 81. | 1 | 11. | 38 – 11. | 2 | oo. | 14 – 22. | 6 |
| 9 | o1. | 28 – o3· | 8 | 12. | 8o – 37. | 6 | oo. | 16 – oo. | 5 |

### FRACTIONS DE BOISSEAU.

| | h. | a. | c. |
|---|---|---|---|
| 1⁄4 | oo. | oo – 44. | 45 |
| 1⁄2 | oo. | oo – 88. | 9o |
| 3⁄4 | oo. | o1 – 33. | 35 |

## SÉTERÉE

### contenant 900 perches de 16 pans
### ( canne vraie de Toulouse. )

| | SÉTERÉES. | | | O | | | OO | | |
|---|---|---|---|---|---|---|---|---|---|
| | h. | a. | c. | h. | a. | c. | h. | a. | .c |
| 1 | 01. | 16 – 13. | 4 | 11. | 61 – 33. | 8 | 116. | 13 – 38. | 4 |
| 2 | 02. | 32 – 26. | 4 | 23. | 22 – 67. | 7 | 232. | 26 – 76. | 8 |
| 3 | 03. | 48 – 40. | 1 | 34. | 84 – 01. | 5 | 348. | 40 – 15. | 3 |
| 4 | 04. | 64 – 53. | 5 | 46. | 45 – 35. | 3 | 464. | 53 – 53. | 7 |
| 5 | 05. | 80 – 66. | 9 | 58. | 06 – 69. | 2 | 580. | 66 – 92. | 1 |
| 6 | 06. | 96 – 80. | 3 | 69. | 68 – 03. | 0 | 696. | 80 – 30. | 5 |
| 7 | 08. | 12 – 93. | 7 | 81. | 29 – 36. | 9 | 812. | 93 – 68. | 9 |
| 8 | 09. | 29 – 07. | 1 | 92. | 90 – 70. | 7 | 929. | 07 – 07. | 4 |
| 9 | 10. | 45 – 20. | 5 | 104. | 52 – 04. | 6 | 1045. | 20 – 45. | 8 |

| | COUPADE ou PUGNÈRE. 1/16e | | | O | | | BOISSEAU. 1/32e | | |
|---|---|---|---|---|---|---|---|---|---|
| | h. | a. | c. | h. | a. | c. | h. | a. | c. |
| 1 | 00. | 07 – 25. | 8 | 00. | 72 – 58. | 4 | 00. | 03 – 62. | 9 |
| 2 | 00. | 14 – 51. | 7 | 01. | 45 – 16. | 7 | 00. | 07 – 25. | 8 |
| 3 | 00. | 21 – 77. | 5 | 02. | 17 – 75. | 1 | 00. | 10 – 88. | 8 |
| 4 | 00. | 29 – 03. | 3 | 02. | 90 – 33. | 5 | 00. | 14 – 51. | 7 |
| 5 | 00. | 36 – 29. | 2 | 03. | 62 – 91. | 8 | 00. | 18 – 14. | 6 |
| 6 | 00. | 43 – 55. | 0 | 04. | 35 – 50. | 2 | 00. | 21 – 77. | 5 |
| 7 | 00. | 50 – 80. | 9 | 05. | 08 – 08. | 6 | 00. | 25 – 40. | 4 |
| 8 | 00. | 58 – 06. | 7 | 05. | 80 – 66. | 9 | 00. | 29 – 03. | 3 |
| 9 | 00. | 65 – 32. | 5 | 06. | 53 – 25. | 3 | 00. | 32 – 66. | 3 |

### FRACTIONS DE BOISSEAU.

| h. | a. | c. |
|---|---|---|
| 00. | 00 – 90. | 73 |
| 00. | 01 – 81. | 46 |
| 00. | 02 – 72. | 19 |

# SÉTERÉE

contenant 400 perches de 18 pans.

( canne vraie de Toulouse.)

| SÉTERÉES. | | | O | | | OO | | |
|---|---|---|---|---|---|---|---|---|
| h. | a. | c. | h. | a. | c. | h. | a. | c. |
| 1 | 00. 65 | – 32. 5 | 06. 53 | – 25. 3 | 65. 32 | – 52. 9 |
| 2 | 01. 30 | – 65. 1 | 13. 06 | – 5o. 6 | 13o. 65 | – o5. 7 |
| 3 | 01. 95 | – 97. 6 | 19. 59 | – 75. 9 | 195. ·97 | – 58. 6 |
| 4 | 02. 61 | – 3o. 1 | 26. 13 | – o1. 1 | 261. 30 | – 11. 4 |
| 5 | 03. 26 | – 62. 6 | 32. 66 | – 26. 4 | 326. 62 | – 64. 3 |
| 6 | 03. 91 | – 95. 2 | 39. 19 | – 51. 7 | 391. 95 | – 17. 2 |
| 7 | 04. 57 | – 27. 7 | 45. 72 | – 77. o | 457. 27 | – 7o. o |
| 8 | 05. 22 | – 6o. 2 | 52. 26 | – o2. 3 | 522. 6o | – 22. 9 |
| 9 | 05. 87 | – 92. 8 | 58. 79 | – 27. 6 | 587. 92 | – 75. 8 |

| MESURE OU RASE. 1/8ᵉ | | | O | | | BOISSEAU. 1/32ᵉ | | |
|---|---|---|---|---|---|---|---|---|
| h. | a. | c. | h. | a. | c. | c. | a. | h. |
| 1 | 00. o8 | – 16. 6 | 00. 81 | – 65. 7 | 00. 02 | – o4. 1 |
| 2 | 00. 16 | – 33. 1 | o1. 63 | – 31. 3 | 00. o4 | – 08. 3 |
| 3 | 00. 24 | – 49. 7 | o2. 44 | – 97. o | 00. 06 | – 12. 4 |
| 4 | 00. 32 | – 66. 3 | 03. 26 | – 62. 6 | 00. 08 | – 16. 6 |
| 5 | 00. 4o | – 82. 8 | o4. 08 | – 28. 3 | 00. 1o | – 2o. 7 |
| 6 | 00. 48 | – 99. 4 | o4. 89 | – 94. o | oo. 12 | – 24. 8 |
| 7 | 00. 57 | – 16. o | o5. 71 | – 59. 6 | 00. 14 | – 29. o |
| 8 | 00. 65 | – 32. 5 | o6. 53 | – 25. 3 | 00. 16 | – 33. 1 |
| 9 | 00. 73 | – 49. 1 | o7. 34 | – 9o. 9 | 00. 18 | – 37. 3 |

## FRACTIONS DE BOISSEAU.

| | h. | a. | c. |
|---|---|---|---|
| 1/4 | 00. | 00 – 51. | o4 |
| 1/2 ou penne | oo. | o1 – o2. | o7 |
| 3/4 | oo. | o1 – 53. | 11 |

# SÉTERÉE

coutenant 432 perches de 18 pans.

(canne vraie de Toulouse.)

| | SÉTÉRÉES. | | | O | | | OO | | |
|---|---|---|---|---|---|---|---|---|---|
| | h. | a. | c. | h. | a. | c. | h. | a. | c. |
| 1 | 00. | 70 – 55. | 1 | 07. | 05 – 51. | 3 | 70. | 55 – 13. | 1 |
| 2 | 01. | 41 – 1o. | 3 | 14. | 11 – 02. | 6 | 141. | 1o – 26. | 2 |
| 3 | 02. | 11 – 65. | 4 | 21. | 16 – 53. | 9 | 211. | 65 – 39. | 3 |
| 4 | 02. | 82 – 2o. | 5 | 28. | 22 – 05. | 2 | 282. | 2o – 52. | 4 |
| 5 | 03. | 52 – 75. | 6 | 35. | 27 – 56. | 5 | 352. | 75 – 65. | 4 |
| 6 | 04. | 23 – 3o. | 8 | 42. | 33 – 07. | 9 | 423. | 3o – 78. | 5 |
| 7 | 04. | 93 – 85. | 9 | 49. | 38 – 59. | 2 | 493. | 85 – 91. | 6 |
| 8 | 05. | 64 – 41. | o | 56. | 44 – 10. | 5 | 564. | 41 – o4. | 7 |
| 9 | 06. | 34 – 96. | 2 | 63. | 49 – 61. | 8 | 634. | 96 – 17. | 8 |

| | MESURE OU RASE. 1/8e | | | O | | | BOISSEAU. 1/48e | | |
|---|---|---|---|---|---|---|---|---|---|
| | h. | a. | c. | h. | a. | c. | h. | a. | c. |
| 1 | 00. | 08 – 81. | 9 | 00. | 88 – 18 | 9 | 00. | 01 – 47. | o |
| 2 | 00. | 17 – 63. | 8 | o1. | 76 – 37. | 8 | 00. | 02 – 94. | o |
| 3 | 00. | 26 – 45. | 7 | 02. | 64 – 56. | 7 | 00. | 04 – 40. | 9 |
| 4 | 00. | 35 – 27. | 6 | 03. | 52 – 75. | 6 | 00. | 05 – 87. | 9 |
| 5 | 00. | 44 – 09. | 5 | 04. | 40 – 94. | 6 | 00. | 07 – 34. | 9 |
| 6 | 00. | 52 – 91. | 3 | 05. | 29 – 13. | 5 | 00. | 08 – 81. | 9 |
| 7 | 00. | 61 – 73. | 2 | 06. | 17 – 32. | 4 | 00. | 10 – 28. | 9 |
| 8 | 00. | 7o – 55. | 1 | 07. | o5 – 51. | 3 | 00. | 11 – 75. | 9 |
| 9 | 00. | 79 – 37. | o | 07. | 93 – 70. | 2 | 00. | 13 – 22. | 8 |

## FRACTIONS DE BOISSEAU.

| | h. | a. | c. |
|---|---|---|---|
| 1/4 | 00. | 00 – 36. | 74 |
| 1/2 | 00. | 00 – 73. | 49 |
| 3/4 | 00. | 01 – 1o. | 23 |

# SÉTERÉE

contenant 480 perches de 18 pans
( Canne vraie de Toulouse.)

| SÉTERÉES. | | | O | | | OO | | |
|---|---|---|---|---|---|---|---|---|
| h. | a. | c. | h. | a. | c. | h. | a. | c. |
| 1 | 00. | 78 – 39. 0 | 07. | 83 – 9o. 3 | | 78. | 39 – 03. 4 | |
| 2 | 01. | 56 – 78. 1 | 15. | 67 – 89. 7 | | 156. | 78 – o6. 9 | |
| 3 | 02. | 35 – 17. 1 | 23. | 51 – 71. o | | 235. | 17 – 1o. 3 | |
| 4 | 03. | 13 – 56. 1 | 31. | 35 – 61. 4 | | 313. | 56 – 13. 7 | |
| 5 | 03. | 91 – 95. 2 | 39. | 19 – 51. 7 | | 391. | 95 – 17. 2 | |
| 6 | 04. | 7o – 34. 2 | 47. | o3 – 42. 1 | | 47o. | 34 – 2o. 6 | |
| 7 | 05. | 48 – 73. 2 | 54. | 87 – 32. 4 | | 548. | 73 – 24. o | |
| 8 | 06. | 27 – 12. 3 | 62. | 71 – 22. 7 | | 627. | 12 – 27. 5 | |
| 9 | 07. | 05 – 51. 3 | 7o. | 55 – 13. 1 | | 7o5. | 51 – 3o. 9 | |

| MESURE OU RASE 1/8ᵉ. OU 1/2 QUARTE. | | | O | | | BOISSEAU 1/48ᵉ. | | |
|---|---|---|---|---|---|---|---|---|
| h. | a. | c. | h. | a. | c. | h. | a. | a. |
| 1 | 00. | 09 – 79. 9 | 00. | 97 – 98. 8 | | 00. | 01 – 63. 3 | |
| 2 | 00. | 19 – 59. 8 | o1. | 95 – 97. 6 | | 00. | 03 – 26. 6 | |
| 3 | 00. | 29 – 39. 6 | o2. | 93 – 96. 4 | | 00. | 04 – 89. 9 | |
| 4 | 00. | 39 – 19. 5 | o3. | 91 – 95. 2 | | 00. | o6 – 53. 2 | |
| 5 | 00. | 48 – 99. 4 | o4. | 89 – 94. o | | 00. | 08 – 16. 6 | |
| 6 | 00. | 58 – 79. 3 | o5. | 87 – 92. 8 | | 00. | o9 – 79. 9 | |
| 7 | 00. | 68 – 59. 2 | o6. | 85 – 91.. 6 | | 00. | 11 – 43. 2 | |
| 8 | 00. | 78 – 39. o | o7. | 83 – 9o. 3 | | 00. | 13 – o6. 5 | |
| 9 | 00. | 88 – 18. 9 | o8. | 81 – 89. 1 | | 00. | 14 – 69. 8 | |

## FRACTIONS DE BOISSEAU.

| | h. | a. | c. |
|---|---|---|---|
| 1/4 | 00. | 00 – 4o. 83 | |
| 1/2 | 00. | 00 – 81. 65 | |
| 3/4 | 00. | 01 – 22. 48 | |

# SÉTERÉE

### contenant 512 perches de 18 pans
#### ( Canne vraie de Toulouse. )

| SÉTERÉES. | | | O | | | OO | | |
|---|---|---|---|---|---|---|---|---|
| h. | a. | c. | h. | a. | c. | h. | a. | c |
| 1 | 00. 83 | – 61. 6 | o8. 36 | – 16. 4 | 83. 61 | – 63. 7 |
| 2 | 01. 67 | – 23. 3 | 16. 72 | – 32. 7 | 167. 23 | – 27. 3 |
| 3 | 02. 5o | – 84. 9 | 25. 08 | – 49. 1 | 25o. 84 | – 91. o |
| 4 | 03. 34 | – 46. 5 | 33. 44 | – 65. 5 | 334. 46 | – 54. 6 |
| 5 | 04. 18 | – 08. 2 | 41. 8o | – 81. 8 | 418. 08 | – 18. 3 |
| 6 | 05. 01 | – 69. 8 | 5o. 16 | – 98. 2 | 5o1. 69 | – 82. o |
| 7 | 05. 85 | – 31. 5 | 58. 53 | – 14. 6 | 585. 31 | – 45. 6 |
| 8 | 06. 68 | – 93. 1 | 66. 89 | – 3o. 9 | 668. 93 | – o9. 3 |
| 9 | 07. 52 | – 54. 7 | 75. 25 | – 47. 3 | 752. 54 | – 73. o |

| 1/2 Quarte 1/8ᵉ | | | O | | | Boisseau. 1/64ᵉ | | |
|---|---|---|---|---|---|---|---|---|
| h. | a. | c. | h. | a. | c. | h. | a. | c. |
| 1 | 00. 1o | – 45. 2 | 01. o4 | – 52. o | 00. o1 | – 3o. 6 |
| 2 | 00. 2o | – 9o. 4 | 02. 09 | – o4. 1 | 00. 02 | – 61. 3 |
| 3 | 00. 31 | – 35. 6 | o3. 13 | – 56. 1 | 00. 03 | – 91. 9 |
| 4 | 00. 41 | – 8o. 8 | o4. 18 | – o8. 2 | 00. 05 | – 22. 6 |
| 5 | 00. 52 | – 26. 0 | 05. 22 | – 6o. 2 | 00. 06 | – 53. 2 |
| 6 | 00. 62 | – 71. 2 | o6. 27 | – 12. 3 | 00. 07 | – 83. 9 |
| 7 | 00. 73 | – 16. 4 | o7. 31 | – 64. 3 | 00. 09 | – 14. 6 |
| 8 | 00. 83 | – 61. 6 | 08. 36 | – 16. 4 | 00. 1o | – 45. 2 |
| 9 | 00. 94 | – o6. 8 | o9. 4o | – 68. 4 | 00. 11 | – 75. 9 |

### FRACTIONS DE BOISSEAU.

| | h. | a. | c. |
|---|---|---|---|
| 1/4 | 00. | 00 | – 32. 66 |
| 1/2 | 00. | 00 | – 65. 32 |
| 3/4 | 00. | 00 | – 97. 98 |

# SÉTERÉE

contenant 400 perches de 20 pans.
( canne vraie de Toulouse. )

| SÉTERÉES. | | | O | | | OO | | |
|---|---|---|---|---|---|---|---|---|
| h. | a. | c. | h. | a. | c. | h. | a. | c. |
| 1 | 00. 80 – 64. | 8 | 08. 06 – 48. | 5 | 80. 64 – 85. | 0 |
| 2 | 01. 61 – 29. | 7 | 16. 12 – 97. | 0 | 161. 29 – 70. | 0 |
| 3 | 02. 41 – 94. | 5 | 24. 19 – 45. | 5 | 241. 94 – 55. | 0 |
| 4 | 03. 22 – 59. | 4 | 32. 25 – 94. | 0 | 322. 59 – 40. | 0 |
| 5 | 04. 03 – 24. | 2 | 40. 32 – 42. | 5 | 403. 24 – 25. | 1 |
| 6 | 04. 83 – 89. | 1 | 48. 38 – 91. | 0 | 483. 89 – 10. | 1 |
| 7 | 05. 64 – 53. | 9 | 56. 45 – 39. | 5 | 564. 53 – 95. | 1 |
| 8 | 06. 45 – 18. | 8 | 64. 51 – 88. | 0 | 645. 18 – 80. | 1 |
| 9 | 07. 25 – 83. | 6 | 72. 58 – 36. | 5 | 725. 83 – 65. | 1 |

| MESURE OU RASE. $1/8^e$ | | | O | | | BOISSEAU $1/32.^e$ | | |
|---|---|---|---|---|---|---|---|---|
| h. | a. | c. | h. | a. | c. | h. | a. | c. |
| 1 | 00. 10 – 08. | 1 | 01. 00 – 81. | 1 | 00. 02 – 52. | 0 |
| 2 | 00. 20 – 16. | 2 | 02. 01 – 62. | 1 | 00. 05 – 04. | 1 |
| 3 | 00. 30 – 24. | 3 | 03. 02 – 43. | 2 | 00. 07 – 56. | 1 |
| 4 | 00. 40 – 32. | 4 | 04. 03 – 24. | 2 | 00. 10 – 08. | 1 |
| 5 | 00. 50 – 40. | 5 | 05. 04 – 05. | 3 | 00. 12 – 60. | 1 |
| 6 | 00. 60 – 48. | 6 | 06. 04 – 86. | 4 | 00. 15 – 12. | 2 |
| 7 | 00. 70 – 56. | 7 | 07. 05 – 67. | 4 | 00. 17 – 64. | 2 |
| 8 | 00. 80 – 64. | 8 | 08. 06 – 48. | 5 | 00. 20 – 16. | 2 |
| 9 | 00. 90 – 73. | 0 | 09. 07 – 29. | 6 | 00. 22 – 68. | 2 |

### FRACTIONS DE BOISSEAU.

| | h. | a. | c. |
|---|---|---|---|
| 1/4 | 00. | 00 – 63. | 01 |
| 1/2 ou penne | 00. | 01 – 26. | 01 |
| 3/4 | 00. | 01 – 89. | 02 |

# SÉTERÉE

## de 1024 cannes
### ( vraies de Toulouse. )

| SÉTERÉES. | | | O | | | OO | | |
|---|---|---|---|---|---|---|---|---|
| h. | a. | c. | h. | a. | c. | h. | a. | c. |
| 1 | 00. 33 – 03. 4 | | 03. 30 – 33. 6 | | | 33. 03 – 36. 3 | | |
| 2 | 00. 66 – 06. 7 | | 06. 60 – 67. 2 | | | 66. 06 – 72. 5 | | |
| 3 | 00. 99 – 1o. 1 | | 09. 91 – 00. 9 | | | 99. 1o – 08. 8 | | |
| 4 | 01. 32 – 13. 4 | | 13. 21 – 34. 5 | | | 132. 13 – 45. 0 | | |
| 5 | 01. 65 – 16. 8 | | 16. 51 – 68. 1 | | | 165. 16 – 81. 3 | | |
| 6 | 01. 98 – 2o. 2 | | 19. 82 – o1. 8 | | | 198. 2o – 17. 6 | | |
| 7 | 02. 31 – 23. 5 | | 23. 12 – 35. 4 | | | 231. 23 – 53. 8 | | |
| 8 | 02. 64 – 26. 9 | | 26. 42 – 69. o | | | 264. 26 – 9o. 1 | | |
| 9 | 02. 97 – 3o. 3 | | 29. 73 – o2. 6 | | | 297. 3o – 26. 4 | | |

| QUARTE. 1⁄4 | | | O | | | BOISSEAU. 1⁄16ᵉ | | |
|---|---|---|---|---|---|---|---|---|
| h. | a. | c. | h. | a. | c. | h. | a. | c. |
| 1 | 00. 08 – 25. 8 | | 00. 82 – 58. 4 | | | 00. o2 – 06. 5 | | |
| 2 | 00. 16 – 51. 7 | | o1. 65 – 16. 8 | | | 00. 04 – 12. 9 | | |
| 3 | 00. 24 – 77. 5 | | 02. 47 – 75. 2 | | | 00. o6 – 19. 4 | | |
| 4 | 00. 33 – o3. 4 | | 03. 30 – 33. 6 | | | 00. 08 – 25. 8 | | |
| 5 | 00. 41 – 29. 2 | | o4. 12 – 92. o | | | 00. 1o – 32. 3 | | |
| 6 | 00. 49 – 55. o | | 04. 95 – 5o. 4 | | | 00. 12 – 38. 8 | | |
| 7 | 00. 57 – 80. 9 | | 05. 78 – 08. 8 | | | 00. 14 – 43. 2 | | |
| 8 | 00. 66 – 06. 7 | | 06. 60 – 67. 2 | | | 00. 16 – 51. 7 | | |
| 9 | 00. 74 – 32. 6 | | 07. 43 – 25. 7 | | | 00. 18 – 58. 1 | | |

## FRACTIONS DE BOISSEAU.

| | h. | a. | c. |
|---|---|---|---|
| 1⁄4 | 00. | 00 – 51. | 61 |
| 1⁄2 | 00. | 01 – o3. | 23 |
| 3⁄4 | 00. | o1 – 54. | 84 |

## SÉTERÉE OU ARPENT
### de 1600 cannes
#### (vraies de Toulouse.)

| | SÉTERÉE OU ARPENT. | | | O | | | OO | | |
|---|---|---|---|---|---|---|---|---|---|
| | h. | a. | c. | h. | a. | c. | h. | a. | c. |
| 1 | 00. | 51 – 61. | 5 | 05. | 16 – 15. | o | 51. | 61 – 5o. | 4 |
| 2 | 01. | 03 – 23. | o | 1o. | 32 – 3o. | 1 | 1o3. | 23 – 00. | 8 |
| 3 | 01. | 54 – 84. | 5 | 15. | 48 – 45. | 1 | 154. | 84 – 51. | 2 |
| 4 | 02. | 06 – 46. | o | 2o. | 64 – 6o. | 2 | 2o6. | 46 – 01. | 6 |
| 5 | 02. | 58 – o7. | 5 | 25. | 8o – 75. | 2 | 258. | o7 – 52. | o |
| 6 | 03. | o9 – 69. | o | 3o – 96 – 9o. | 2 | 3o9. | 69 – o2. | 5 | |
| 7 | 03. | 61 – 3o. | 5 | 36. | 13 – o5. | 3 | 361. | 3o – 52. | 9 |
| 8 | 04. | 12 – 92. | o | 41. | 29 – 2o. | 3 | 412. | 92 – o3. | 3 |
| 9 | 04. | 64 – 53. | 5 | 46. | 45 – 35. | 4 | 464. | 53 – 53. | 7 |

| | QUARTE. 1/4 | | | MESURE OU COUPADE. 1/8ᶜ | | | QUARTON. 1/16ᶜ | | |
|---|---|---|---|---|---|---|---|---|---|
| | h. | a. | c. | h. | a. | c. | h. | a. | c. |
| 1 | 00. | 12 – 9o. | 4 | 00. | o6 – 45. | 2 | 00. | o3 – 22. | 6 |
| 2 | 00. | 25 – 8o. | 7 | 00. | 12 – 9o. | 4 | 00. | o6 – 45. | 2 |
| 3 | 00. | 38 – 71. | 1 | 00. | 19 – 35. | 6 | 00. | o9 – 67. | 8 |
| 4 | 00. | 51 · 61. | 5 | 00. | 25 – 8o. | 7 | 00. | 12 – 9o. | 4 |
| 5 | 00. | 64 – 51. | 9 | 00. | 32 – 25. | 9 | 00. | 16 – 13. | 0 |
| 6 | 00. | 77 – 42. | 3 | 00. | 38 – 71. | 1 | 00. | 19 – 35. | 6 |
| 7 | 00. | 9o – 32. | 6 | 00. | 45 – 16. | 3 | 00. | 22 – 58. | 2 |
| 8 | 01. | 03 – 23. | o | 00. | 51 – 61. | 5 | 00. | 25 – 8o. | 7 |
| 9 | 01. | 16 – 13. | 4 | 00. | 58 – o6. | 7 | 00. | 29 – o3. | 3 |

| | BOISSEAU. | | | FRACTIONS DE BOISSEAU. | | | |
|---|---|---|---|---|---|---|---|
| | h. | a. | c. | | h. | a. | c. |
| 1 | 00. | 01 – 61. | 3 | 1/4 | 00. | 00 – 4o. | 32 |
| 2 | 00. | 03 – 22. | 6 | 1/2 | 00. | 00 – 8o. | 64 |
| 3 | 00. | 04 – 83. | 9 | 3/4 | 00. | 01 – 2o. | 96 |

# SÉTERÉE
## de 2048 cannes
### (vraies de Toulouse.)

| SÉTERÉES. | | | O | | | OO | | |
|---|---|---|---|---|---|---|---|---|
| h. | a. | c. | h. | a. | c. | h. | a. | c. |
| 1 | 00. | 66 – 06. 7 | 06. | 60 – 67. 2 | 66. | 06 – 72. 5 |
| 2 | 01. | 32 – 13. 4 | 13. | 21 – 34. 5 | 132. | 13 – 45. 0 |
| 3 | 01. | 98 – 2o. 2 | 19. | 82 – 01. 8 | 198. | 2o – 17. 6 |
| 4 | 02. | 64 – 26. 9 | 26. | 42 – 69. o | 264. | 26 – 9o. 1 |
| 5 | 03. | 3o – 33. 6 | 33. | o3 – 36. 3 | 33o. | 33 – 62. 6 |
| 6 | 03. | 96 – 4o. 3 | 39. | 64 – 03. 5 | 396. | 4o – 35. 1 |
| 7 | 04. | 62 – 47. 1 | 46. | 24 – 7o. 8 | 462. | 47 – 07. 7 |
| 8 | 05. | 28 – 53. 8 | 52. | 85 – 38. o | 528. | 53 – 8o. 2 |
| 9 | 05. | 94 – 6o. 5 | 59. | 46 – o5. 3 | 594. | 6o – 52. 7 |

| MESURE OU RASE. 1/8ᶜ | | | O | | | BOISSEAU. 1/32ᶜ | | |
|---|---|---|---|---|---|---|---|---|
| h. | a. | c. | h. | a. | c. | h. | a. | c. |
| 1 | 00. | 08 – 25. 8 | 00. | 82 – 58. 4 | 00. | 02 – o6. 5 |
| 2 | 00. | 16 – 51. 7 | o1. | 65 – 16. 8 | 00. | o4 – 12. 9 |
| 3 | 00. | 24 – 77. 5 | o2. | 47 – 75. 2 | 00. | o6 – 19. 4 |
| 4 | 00. | 33 – o3. 4 | 03. | 3o – 33. 6 | 00. | 08 – 25. 8 |
| 5 | 00. | 41 – 29. 2 | o4. | 12 – 92. o | 00. | 10 – 32. 3 |
| 6 | 00. | 49 – 55. o | o4. | 95 – 5o. 4 | 00. | 12 – 38. 8 |
| 7 | 00. | 57 – 8o. 9 | o5. | 78 – o8. 8 | 00. | 14 – 45. 2 |
| 8 | 00. | 66 – o6. 7 | o6. | 60 – 67. 2 | 00. | 16 – 51. 8 |
| 9 | 00. | 74 – 32. 6 | o7. | 43 – 25. 7 | 00. | 18 – 58. 1 |

### FRACTIONS DE BOISSEAU.

| | h. | a. | c. |
|---|---|---|---|
| 1/4 | 00. | 00 – 51. | 61 |
| 1/2 ou penne | 00. | 01 – 03. | 23 |
| 3/4 | 00. | 01 – 54. | 84 |

# SÉTERÉE
de 3600 cannes ou 9oo perches de 16 pans.
(Canne vraie de Toulouse.)

| | SÉTERÉES. | | | O | | | OO | |
|---|---|---|---|---|---|---|---|---|
| | h. | a. | c. | h. | a. | c· | h. | a. c. |
| 1 | o1. | 16 – 13. | 4 | 11. | 61 – 33. | 8 | 116. | 13 – 38. 4 |
| 2 | o2. | 32 – 26. | 8 | 23. | 22 – 67. | 7 | 232. | 26 – 76. 8 |
| 3 | o3. | 48 – 4o. | 2 | 34. | 84 – o1. | 5 | 348. | 4o – 15. 3 |
| 4 | o4. | 64 – 53. | 5 | 46. | 45 – 35. | 4 | 464. | 53 – 53. 7 |
| 5 | o5. | 8o – 66. | 9 | 58. | o6 – 69. | 2 | 58o. | 66 – 92. 1 |
| 6 | o6. | 96 – 8o. | 3 | 69. | 68 – o3. | o | 696. | 8o – 3o. 5 |
| 7 | o8. | 12 – 93. | 7 | 81. | 29 – 36. | 9 | 812. | 93 – 68. 9 |
| 8 | o9. | 29 – o7. | 1 | 92. | 9o – 7o. | 7 | 929. | o7 – o7. 4 |
| 9 | 1o. | 45 – 2o. | 5 | 1o4. | 52 – o4. | 6 | 1o45. | 2o – 45. 8 |

| | ARPENT. 1⁄2 | | | QUARTE. 1⁄4 | | | COUPADE 1⁄16ᵉ. | | |
|---|---|---|---|---|---|---|---|---|---|
| | h. | a. | c. | h. | a. | c. | h. | a. | a. |
| 1 | oo. | 58 – o6. | 7 | oo. | 29 – o3. | 3 | oo. | o7 – 25. | 8 |
| 2 | o1. | 16 – 13. | 4 | oo. | 58 – o6. | 7 | oo. | 14 – 51. | 7 |
| 3 | o1. | 74 – 2o. | 1 | oo. | 87 – 1o. | o | oo. | 21 – 77. | 5 |
| 4 | o2. | 32 – 26. | 8 | o1. | 16 – 13. | 4 | oo. | 29 – o3. | 3 |
| 5 | o2. | 9o – 33. | 5 | o1. | 45 – 16. | 7 | oo. | 36 – 29. | 2 |
| 6 | o3. | 48 – 4o. | 1 | o1. | 74 – 2o. | 1 | oo. | 43 – 55. | o |
| 7 | o4. | o6 – 46. | 8 | o2. | o3 – 23. | 4 | oo. | 5o – 8o. | 9 |
| 8 | o4. | 64 – 53. | 5 | o2. | 32 – 26. | 8 | oo. | 58 – o6. | 7 |
| 9 | o5. | 22 – 6o. | 2 | o2. | 61 – 3o. | 1 | oo. | 65 – 32. | 5 |

| | BOISSEAU. 1⁄32ᶜ | | | QUART DE COUPADE. 1⁄64ᶜ | | | COUP. 1⁄128ᶜ | | |
|---|---|---|---|---|---|---|---|---|---|
| | h. | a. | c. | h. | a. | c. | h. | o. | c. |
| 1 | oo. | o3 – 62. | 9 | oo. | o1 – 81. | 5 | oo. | oo – 9o. | 7 |
| 2 | oo. | o7 – 25. | 8 | oo. | o3 – 62. | 9 | oo. | o1 – 81. | 5 |
| 3 | oo. | 1o – 88. | 7 | oo. | o5 – 44. | 4 | oo. | o2 – 72. | 2 |

# ARPENT

contenant 576 perches de 14 pans.

( canne supposée de Toulouse.)

| | ARPENTS. | | | O | | | OO | | |
|---|---|---|---|---|---|---|---|---|---|
| | h. | a. | c. | h. | a. | c. | h. | a. | c. |
| 1 | 00. | 57 – 45. | 0 | 05. | 74 – 5o. | 1 | 57. | 45 – 01. | 1 |
| 2 | 01. | 14 – 9o. | 0 | 11. | 49 – 00. | 2 | 114. | 9o – 02. | 3 |
| 3 | 01. | 72 – 35. | 0 | 17. | 23 – 5o. | 3 | 172. | 35 – 03. | 4 |
| 4 | 02. | 29 – 8o. | 0 | 22. | 98 – 00. | 4 | 229. | 8o – 04. | 5 |
| 5 | 02. | 87 – 25. | 1 | 28. | 72 – 5o. | 6 | 287. | 25 – 05. | 7 |
| 6 | 03. | 44 – 7o. | 1 | 34. | 47 – 00. | 7 | 344. | 7o – 06. | 8 |
| 7 | 04. | 02 – 15. | 1 | 4o. | 21 – 5o. | 8 | 4o2. | 15 – 07. | 9 |
| 8 | 04. | 59 – 6o. | 1 | 45. | 96 – 00. | 9 | 459. | 6o – 09. | 1 |
| 9 | 05. | 17 – 05. | 1 | 51. | 7o – 51. | o | 517. | 05 – 1o. | 2 |

| | PUGNÈRE, 1⁄4 | | | O | | | BOISSEAU. 1⁄32° | | |
|---|---|---|---|---|---|---|---|---|---|
| | h. | a. | c. | h. | a. | c. | c. | a. | h. |
| 1 | 00. | 14 – 36. | 3 | 01. | 43 – 62. | 5 | 00. | 01 – 79. | 5 |
| 2 | 00. | 28 – 72. | 5 | o2. | 87 – 25. | 1 | 00. | 03 – 59. | 1 |
| 3 | 00. | 43 – o8. | 8 | o4. | 3o – 87. | 6 | 00. | 05 – 38. | 6 |
| 4 | 00. | 57 – 45. | o | o5. | 74 – 5o. | 1 | 00. | 07 – 18. | 1 |
| 5 | 00. | 71 – 81. | 3 | o7. | 18 – 12. | 6 | 00. | o9 – 97. | 6 |
| 6 | 00. | 86 – 17. | 5 | o8. | 61 – 75. | 2 | 00. | 1o – 77. | 2 |
| 7 | 01. | oo – 53. | 8 | 1o. | 05 – 37. | 7 | 00. | 12 – 56. | 7 |
| 8 | 01. | 14 – 9o. | 0 | 11. | 49 – 00. | 2 | 00. | 14 – 36. | 2 |
| 9 | 01. | 29 – 26. | 3 | 12. | 92 – 62. | 8 | 00. | 16 – 15. | 8 |

## FRACTIONS DE BOISSEAU.

| | h. | a. | c. |
|---|---|---|---|
| 1⁄4 | 00. | 00 – 44. | 88 |
| 1⁄2 | 00. | 00 – 89. | 76 |
| 3⁄4 | 00. | 01 – 34. | 64 |

# SÉTERÉE

### contenant 400 perches de 18 pans
#### ( Canne supposée de Toulouse. )

| | SÉTERÉES. | | | O | | | OO | |
|---|---|---|---|---|---|---|---|---|
| | h. | a. c. | | h. | a. c. | | h. | a. c. |
| 1 | 00. | 65 – 95. 0 | 06. | 59 – 50. 4 | | 65. | 95 – 03. 8 |
| 2 | 01. | 31 – 9o. 1 | 13. | 19 – 00. 8 | | 131. | 9o – 07. 7 |
| 3 | 01. | 97 – 85. 1 | 19. | 78 – 51. 2 | | 197. | 85 – 11. 6 |
| 4 | 02. | 63 – 8o. 1 | 26. | 38 – o1. 5 | | 263. | 8o – 15. 4 |
| 5 | 03. | 29 – 75. 2 | 32. | 97 – 51. 9 | | 329. | 75 – 19. 3 |
| 6 | 03. | 95 – 7o. 2 | 39. | 57 – o2. 3 | | 395. | 7o – 23. 1 |
| 7 | 04. | 61 – 65. 3 | 46. | 16 – 52. 7 | | 461. | 65 – 27. o |
| 8 | 05. | 27 – 6o. 3 | 52. | 76 – o3. 1 | | 527. | 6o – 3o. 8 |
| 9 | 05. | 93 – 55. 3 | 59. | 35 – 53. 5 | | 593. | 55 – 34. 7 |

| | MESURE<br>OU RASE. 1⁄8ᶜ | | | O | | | BOISSEAU.<br>1⁄32ᶜ | |
|---|---|---|---|---|---|---|---|---|
| | h. | a. c. | | h. | a. c. | | h. | a. c. |
| 1 | 00. | o8 – 24. 4 | 00. | 82 – 43. 8 | | 00. | o2 – o6. 1 |
| 2 | 00. | 16 – 48. 8 | 01. | 64 – 87. 6 | | 00. | 04 – 12. 2 |
| 3 | 00. | 24 – 73. 1 | 02. | 47 – 31. 4 | | 00. | o6 – 18. 3 |
| 4 | 00. | 32 – 97. 5 | 03. | 29 – 75. 2 | | 00. | o8 – 24. 4 |
| 5 | 00. | 41 – 21. 9 | 04. | 12 – 19. 0 | | 00. | 10 – 3o. 5 |
| 6 | 00. | 49 – 46. 3 | 04. | 94 – 62. 8 | | 00. | 12 – 36. 6 |
| 7 | 00. | 57 – 7o. 6 | 05. | 77 – o6. 6 | | 00. | 14 – 42. 7 |
| 8 | 00. | 65 – 95. 0 | o6. | 59 – 5o. 4 | | 00. | 16 – 48. 8 |
| 9 | 00. | 74 – 19. 4 | 07. | 41 – 94. 2 | | 00. | 18 – 54. 9 |

### FRACTIONS DE BOISSEAU.

| | h. | a. c. |
|---|---|---|
| 1⁄4 | 00. | 00 – 51. 52 |
| 1⁄2 ou penne | 00. | 01 – 03. 05 |
| 3⁄4 | 00. | 01 – 54. 57 |

## SÉTERÉE

### contenant 432 perches de 18 pans
#### ( Canne supposée de Toulouse )

| | SÉTERÉE. | | | O | | | OO | | |
|---|---|---|---|---|---|---|---|---|---|
| | h. | a. | c. | h. | a. | c. | h. | a. | c. |
| 1 | 00. | 71 – 22. | 6 | 07. | 12 – 26. | 4 | 71. | 22 – 64. | 2 |
| 2 | 01. | 42 – 45. | 3 | 14. | 24 – 52. | 8 | 142. | 45 – 28. | 3 |
| 3 | 02. | 13 – 67. | 9 | 21. | 36 – 79. | 2 | 213. | 67 – 92. | 5 |
| 4 | 02. | 84 – 9o. | 6 | 28. | 49 – o5. | 7 | 284. | 9o – 56. | 6 |
| 5 | o3. | 56 – 13. | 2 | 35. | 61 – 32. | 1 | 356. | 13 – 2o. | 8 |
| 6 | o4. | 27 – 35. | 8 | 42. | 73 – 58. | 5 | 427. | 35 – 85. | o |
| 7 | o4. | 98 – 58. | 5 | 49. | 85 – 84. | 9 | 498. | 58 – 49. | 1 |
| 8 | 05. | 69 – 81. | 1 | 56. | 98 – 11. | 3 | 569. | 81 – 13. | 3 |
| 9 | o6. | 41 – o3. | 8 | 64. | 1o – 37. | 7 | 641. | o3 – 77. | 5 |

| | MESURE OU RASE. 1/18ᶜ | | | O | | | BOISSEAU. 1/18ᶜ | | |
|---|---|---|---|---|---|---|---|---|---|
| | h. | a. | c. | h. | a. | c. | h. | a. | c. |
| 1 | 00. | 08 – 9o. | 3 | 00. | 89 – o3. | 3 | 00. | o1 – 48. | 4 |
| 2 | 00. | 17 – 8o. | 7 | 01. | 78 – o6. | 6 | 00. | 02 – 96. | 8 |
| 3 | 00. | 26 – 71. | o | 02. | 67 – o9. | 9 | 00. | o4 – 45. | 2 |
| 4 | 00. | 35 – 61. | 3 | 03. | 56 – 13. | 2 | 00. | 05 – 93. | 5 |
| 5 | 00. | 44 – 51. | 6 | o4. | 45 – 16. | 5 | 00. | o7 – 41. | 9 |
| 6 | 00. | 53 – 42. | o | 05. | 34 – 19. | 8 | 00. | 08 – 9o. | 3 |
| 7 | 00. | 62 – 32. | 3 | o6. | 23 – 23. | 1 | 00. | 1o – 38. | 7 |
| 8 | 00. | 71 – 22. | 6 | 07. | 12 – 26. | 4 | 00. | 11 – 87. | 1 |
| 9 | 00. | 8o – 13. | o | 08. | o1 – 29. | 7 | 00. | 13 – 35. | 5 |

### FRACTIONS DE BOISSEAU.

| | h. | a. | c. |
|---|---|---|---|
| 1/4 | 00. | 00 – 37. | 09 |
| 1/2 | 00. | 00 – 74. | 19 |
| 3/4 | 00. | 01 – 11. | 28 |

# SÉTERÉE

contenant 480 perches de 18 pans.
(canne supposée de Toulouse.)

| SÉTÉRÉES. | | | O | | | OO | | |
|---|---|---|---|---|---|---|---|---|
| h. | a. | c. | h. | a. | c. | h. | a. | c. |
| 1 | 00. 79 − 14. | 0 | 07. 91 − 4o. | 5 | 79. 14 − o4. | 6 |
| 2 | o1. 58 − 28. | 1 | 15. 82 − 8o. | 9 | 158. 28 − o9. | 2 |
| 3 | o2. 37 − 42. | 1 | 23. 74 − 21. | 4 | 237. 42 − 13. | 9 |
| 4 | o3. 16 − 56. | 2 | 31. 65 − 61. | 8 | 316. 56 − 18. | 5 |
| 5 | o3. 95 − 7o. | 2 | 39. 57 − o2. | 3 | 395. 7o − 23. | 1 |
| 6 | o4. 74 − 84. | 3 | 47. 48 − 42. | 8 | 474. 84 − 27. | 7 |
| 7 | o5. 53 − 98. | 3 | 55. 39 − 83. | 2 | 553. 98 − 32. | 4 |
| 8 | o6. 33 − 12. | 4 | 63. 31 − 23. | 7 | 633. 12 − 37. | o |
| 9 | o7. 12 − 26. | 4 | 71. 22 − 64. | 2 | 712. 26 − 41. | 6 |

| MESURE OU BASE. 1/2 QUARTE. 1/8ᶜ | | | O | | | BOISSEAU. 1/48ᶜ | | |
|---|---|---|---|---|---|---|---|---|
| h. | a. | c. | h. | a. | c. | h. | a. | c. |
| 1 | 00. o9 − 89. | 3 | 00. 98 − 92. | 6 | 00. o1 − 64. | 9 |
| 2 | 00. 19 − 78. | 5 | o1. 97 − 85. | 1 | 00. o3 − 29. | 7 |
| 3 | 00. 29 − 67. | 8 | o2. 96 − 77. | 7 | 00. o4 − 94. | 6 |
| 4 | o1. 39 − 57. | o | o3. 95 − 7o. | 2 | 00. o6 − 59. | 5 |
| 5 | 00. 49 − 46. | 3 | o4. 94 − 62. | 8 | 00. o8 − 24. | 4 |
| 6 | 00. 59 − 35. | 5 | o5. 93 − 55. | 3 | 00. o9 − 89. | 3 |
| 7 | 00. 69 − 28. | 8 | o6. 92 − 47. | 9 | 00. 11 − 54. | 1 |
| 8 | 00. 79 − 14. | o | o7. 91 − 4o. | 5 | 00. 13 − 19. | o |
| 9 | 00. 89 − o3. | 3 | o8. 9o − 33. | o | 00. 14 − 83. | 9 |

## FRACTIONS DE BOISSEAU.

| | h. | a. | c. |
|---|---|---|---|
| 1/4 | 00. | 00 − 41. | 22 |
| 1/2 | 00. | 00 − 82. | 44 |
| 3/4 | 00. | o1 − 23. | 66 |

## SÉTERÉE

conlenant 512 perches de 18 pans
( canne supposée de Toulouse. )

| SÉTERÉES. | | | O | | | OO | | |
|---|---|---|---|---|---|---|---|---|
| h. | a. | c. | h. | a. | c. | h. | a. | .c |
| 1 | 00. 84 – 41. 6 | | 08. 44 – 16. 5 | | | 84. 41 – 64. 9 | | |
| 2 | 01. 68 – 83. 3 | | 16. 88 – 33. o | | | 168. 83 – 29. 9 | | |
| 3 | 02. 53 – 24. 9 | | 25. 32 – 49. 5 | | | 253. 24 – 94. 8 | | |
| 4 | 03. 37 – 66. 6 | | 33. 76 – 66. o | | | 337. 66 – 59. 7 | | |
| 5 | 04. 22 – 08. 2 | | 42. 2o – 82. 5 | | | 422. 08 – 24. 7 | | |
| 6 | 05. o6 – 49. 9 | | 5o. 64 – 99. o | | | 5o6. 49 – 89. 6 | | |
| 7 | 05. 9o – 91. 5 | | 59. 09 – 15. 4 | | | 59o. 91 – 54. 5 | | |
| 8 | 06. 75 – 33. 2 | | 67. 53 – 31. 9 | | | 675. 33 – 19. 5 | | |
| 9 | 07. 59 – 74. 8 | | 75. 97 – 48. 4 | | | 750. 74 – 84. 4 | | |

| 1/2 Quarte 1/8ᵉ | | | O | | | BOISSEAU. 1/64ᵉ | | |
|---|---|---|---|---|---|---|---|---|
| h. | a. | c. | h. | a. | c. | c. | h. | .a |
| 1 | 00. 1o – 55. 2 | | o1. o5 – 52. 1 | | | 00. o1 – 31. 9 | | |
| 2 | 00. 21 – 1o. 4 | | o2. 11 – o4. 1 | | | 00. o2 – 63. 8 | | |
| 3 | 00. 31 – 65. 6 | | o3. 16 – 56. 2 | | | 00. o3 – 95. 7 | | |
| 4 | 00. 42 – 2o. 8 | | o4. 22 – 08. 2 | | | 00. o5 – 27. 6 | | |
| 5 | 00. 52 – 76. o | | o5. 27 – 6o. 3 | | | 00. o6 – 59. 5 | | |
| 6 | 00. 63 – 31. 2 | | o6. 33 – 12. 4 | | | 00. o7 – 91. 4 | | |
| 7 | 00. 73 – 86. 4 | | o7. 38 – 64. 4 | | | 00. o9 – 23. 3 | | |
| 8 | 00. 84 – 41. 6 | | o8. 44 – 16. 5 | | | 00. 1o – 55. 2 | | |
| 9 | 00. 94 – 96. 9 | | o9. 49 – 68. 6 | | | 00. 11 – 87. 1 | | |

### FRACTIONS DE BOISSEAU.

| | h. | a. | c. |
|---|---|---|---|
| 1/4 | 00. | 00 – 32. | 97 |
| 1/2 | 00. | 00 – 65. | 95 |
| 3/4 | 00. | 00 – 98. | 92 |

# SÉTERÉE

contenant 400 perches de 20 pans.

( canne supposée de Toulouse. )

| SÉTERÉES. | | | O | | | OO | | |
|---|---|---|---|---|---|---|---|---|
| h. | a. | c. | h. | a. | c. | h. | a. | c. |
| 1 | 00. 81 | – 42. 0 | 08. 14 | – 20. 2 | 81. 42 | – 02. 3 |
| 2 | 01. 62 | – 84. 0 | 16. 28 | – 40. 5 | 162. 84 | – 04. 6 |
| 3 | 02. 44 | – 26. 1 | 24. 42 | – 60. 7 | 244. 26 | – 06. 9 |
| 4 | 03. 25 | – 68. 1 | 32. 56 | – 80. 9 | 325. 68 | – 09. 1 |
| 5 | 04. 07 | – 10. 1 | 40. 71 | – 01. 1 | 407. 10 | – 11. 4 |
| 6 | 04. 88 | – 52. 1 | 48. 85 | – 21. 4 | 488. 52 | – 13. 7 |
| 7 | 05. 69 | – 94. 2 | 56. 99 | – 41. 6 | 569. 94 | – 16. 0 |
| 8 | 06. 51 | – 36. 2 | 65. 13 | – 61. 8 | 651. 36 | – 18. 3 |
| 9 | 07. 32 | – 78. 2 | 73. 27 | – 82. 1 | 732. 78 | – 20. 6 |

| MESURE OU RASE. 1/8ᵉ | | | O | | | BOISSEAU 1/32.ᵉ | | |
|---|---|---|---|---|---|---|---|---|
| h. | a. | c. | h. | a. | c. | h. | a. | c. |
| 1 | 00. 10 | – 17. 7 | 01. 01 | – 77. 5 | 00. 02 | – 54. 4 |
| 2 | 00. 20 | – 35. 5 | 02. 03 | – 55. 1 | 00. 05 | – 08. 9 |
| 3 | 00. 30 | – 53. 3 | 03. 05 | – 32. 6 | 00. 07 | – 63. 3 |
| 4 | 00. 40 | – 71. 0 | 04. 07 | – 10. 1 | 00. 10 | – 17. 7 |
| 5 | 00. 50 | – 88. 8 | 05. 08 | – 87. 6 | 00. 12 | – 72. 2 |
| 6 | 00. 61 | – 06. 5 | 06. 10 | – 65. 2 | 00. 15 | – 26. 6 |
| 7 | 00. 71 | – 24. 3 | 07. 12 | – 42. 7 | 00. 17 | – 81. 1 |
| 8 | 00. 81 | – 42. 0 | 08. 14 | – 20. 2 | 00. 20 | – 35. 5 |
| 9 | 00. 91 | – 59. 8 | 09. 15 | – 97. 8 | 00. 22 | – 89. 9 |

### FRACTIONS DE BOISSEAU.

| | h. | a. | c. |
|---|---|---|---|
| 1/4 | 00. | 00 – 63. | 61 |
| 1/2 ou penne | 00. | 01 – 27. | 22 |
| 3/4 | 00. | 01 – 90. | 83 |

# SÉTERÉE

de 1024 cannes

(supposées de Toulouse)

| SÉTERÉES. | | | O | | | OO | | |
|---|---|---|---|---|---|---|---|---|
| h. | a. | c. | h. | a. | c. | h. | a. | c. |
| 1 | 00. 33 – 35. | 0 | 03. 33 – 49. | 7 | 33. 34 – 97. | 3 |
| 2 | 00. 66 – 69. | 9 | 06. 66 – 99. | 4 | 66. 69 – 94. | 5 |
| 3 | 01. 00 – 04. | 9 | 10. 00 – 49. | 2 | 100. 04 – 91. | 8 |
| 4 | 01. 33 – 39. | 9 | 13. 33 – 98. | 9 | 133. 39 – 89. | 1 |
| 5 | 01. 66 – 74. | 9 | 16. 67 – 48. | 6 | 166. 74 – 86. | 3 |
| 6 | 02. 00 – 09. | 8 | 20. 00 – 98. | 5 | 200. 09 – 84. | 6 |
| 7 | 02. 33 – 44. | 8 | 23. 34 – 48. | 2 | 233. 44 – 81. | 9 |
| 8 | 02. 66 – 79. | 8 | 26. 67 – 97. | 9 | 266. 79 – 79. | 1 |
| 9 | 03. 00 – 14. | 8 | 30. 01 – 47. | 6 | 300. 14 – 76. | 4 |

| QUARTE. 1/4 | | | O | | | BOISSEAU. 1/16ᵉ | | |
|---|---|---|---|---|---|---|---|---|
| h. | a. | c. | h. | a. | c. | h. | a. | c. |
| 1 | 00. 08 – 33. | 7 | 00. 83 – 37. | 4 | 00. 02 – 08. | 4 |
| 2 | 00. 16 – 67. | 5 | 01. 66 – 74. | 9 | 00. 04 – 16. | 9 |
| 3 | 00. 25 – 01. | 2 | 02. 50 – 12. | 3 | 00. 06 – 25. | 3 |
| 4 | 00. 33 – 35. | 0 | 03. 33 – 49. | 7 | 00. 08 – 33. | 7 |
| 5 | 00. 41 – 68. | 7 | 04. 16 – 87. | 2 | 00. 10 – 42. | 2 |
| 6 | 00. 50 – 02. | 5 | 05. 00 – 24. | 6 | 00. 13 – 50. | 6 |
| 7 | 00. 58 – 36. | 2 | 05. 83 – 62. | 0 | 00. 15 – 59. | 0 |
| 8 | 00. 66 – 69. | 9 | 06. 66 – 99. | 4 | 00. 18 – 67. | 5 |
| 9 | 00. 75 – 03. | 7 | 07. 50 – 36. | 9 | 00. 20 – 75. | 9 |

## FRACTIONS DE BOISSEAU.

| | h. | a. | c. |
|---|---|---|---|
| 1/4 | 00. | 00 – 52. | 11 |
| 1/2 ou penne | 00. | 01 – 04. | 22 |
| 3/4 | 00. | 01 – 56. | 33 |

## SÉTERÉE OU ARPENT
### de 1600 cannes
(supposées de Toulouse.)

| | SÉTERÉE OU ARPENT. | | | O | | | OO | | |
|---|---|---|---|---|---|---|---|---|---|
| | h. | a. | c. | h. | a. | c. | h. | a. | c. |
| 1 | oo. | 52 – 1o. | 9 | o5. | 21 – o8. | 9 | 52. | 1o – 89. | 5 |
| 2 | o1. | o4 – 21. | 8 | 1o. | 42 – 17. | 9 | 1o4. | 21 – 79. | o |
| 3 | o1. | 56 – 32. | 7 | 15. | 63 – 26. | 8 | 156. | 32 – 68. | 4 |
| 4 | o2. | o8 – 43. | 6 | 2o. | 84 – 35. | 8 | 2o8. | 43 – 57. | 9 |
| 5 | o2. | 6o – 54. | 5 | 26. | o5 – 44. | 7 | 26o. | 54 – 47. | 4 |
| 6 | o3. | 12 – 65. | 4 | 31. | 26 – 53. | 7 | 312. | 65 – 36. | 9 |
| 7 | o3. | 64 – 76. | 3 | 36. | 47 – 62. | 6 | 364. | 76 – 26. | 4 |
| 8 | o4. | 16 – 87. | 2 | 41. | 68 – 71. | 6 | 416. | 87 – 15. | 9 |
| 9 | o4. | 68 – 98. | 1 | 46. | 89 – 8o. | 5 | 468. | 98 – o5. | 3 |

| | QUARTE. 1/4 | | | MESURE OU COUPADE. 1/8e | | | QUARTON. 1/16e | | |
|---|---|---|---|---|---|---|---|---|---|
| | h. | a. | c. | h. | a. | c. | h. | a. | c. |
| 1 | oo. | 13 – o2. | 7 | oo. | o6 – 51. | 4 | oo. | o3 – 25. | 7 |
| 2 | oo. | 26 – o5. | 4 | oo. | 13 – o2. | 7 | oo. | o6 – 51. | 4 |
| 3 | oo. | 39 – o8. | 2 | oo. | 19 – 54. | 1 | oo. | o9 – 77. | o |
| 4 | oo. | 52 – 1o. | 9 | oo. | 26 – o5. | 4 | oo. | 13 – o2. | 7 |
| 5 | oo. | 65 – 13. | 6 | oo. | 32 – 56. | 8 | oo. | 16 – 28. | 4 |
| 6 | oo. | 78 – 16. | 3 | oo. | 39 – o8. | 2 | oo. | 19 – 54. | 1 |
| 7 | oo. | 91 – 19. | 1 | oo. | 45 – 59. | 5 | oo. | 22 – 79. | 8 |
| 8 | o1. | o4 – 21. | 8 | oo. | 52 – 1o. | 9 | oo. | 26 – o5. | 4 |
| 9 | o1. | 17 – 24. | 5 | oo. | 58 – 62. | 3 | oo. | 29 – 31. | 1 |

| | BOISSEAU. | | | FRACTIONS DE BOISSEAU. | | | |
|---|---|---|---|---|---|---|---|
| | h. | a. | c. | | h. | a. | c. |
| 1 | oo. | o1 – 62. | 8 | 1/4 | oo. | oo – 4o. | 71 |
| 2 | oo. | o3 – 25. | 7 | 1/2 | oo. | oo – 81. | 42 |
| 3 | oo. | o4 – 88. | 5 | 3/4 | oo. | o1 – 22. | 13 |

## SÉTERÉE

### contenant 2048 cannes
( supposées de Toulouse. )

| SÉTERÉES. | | | O | | | OO | | |
|---|---|---|---|---|---|---|---|---|
| h. | a. | c. | h. | a. | c. | h. | a. | c. |
| 1 | 00. 66 – 69. | 9 | 06. 66 – 99. | 4 | 66. 69 – 94. | 5 |
| 2 | 01. 33 – 39. | 9 | 13. 33 – 98. | 9 | 133. 39 – 89. | 1 |
| 3 | 02. 00 – 09. | 8 | 20. 00 – 98. | 4 | 200. 09 – 83. | 6 |
| 4 | 02. 66 – 79. | 8 | 26. 67 – 97. | 8 | 266. 79 – 78. | 1 |
| 5 | 03. 33 – 49. | 7 | 33. 34 – 97. | 3 | 333. 49 – 72. | 7 |
| 6 | 04. 00 – 19. | 7 | 40. 01 – 96. | 7 | 400. 19 – 67. | 2 |
| 7 | 04. 66 – 89. | 6 | 46. 68 – 96. | 2 | 466. 89 – 61. | 8 |
| 8 | 05. 33 – 59. | 6 | 53. 35 – 95. | 6 | 533. 59 – 56. | 3 |
| 9 | 06. 00 – 29. | 5 | 60. 02 – 95. | 1 | 600. 29 – 50. | 8 |

| MESURE OU RASE. 1/8e | | | O | | | BOISSEAU. 1/32e | | |
|---|---|---|---|---|---|---|---|---|
| h. | a. | c. | h. | a. | c. | h. | a. | c. |
| 1 | 00. 08 – 33. | 7 | 00. 83 – 37. | 4 | 00. 02 – 08. | 4 |
| 2 | 00. 16 – 67. | 5 | 01. 66 – 74. | 9 | 00. 04 – 16. | 8 |
| 3 | 00. 25 – 01. | 2 | 02. 50 – 12. | 3 | 00. 06 – 25. | 3 |
| 4 | 00. 33 – 35. | 0 | 03. 33 – 49. | 7 | 00. 08 – 33. | 7 |
| 5 | 00. 41 – 68. | 7 | 04. 16 – 87. | 2 | 00. 10 – 42. | 2 |
| 6 | 00. 50 – 02. | 4 | 05. 00 – 24. | 6 | 00. 12 – 50. | 6 |
| 7 | 00. 58 – 36. | 2 | 05. 83 – 62. | 0 | 00. 14 – 59. | 0 |
| 8 | 00. 66 – 79. | 9 | 06. 67 – 99. | 4 | 00. 16 – 67. | 5 |
| 9 | 00. 75 – 03. | 7 | 07. 50 – 36. | 9 | 00. 18 – 75. | 9 |

### FRACTIONS DE BOISSEAU.

| | h. | a. | c. |
|---|---|---|---|
| 1/4 | 00. | 00 – 52. | 11 |
| 1/2 ou penne | 00. | 01 – 04. | 22 |
| 3/4 | 00. | 01 – 56. | 33 |

# SÉTERÉE

de 3600 cannes ou 900 perches de 16 pans
( canne supposée de Toulouse. )

| SÉTERÉES. | | | O | | | OO | | |
|---|---|---|---|---|---|---|---|---|
| h. | a. | c. | h. | a. | c. | h. | a. | c. |
| 01. | 17 – 24. | 5 | 11. | 72 – 45. | 1 | 117. | 24 – 51. | 3 |
| 02. | 34 – 49. | 0 | 23. | 44 – 90. | 3 | 234. | 49 – 02. | 7 |
| 03. | 51 – 73. | 5 | 35. | 17 – 35. | 4 | 351. | 73 – 54. | 0 |
| 04. | 68 – 98. | 0 | 46. | 89 – 80. | 5 | 468. | 98 – 05. | 3 |
| 05. | 86 – 22. | 6 | 58. | 62 – 25. | 7 | 586. | 22 – 56. | 7 |
| 07. | 03 – 47. | 1 | 70. | 34 – 70. | 8 | 703. | 47 – 08. | 0 |
| 08. | 20 – 71. | 6 | 82. | 07 – 15 | 9 | 820. | 71 – 59. | 3 |
| 09. | 37 – 96. | 1 | 93. | 79 – 61. | 1 | 937. | 96 – 10. | 7 |
| 10. | 55 – 20. | 6 | 105. | 52 – 06. | 2 | 1055. | 20 – 62. | 0 |

| ARPENT. 1/2 | | | QUARTE. 1/4 | | | COUPADE. 1/16ᶜ | | |
|---|---|---|---|---|---|---|---|---|
| h. | a. | c. | h. | a. | c. | h. | a. | c. |
| 00. | 58 – 62. | 3 | 00. | 29 – 31. | 1 | 00. | 07 – 32. | 8 |
| 01. | 17 – 24. | 5 | 00. | 58 – 62. | 3 | 00. | 14 – 65. | 6 |
| 01. | 75 – 86. | 8 | 00. | 87 – 93. | 4 | 00. | 21 – 98. | 3 |
| 02. | 34 – 49. | 0 | 01. | 17 – 24. | 5 | 00. | 29 – 31. | 1 |
| 02. | 93 – 11. | 3 | 01. | 46 – 55. | 6 | 00. | 36 – 63. | 9 |
| 03. | 51 – 73. | 5 | 01. | 75 – 86. | 8 | 00. | 43 – 96. | 7 |
| 04. | 10 – 35. | 8 | 02. | 05 – 17. | 9 | 00. | 51 – 29. | 5 |
| 04. | 68 – 98. | 1 | 02. | 34 – 49. | 0 | 00. | 58 – 62. | 3 |
| 05. | 27 – 60. | 3 | 02. | 63 – 80. | 2 | 00. | 65 – 95. | 0 |

| BOISSEAU. 1/32ᶜ | | | QUART DE COUPADE. 1/64e | | | COUP. 1/128ᵉ | | |
|---|---|---|---|---|---|---|---|---|
| h. | a. | c. | h. | a. | c. | h. | a. | c. |
| 00. | 03 – 66. | 4 | 00. | 61 – 83. | 2 | 00. | 00 – 91. | 6 |
| 00. | 07 – 32. | 8 | 00. | 03 – 66. | 4 | 00. | 01 – 83. | 2 |
| 00. | 10 – 99. | 2 | 00. | 05 – 49. | 6 | 00. | 02 – 74. | 8 |

# SÉTERÉE

contenant 512 perches de 16 pans.
( canne d'Albi. )

| SÉTERÉES. | | | O | | | OO | | |
|---|---|---|---|---|---|---|---|---|
| h. | a. | c. | h. | a. | c. | h. | a. | c. |
| 1 | 00. 65 | 37. 2 | 06. 53 | 72. 0 | 65. | 37 | 20. 0 |
| 2 | 01. 3o | 74. 4 | 13. 07 | 44. 0 | 13o. | 74 | 3o. 9 |
| 3 | 01. 96 | 11. 6 | 19. 61 | 16. 0 | 196. | 11 | 59. 8 |
| 4 | 02. 61 | 48. 8 | 26. 14 | 88. 0 | 261. | 48 | 79. 7 |
| 5 | 03. 26 | 86. 0 | 32. 68 | 6o. 0 | 326. | 85 | 99. 6 |
| 6 | 03. 92 | 23. 2 | 39. 22 | 32. 0 | 392. | 23 | 19. 5 |
| 7 | 04. 57 | 6o. 4 | 45. 76 | o4. 0 | 457. | 6o | 39. 4 |
| 8 | 05. 22 | 97. 6 | 52. 29 | 76. 0 | 522. | 97 | 59. 3 |
| 9 | 05. 88 | 34. 8 | 58. 83 | 48. 0 | 588. | 3ʼ | 79. 2 |

| MESURE OU RASE. 1/8ᵉ | | | O | | | BOISSEAU 1/32.ᵉ | | |
|---|---|---|---|---|---|---|---|---|
| h. | a. | c. | h. | a. | c. | h. | a. | c. |
| 1 | 00. 08 | 17. 1 | 00. 81 | 71. 5 | 00. 02 | o4. 3 |
| 2 | 00. 16 | 34. 3 | 01. 63 | 43. 0 | 00. 04 | o8. 6 |
| 3 | 00. 24 | 51. 4 | 02. 45 | 14. 5 | 00. o6 | 12. 9 |
| 4 | 00. 32 | 68. 6 | 03. 26 | 86. 0 | 00. o8 | 17. 1 |
| 5 | 00. 4o | 85. 7 | 04. 08 | 57. 5 | 00. 10 | 21. 4 |
| 6 | 00. 49 | 02. 9 | 04. 9o | 29. 0 | 00. 12 | 25. 7 |
| 7 | 00. 57 | 2o. 0 | 05. 72 | 00. 5 | 00. 14 | 3o. 0 |
| 8 | 00. 65 | 37. 2 | 06. 53 | 72. 0 | 00. 16 | 3ʼ. 3 |
| 9 | 00. 73 | 54. 3 | o7. 35 | 43. 5 | 00. 18 | 38. 6 |

## FRACTIONS DE BOISSEAU.

| | h. | a. | c. |
|---|---|---|---|
| 1/4 | 00. | 00 | 51. 1 |
| 1/2 ou penne | 00. | 01 | 02. 1 |
| 3/4 | 00. | 01 | 53. 2 |

## SÉTERÉE

contenant 2500 cannes, ou 625 perches de 16 pans,
ou 400 perches de 20 pans.
( Canne d'Albi. )

| | SÉTERÉE. | | | O | | | OO | | |
|---|---|---|---|---|---|---|---|---|---|
| | h. | a. | c. | h. | a. | c. | h. | a. | c. |
| 1 | 00. | 79 – 80. | 0 | 07. | 97 – 99. | 8 | 79. | 79 – 97. | 9 |
| 2 | 01. | 59 – 60. | 0 | 15. | 95 – 99. | 6 | 159. | 59 – 95. | 9 |
| 3 | 02. | 39 – 39. | 9 | 23. | 93 – 99. | 4 | 239. | 39 – 93. | 8 |
| 4 | 03. | 19 – 19. | 9 | 31. | 91 – 99. | 2 | 319. | 19 – 91. | 8 |
| 5 | 03. | 98 – 99. | 9 | 39. | 89 – 99. | 0 | 398. | 99 – 89. | 7 |
| 6 | 04. | 78 – 79. | 9 | 47. | 87 – 98. | 8 | 478. | 79 – 87. | 6 |
| 7 | 05. | 58 – 59. | 9 | 55. | 85 – 98. | 6 | 558. | 59 – 85. | 6 |
| 8 | 06. | 38 – 39. | 8 | 63. | 83 – 98. | 3 | 638. | 39 – 83. | 5 |
| 9 | 07. | 18 – 19. | 8 | 71. | 81 – 98. | 1 | 718. | 19 – 81. | 5 |

| | MESURE OU RASE. 1/8ᶜ | | | O | | | BOISSEAU. 1/32ᶜ | | |
|---|---|---|---|---|---|---|---|---|---|
| | h. | a. | c. | h. | a. | c. | h. | a. | c. |
| 1 | 00. | 09 – 97. | 5 | 00. | 99 – 75. | 0 | 00. | 02 – 49. | 4 |
| 2 | 00. | 19 – 95. | 0 | 01. | 99 – 50. | 0 | 00. | 04 – 98. | 7 |
| 3 | 00. | 29 – 92. | 5 | 02. | 99 – 24. | 9 | 00. | 07 – 48. | 1 |
| 4 | 00. | 39 – 90. | 0 | 03. | 98 – 99. | 9 | 00. | 09 – 75. | 0 |
| 5 | 00. | 49 – 87. | 5 | 04. | 98 – 74. | 9 | 00. | 12 – 46. | 9 |
| 6 | 00. | 59 – 85. | 0 | 05. | 98 – 49. | 8 | 00. | 14 – 96. | 2 |
| 7 | 00. | 69 – 82. | 5 | 06. | 98 – 24. | 8 | 00. | 17 – 45. | 6 |
| 8 | 00. | 79 – 80. | 0 | 07. | 97 – 99. | 8 | 00. | 19 – 95. | 0 |
| 9 | 00. | 89 – 77. | 5 | 08. | 97 – 74. | 8 | 00. | 22 – 44. | 4 |

### FRACTIONS DE BOISSEAU.

| | h. | a. | c. |
|---|---|---|---|
| 1/4 | 00. | 00 – 62. | 3 |
| 1/2 ou penne | 00. | 01 – 24. | 7 |
| 3/4 | 00. | 01 – 87. | 0 |

## SÉTERÉE

contenant 576 perches de 16 pans 1⁄2, ou 324 perches de 22 pans.
( canne d'Albi. )

| SÉTERÉES. | | | O | | | OO | | |
|---|---|---|---|---|---|---|---|---|
| h. | a. | c. | h. | a. | c. | h. | a. | c. |
| 1 | 00. 78 – 21. | 2 | 07. 82 – 11. | 8 | 78. 21 – 17. | 8 |
| 2 | 01. 56 – 42. | 4 | 15. 64 – 23. | 6 | 156. 42 – 35. | 6 |
| 3 | 02. 34 – 63. | 5 | 23. 46 – 35. | 3 | 234. 63 – 53. | 3 |
| 4 | 03. 12 – 84. | 7 | 31. 28 – 47. | 1 | 312. 84 – 71. | 1 |
| 5 | 03. 91 – 05. | 9 | 39. 10 – 58. | 9 | 391. 05 – 88. | 9 |
| 6 | 04. 69 – 27. | 1 | 46. 92 – 70. | 7 | 469. 27 – 06. | 7 |
| 7 | 05. 47 – 48. | 2 | 54. 74 – 82. | 4 | 547. 48 – 24. | 5 |
| 8 | 06. 25 – 69. | 4 | 62. 56 – 94. | 2 | 625. 69 – 42. | 2 |
| 9 | 07. 03 – 90. | 6 | 70. 39 – 06. | 0 | 703. 90 – 60. | 0 |

| MESURE OU RASE. 1⁄8ᵉ | | | O | | | BOISSEAU. 1⁄32ᵉ | | |
|---|---|---|---|---|---|---|---|---|
| h. | a. | c. | h. | a. | c. | h. | a. | c. |
| 1 | 00. 09 – 77. | 6 | 00. 97 – 76. | 5 | 00. 02 – 44. | 4 |
| 2 | 00. 19 – 54. | 3 | 01. 95 – 42. | 9 | 00. 04 – 88. | 8 |
| 3 | 00. 29 – 31. | 9 | 02. 93 – 19. | 4 | 00. 07 – 33. | 2 |
| 4 | 00. 39 – 09. | 6 | 03. 90 – 95. | 9 | 00. 09 – 77. | 6 |
| 5 | 00. 48 – 87. | 2 | 04. 88 – 72. | 3 | 00. 12 – 22. | 1 |
| 6 | 00. 58 – 64. | 9 | 05. 86 – 48. | 8 | 00. 14 – 66. | 5 |
| 7 | 00. 68 – 42. | 5 | 06. 84 – 25. | 3 | 00. 17 – 10. | 9 |
| 8 | 00. 78 – 20. | 2 | 07. 82 – 01. | 8 | 00. 19 – 55. | 3 |
| 9 | 00. 87 – 97. | 8 | 08. 79 – 78. | 2 | 00. 21 – 99. | 7 |

### FRACTIONS DE BOISSEAU.

| | h. | a. | c. |
|---|---|---|---|
| 1⁄4 | 00. | 00 – 61. | 1 |
| 1⁄2 ou penne | 00. | 01 – 22. | 2 |
| 3⁄4 | 00. | 01 – 83. | 3 |

## SÉTERÉE
contenant 324 perches de 17 pans.
( canne d'Albi. )

| SÉTERÉES. | | | O | | | OO | | |
|---|---|---|---|---|---|---|---|---|
| h. | a. | c. | h. | a. | c. | h. | a. | c. |
| 1 | 00. 46 – 70. | 1 | 07. 67 – 00. | 8 | 46. 70 – 08. | 3 |
| 2 | 00. 93 – 40. | 2 | 09. 34 – 01. | 7 | 93. 40 – 16. | 7 |
| 3 | 01. 40 – 10. | 2 | 14. 01 – 02. | 5 | 140. 10 – 25. | 0 |
| 4 | 01. 86 – 80. | 3 | 18. 68 – 03. | 3 | 186. 80 – 33. | 4 |
| 5 | 02. 33 – 50. | 4 | 23. 35 – 04. | 2 | 233. 50 – 41. | 7 |
| 6 | 02. 80 – 20. | 5 | 28. 02 – 05. | 0 | 280. 20 – 50. | 1 |
| 7 | 03. 26 – 90. | 6 | 32. 69 – 05. | 8 | 326. 90 – 58. | 4 |
| 8 | 03. 73 – 60. | 5 | 37. 36 – 06. | 7 | 373. 60 – 66. | 8 |
| 9 | 04. 20 – 30. | 7 | 42. 03 – 07. | 5 | 420. 30 – 75. | 1 |

| MESURE OU RASE. 1/8ᵉ | | | O | | | BOISSEAU. 1/32ᵉ | | |
|---|---|---|---|---|---|---|---|---|
| h. | a. | c. | h. | a. | c. | h. | a. | c. |
| 1 | 00. 05 – 83. | 8 | 00. 58 – 37. | 6 | 00. 01 – 80. | 2 |
| 2 | 00. 11 – 67. | 5 | 01. 16 – 75. | 2 | 00. 03 – 60. | 3 |
| 3 | 00. 17 – 51. | 3 | 01. 75 – 12. | 8 | 00. 05 – 40. | 5 |
| 4 | 00. 23 – 35. | 0 | 02. 33 – 50. | 4 | 00. 07 – 20. | 7 |
| 5 | 00. 29 – 18. | 8 | 02. 91 – 88. | 0 | 00. 09 – 00. | 9 |
| 6 | 00. 35 – 02. | 6 | 03. 50 – 25. | 6 | 00. 10 – 81. | 0 |
| 7 | 00. 40 – 86. | 3 | 04. 08 – 63. | 2 | 00. 12 – 61. | 2 |
| 8 | 00. 46 – 70. | 1 | 04. 67 – 00. | 8 | 00. 14 – 41. | 4 |
| 9 | 00. 52 – 53. | 8 | 05. 25 – 38. | 5 | 00. 16 – 21. | 6 |

### FRACTIONS DE BOISSEAU.

| | h. a. c. |
|---|---|
| 1/4 | 00. 00 – 36. 5 |
| 1/2 ou penne | 00. 00 – 73. 0 |
| 3/4 | 00. 01 – 09. 5 |

# SÉTERÉE

contenant 400 perches de 17 pans.

( canne d'Albi. )

| SÉTÉRÉES. | | | O | | | OO | | |
|---|---|---|---|---|---|---|---|---|
| h. | a. | c. | h. | a. | c. | h. | a. | c. |
| 1 | 00. 57 | 65. 5 | 05. 76 | 55. 3 | 57. 65 | 53. 5 |
| 2 | 01. 15 | 31. 1 | 11. 53 | 1o. 7 | 115. 31 | 07. o |
| 3 | 01. 72 | 96. 6 | 17. 29 | 66. 1 | 172. 96 | 6o. 5 |
| 4 | 02. 3o | 62. 1 | 23. o6 | 21. 4 | 23o. 62 | 14. o |
| 5 | 02. 88 | 27. 7 | 28. 82 | 76. 8 | 288. 27 | 67. 6 |
| 6 | o3. 45 | 93. 2 | 34. 59 | 32. 1 | 3'5. 93 | 21. 1 |
| 7 | o4. o3 | 58. 7 | 4o. 35 | 87. 5 | 4o3. 58 | 74. 6 |
| 8 | o4. 61 | 2'. 3 | 46. 12 | 42. 8 | 461. 24 | 2'. 1 |
| 9 | o5. 18 | 89. 8 | 51. 88 | 98. 2 | 518. 89 | 81. 6 |

| MESURE OU RASE. 1/8ᵉ | | | O | | | BOISSEAU. 1/32ᵉ | | |
|---|---|---|---|---|---|---|---|---|
| h. | a. | c. | h. | a. | c. | h. | a. | c. |
| 1 | 00. 07 | 2o. 7 | 00. 72 | o6. 9 | 00. 01 | 8o. 2 |
| 2 | 00. 14 | 41. 4 | 01. 44 | 13. 8 | 00. o3 | 6o. 3 |
| 3 | 00. 21 | 61. 1 | 02. 16 | 1o. 8 | 00. 05 | 4o. 5 |
| 4 | 00. 28 | 81. 8 | 02. 88 | 17. 7 | 00. 07 | 2o. 7 |
| 5 | 00. 36 | o2. 5 | o3. 6o | 2'. 6 | 00. o9 | oo. 9 |
| 6 | 00. 43 | 23. 1 | 04. 32 | 31. 5 | 00. 1o | 81. o |
| 7 | 00. 5o | 43. 8 | 05. o4 | 38. 4 | 00. 12 | 61. 2 |
| 8 | 00. 57 | 64. 5 | 05. 76 | 45. 3 | 00. 14 | 41. 4 |
| 9 | 00. 64 | 85. 2 | o6. 48 | 52. 3 | 00. 16 | 2'. 6 |

## FRACTIONS DE BOISSEAU.

| | h. | a. | c. |
|---|---|---|---|
| 1/4 | 00. | 00 | 45. o |
| 1/2 ou penne | 00. | 00 | 9o. 1 |
| 3/4 | 00. | 01 | 35. 1 |

# SÉTÉRÉE
### contenant 576 perches de 17 pans
#### ( Canne d'Albi.)

| SÉTÉRÉES. | | | O | | | OO | | |
|---|---|---|---|---|---|---|---|---|
| h. | a. | c. | h. | a. | c. | h. | a. | c. |
| 1 | 00. 83 | 02. 4 | 08. 30 | 23. 7 | | 83. 02 | 37. 1 | |
| 2 | 01. 66 | 04. 7 | 16. 60 | 47. 4 | | 166. 04 | 74. 1 | |
| 3 | 02. 49 | 07. 1 | 24. 90 | 71. 1 | | 249. 07 | 11. 2 | |
| 4 | 03. 32 | 09. 5 | 33. 20 | 94. 8 | | 332. 09 | 48. 2 | |
| 5 | 04. 15 | 11. 8 | 41. 51 | 18. 5 | | 415. 11 | 85. 3 | |
| 6 | 04. 98 | 14. 2 | 49. 81 | 42. 2 | | 498. 14 | 22. 3 | |
| 7 | 05. 81 | 16. 6 | 58. 11 | 65. 9 | | 581. 16 | 59. 4 | |
| 8 | 06. 64 | 19. 0 | 66. 41 | 89. 6 | | 664. 18 | 96. 5 | |
| 9 | 07. 47 | 21. 3 | 74. 72 | 13. 3 | | 747. 21 | 33. 5 | |

| MESURE OU RASE. $1/8^c$ | | | O | | | BOISSEAU. $1/48^c$ | | |
|---|---|---|---|---|---|---|---|---|
| h. | a. | c. | h. | a. | c. | h. | a. | c. |
| 1 | 00. 10 | 37. 8 | 01. 03 | 78. 0 | | 00. 01 | 73. 0 | |
| 2 | 00. 20 | 75. 6 | 02. 07 | 55. 9 | | 00. 03 | 45. 9 | |
| 3 | 00. 31 | 13. 4 | 03. 11 | 33. 8 | | 00. 05 | 18. 9 | |
| 4 | 00. 41 | 51. 2 | 04. 15 | 11. 9 | | 00. 06 | 91. 9 | |
| 5 | 00. 51 | 89. 0 | 05. 18 | 89. 8 | | 00. 08 | 64. 8 | |
| 6 | 00. 62 | 26. 8 | 06. 22 | 67. 8 | | 00. 10 | 37. 8 | |
| 7 | 00. 72 | 64. 6 | 07. 26 | 45. 7 | | 00. 12 | 10. 8 | |
| 8 | 00. 83 | 02. 4 | 08. 30 | 23. 7 | | 00. 13 | 83. 7 | |
| 9 | 00. 93 | 40. 2 | 09. 34 | 01. 7 | | 00. 15 | 56. 7 | |

### FRACTIONS DE BOISSEAU.

| | h. | a. | c. |
|---|---|---|---|
| 1/4 | 00. | 00 | 43. 24 |
| 1/2 ou penne | 00. | 00 | 86. 48 |
| 3/4 | 00. | 01 | 29. 72 |

# SÉTERÉE

### contenant 400 perches de 17 pans 1/2.
#### ( canne d'Albi. )

| SÉTERÉES. | | | O | | | OO | | |
|---|---|---|---|---|---|---|---|---|
| h. | a. | c. | h. | a. | c. | h. | a. | c. |
| 1 | 00. 61 – 09. 7 | | 06. 10 – 96. 7 | | | 61. 09 – 67. 2 | | |
| 2 | 01. 22 – 19. 3 | | 12. 21 – 93. 4 | | | 122. 19 – 34. 3 | | |
| 3 | 01. 83 – 29. 0 | | 18. 32 – 90. 1 | | | 183. 29 – 01. 5 | | |
| 4 | 02. 44 – 38. 7 | | 24. 43 – 86. 9 | | | 244. 38 – 68. 7 | | |
| 5 | 03. 05 – 48. 4 | | 30. 54 – 83. 6 | | | 305. 48 – 35. 9 | | |
| 6 | 03. 66 – 58. 0 | | 36. 65 – 80. 3 | | | 366. 58 – 03. 0 | | |
| 7 | 04. 27 – 67. 7 | | 42. 76 – 77. 0 | | | 427. 67 – 70. 2 | | |
| 8 | 04. 88 – 77. 4 | | 48. 87 – 73. 7 | | | 488. 77 – 37. 4 | | |
| 9 | 05. 49 – 87. 0 | | 54. 98 – 70. 5 | | | 549. 87 – 04. 6 | | |

| MESURE OU RASE. 1/8ᵉ | | | O | | | BOISSEAU. 1/32ᵉ | | |
|---|---|---|---|---|---|---|---|---|
| h. | a. | c. | h. | a. | c. | c. | h. | .a |
| 1 | 00. 07 – 63. 7 | | 00. 76 – 37. 1 | | | 00. 01 – 90. 9 | | |
| 2 | 00. 15 – 27. 4 | | 01. 52 – 27. 4 | | | 00. 03 – 81. 8 | | |
| 3 | 00. 22 – 91. 1 | | 02. 29 – 11. 3 | | | 00. 05 – 72. 8 | | |
| 4 | 00. 30 – 54. 8 | | 03. 05 – 48. 4 | | | 00. 07 – 63. 7 | | |
| 5 | 00. 38 – 18. 5 | | 03. 81 – 85. 4 | | | 00. 09 – 54. 6 | | |
| 6 | 00. 45 – 82. 2 | | 04. 58 – 22. 5 | | | 00. 11 – 45. 6 | | |
| 7 | 00. 53 – 46. 0 | | 05. 34 – 59. 6 | | | 00. 13 – 36. 5 | | |
| 8 | 00. 61 – 09. 7 | | 06. 10 – 96. 7 | | | 00. 45 – 27. 4 | | |
| 9 | 00. 68 – 73. 4 | | 06. 87 – 33. 8 | | | 00. 17 – 18. 3 | | |

## FRACTIONS DE BOISSEAU.

| | h. | a. | c. |
|---|---|---|---|
| 1/4 | 00. | 00 – 47. | 7 |
| 1/2 ou penne | 00. | 00 – 95. | 5 |
| 3/4 | 00. | 01 – 43. | 2 |

# SÉTERÉE

contenant 320 perches de 18 pans.

( canne d'Albi. )

| SÉTERÉES. | | | O | | | OO | | |
|---|---|---|---|---|---|---|---|---|
| h. | a. | c. | h. | a. | c. | h. | a. | c. |
| 1 | 00. 51 – 71. | 0 | 05. 17 – 1o. | 3 | 51. 71 – 02. | 7 |
| 2 | 01. 03 – 42. | 0 | 1o. 34 – 2o. | 5 | 1o3. 42 – 05. | 3 |
| 3 | 01. 55 – 13. | 1 | 15. 51 – 3o. | 8 | 155. 13 – 08. | 0 |
| 4 | 02. o6 – 84. | 1 | 2o. 68 – 41. | 1 | 2o6. 84 – 1o. | 7 |
| 5 | 02. 58 – 55. | 1 | 25. 85 – 51. | 3 | 258. 55 – 13. | 3 |
| 6 | 03. 1o – 26. | 2 | 31. 02 – 61. | 6 | 31o. 26 – 16. | 0 |
| 7 | 03. 61 – 97. | 2 | 36. 19 – 71. | 9 | 361. 97 – 18. | 7 |
| 8 | 04. 36 – 82. | 2 | 41. 36 – 82. | 1 | 413. 68 – 21. | 3 |
| 9 | 04. 65 – 39. | 2 | 46. 53 – 92. | 4 | 465. 39 – 24. | 0 |

| MESURE OU RASE 1/8ᶜ. | | | O | | | BOISSEAU.1/32ᶜ | | |
|---|---|---|---|---|---|---|---|---|
| h. | a. | c. | h. | a. | c. | h. | a. | c. |
| 1 | 00. o6 – 46. | 4 | 00. 64 – 63. | 8 | 00. 01 – 61. | 6 |
| 2 | 00. 12 – 96. | 8 | 01. 29 – 67. | 6 | 00. 03 – 23. | 2 |
| 3 | 00. 19 – 43. | 1 | 01. 94 – 31. | 3 | 00. 04 – 84. | 8 |
| 4 | 00. 25 – 89. | 5 | 02. 58 – 95. | 1 | 00. o6 – 46. | 4 |
| 5 | 00. 32 – 35. | 9 | 03. 23 – 58. | 9 | 00. 08 – 08. | 0 |
| 6 | 00. 38 – 82. | 3 | 03. 88 – 22. | 7 | 00. 09 – 69. | 6 |
| 7 | 00. 45 – 28. | 6 | o4. 52 – 86. | 5 | 00. 11 – 31. | 2 |
| 8 | 00. 5o – 75. | 0 | 05. 07 – 5o. | 3 | 00. 12 – 92. | 8 |
| 9 | 00. 58 – 21. | 4 | 05. 82 – 14. | 0 | 00. 14 – 54. | 3 |

### FRACTIONS DE BOISSEAU.

| | h. | a. | c. |
|---|---|---|---|
| 1/4 | 00. | 00 – 4o. | 4 |
| 1/2 ou penne | 00. | 00 – 8o. | 8 |
| 3/4 | 00. | 01 – 21. | 2 |

## SÉTERÉE

### contenant 324 perches de 18 pans
( canne d'Alhi. )

| SÉTERÉES. | | | O | | | OO | | |
|---|---|---|---|---|---|---|---|---|
| h. | a. | c. | h. | a. | c. | h. | a. | c. |
| 1 | 00. 52 | – 35. 7 | 05. 23 | – 56. 6 | 52. 35 | – 66. 4 |
| 2 | 01. 04 | – 71. 3 | 1o. 47 | – 13. 3 | 1o4. 71 | – 32. 9 |
| 3 | 01. 57 | – o7. 0 | 15. 7o | – 69. 9 | 157. o6 | – 99. 3 |
| 4 | 02. 09 | – 42. 7 | 2o. 94 | – 26. 6 | 2o9. 42 | – 65. 8 |
| 5 | 02. 61 | – 78. 3 | 26. 17 | – 83. 2 | 261. 78 | – 32. 2 |
| 6 | 03. 41 | – 39. 9 | 31. 41 | – 39. 9 | 314. 13 | – 98. 7 |
| 7 | 03. 66 | – 49. 7 | 36. 64 | – 96. 5 | 366. 49 | – 65. 1 |
| 8 | 04. 18 | – 85. 3 | 41. 88 | – 53. 2 | 418. 85 | – 31. 6 |
| 9 | 04. 71 | – 21. o | 47. 12 | – o9. 8 | 471. 2o | – 98. o |

| MÉSURE OU RASE. 1⁄8ᵉ | | | O | | | BOISSEAU. 1⁄32ᵒ | | |
|---|---|---|---|---|---|---|---|---|
| h. | a. | c. | h, | a. | c, | c. | a. | h. |
| 1 | 00. o6 | – 54. 5 | 00. 65 | – 44. 6 | 00. o1 | – 63. 6 |
| 2 | 00. 13 | – o8. 9 | o1. 3o | – 89. 2 | 00. o3 | – 27. 2 |
| 3 | 00. 19 | – 63. 4 | o1. 96 | – 33. 7 | 00. o4 | – 9o. 8 |
| 4 | 00. 26 | – 17. 8 | o2. 61 | – 78. 3 | 00. o6 | – 54. 5 |
| 5 | 00. 32 | – 72. 3 | o3. 27 | – 22. 9 | 00. o8 | – 18. 1 |
| 6 | 00. 39 | – 26. 7 | o2. 92 | – 67. 5 | 00. o9 | – 81. 7 |
| 7 | 00. 45 | – 81. 2 | o4. 58 | – 12. 1 | 00. 11 | – 45. 3 |
| 8 | 00. 52 | – 35. 7 | o5. 23 | – 56. 6 | 00. 13 | – o8. 9 |
| 9 | 00. 58 | – 9o. 1 | o5. 89 | – o1. 2 | 00. 14 | – 72. 5 |

### FRACTIONS DE BOISSEAU.

| | h. | a. | c. |
|---|---|---|---|
| 1⁄4 | 00. | oo | – 4o. 9 |
| 1⁄2 ou penne | 00. | oo | – 81. 8 |
| 3⁄4 | 00. | o1 | – 22. 7 |

# SETERÉE

### contenant 576 perches de 18 pans.

(canne d'Albi )

| | SÉTERÉE | | | O | | | OO | | |
|---|---|---|---|---|---|---|---|---|---|
| | h. | a. | c. | h. | a. | c. | h. | a. | c. |
| 1 | oo. | 93 – | o7. 8 | o9. | 3o – | 78. 5 | 93. | o7 – | 84. 8 |
| 2 | o1. | 86 – | 15. 7 | 18. | 61 – | 57. ó | 186. | 15 – | 69. 6 |
| 3 | o2. | 79 – | 23. 5 | 27. | 92 – | 35. 4 | 279. | 23 – | 54. 4 |
| 4 | o3. | 72 – | 31. 4 | 37. | 23 – | 13. o | 372. | 31 – | 39. 2 |
| 5 | o4. | 65 – | 39. 2 | 46. | 53 – | 92. 4 | 465. | 39 – | 24. o |
| 6 | o5. | 58 – | 47. 1 | 55. | 84 – | 7o. 9 | 558. | 47 – | o8. 8 |
| 7 | o6. | 51 – | 54. 9 | 65. | 15 – | 49. 4 | 651. | 54 – | 93. 6 |
| 8 | o7. | 44 – | 62. 8 | 74. | 46 – | 27. 9 | 744. | 62 – | 78. 4 |
| 9 | o8. | 37 – | 7o. C | 83. | 77 – | o6. 3 | 837. | 7o – | 63. 2 |

| | MESURE ou RASE. 1⁄8ᵉ | | | O | | | BOISSEAU. 1⁄32ᵉ | | |
|---|---|---|---|---|---|---|---|---|---|
| | h. | a. | c. | h. | a. | c. | h. | a. | c. |
| 1 | oo. | 11 – | 63. 5 | o1. | 16 – | 34. 8 | oo. | o2 – | 9o. 9 |
| 2 | oo. | 23 – | 27. o | o2. | 32 – | 69. 6 | oo. | o5 – | 81. 7 |
| 3 | oo. | 34 – | 9o. 4 | o3. | 49 – | o4. 4 | oo. | o8 – | 72. 6 |
| 4 | oo. | 46 – | 53. 9 | o4. | 65 – | 39. 2 | oo. | 11 – | 63. 5 |
| 5 | oo. | 58 – | 17. 4 | o5. | 81 – | 74. o | oo. | 14 – | 54. 3 |
| 6 | oo. | 69 – | 8o. 9 | o6. | 98 – | o8. 9 | oo. | 17 – | 45. 2 |
| 7 | oo. | 81 – | 44. 4 | o8. | 14 – | 43. 7 | oo. | 2o – | 36. 1 |
| 8 | oo. | 93 – | o7. 8 | o9. | 3o – | 78. 5 | oò. | 23 – | 27. o |
| 9 | o1. | o4 – | 71. 3 | 1o. | 47 – | 13. 3 | oo. | 26 – | 17. 9 |

### FRACTIONS DE BOISSEAU.

| | h. | a. | c. |
|---|---|---|---|
| 1⁄4 | oo. | oo – | 72. 7 |
| 1⁄2 ou penne | oo. | o1 – | 45. 4 |
| 3⁄4 | oo. | o2 – | 18. 1 |

# SÉTERÉE

contenant 650 perches de 18 pans.
( Canne d'Albi. )

| SÉTERÉES. | | | O | | | OO | | |
|---|---|---|---|---|---|---|---|---|
| h. | a. | c. | h. | a. | c. | h. | a. | c. |
| 01. | 05 – | 03. 6 | 10. | 50 – | 36. 5 | 105. | 03 – | 64. 8 |
| 02. | 10 – | 07. 3 | 21. | 00 – | 73. 0 | 210. | 07 – | 29. 6 |
| 03. | 15 – | 10. 9 | 31. | 51 – | 09. 4 | 315. | 10 – | 94. 4 |
| 04. | 20 – | 14. 6 | 42. | 01 – | 45. 9 | 420. | 14 – | 59. 2 |
| 05. | 25 – | 18. 2 | 52. | 51 – | 82. 4 | 525. | 18 – | 23. 9 |
| 06. | 30 – | 21. 9 | 63. | 02 – | 18. 9 | 630. | 21 – | 88. 7 |
| 07. | 35 – | 25. 5 | 73. | 52 – | 55. 3 | 735. | 25 – | 53. 5 |
| 08. | 40 – | 29. 2 | 84. | 02 – | 91. 8 | 840. | 29 – | 18. 3 |
| 09. | 45 – | 32. 8 | 94. | 53 – | 28. 3 | 945. | 32 – | 83. 1 |

| MESURE OU RASE. 1/8ᵉ | | | O | | | BOISSEAU. 1/32ᵉ | | |
|---|---|---|---|---|---|---|---|---|
| h. | a. | a. | h. | a. | c. | h. | a. | c. |
| 00. | 13 – | 12. 9 | 01. | 31 – | 29. 6 | 00. | 03 – | 28. 2 |
| 00. | 26 – | 25. 9 | 02. | 62 – | 59. 1 | 00. | 06 – | 56. 5 |
| 00. | 39 – | 38. 9 | 03. | 93 – | 88. 7 | 00. | 09 – | 84. 7 |
| 00. | 52 – | 51. 8 | 05. | 25 – | 18. 2 | 00. | 13 – | 13. 0 |
| 00. | 65 – | 64. 8 | 06. | 56 – | 47. 8 | 00. | 16 – | 41. 2 |
| 00. | 78 – | 77. 7 | 07. | 87 – | 77. 4 | 00. | 19 – | 69. 4 |
| 00. | 91 – | 90. 7 | 09. | 19 – | 06. 9 | 00. | 22 – | 97. 7 |
| 01. | 05 – | 03. 6 | 10. | 50 – | 36. 5 | 00. | 26 – | 25. 9 |
| 01. | 18 – | 16. 6 | 11. | 81 – | 66. 0 | 00. | 29 – | 54. 1 |

## FR ACITONS DE BOISSEAU.

| | h. | a. | c. |
|---|---|---|---|
| 1/4 | 00. | 00 – | 82. 1 |
| 1/2 ou penne | 00. | 01 – | 64. 1 |
| 3/4 | 00. | 02 – | 46. 2 |

# Nᵒ 130

## SÉTERÉE

contenant 320 perches de 20 pans.

(canne d'Albi.)

| SÉTERÉES. | | | O | | | OO | | |
|---|---|---|---|---|---|---|---|---|
| h. | a. | c. | h. | a. | c. | h. | a. | c. |
| 1 | 00. 63 - 84. | 0 | 06. 38 - 39. | 8 | 63. 83 - 98. | 3 |
| 2 | 01. 27 - 68. | 0 | 12. 76 - 79. | 7 | 127. 67 - 96. | 7 |
| 3 | 01. 91 - 51 | 9 | 19. 15 - 19. | 5 | 191. 51 - 95. | 1 |
| 4 | 02. 55 - 35. | 9 | 25. 53 - 59. | 3 | 255. 35 - 93. | 4 |
| 5 | 03. 19 - 19. | 9 | 31. 91 - 99. | 2 | 319. 19 - 91. | 8 |
| 9 | 03. 83 - 03. | 9 | 38. 30 - 39. | 0 | 383. 03 - 90. | 1 |
| 8 | 04. 46 - 87. | 9 | 44. 68 - 78. | 8 | 446. 87 - 88. | 5 |
| 7 | 05. 10 - 71. | 9 | 51. 07 - 18. | 7 | 510. 71 - 86. | 8 |
| 6 | 05. 74 - 55. | 8 | 57. 45 - 58. | 5 | 574. 55 - 85. | 2 |

| MESURE OU RASE. 1/8ᵉ | | | O | | | BOISSEAU. 1/32ᶜ | | |
|---|---|---|---|---|---|---|---|---|
| h. | a. | c. | h. | a. | c. | c. | a. | h. |
| 1 | 00. 07 - 98. | 0 | 00. 79 - 80. | 0 | 00. 01 - 99. | 5 |
| 2 | 00. 15 - 96. | 0 | 01. 59 - 60. | 0 | 00. 03 - 99. | 0 |
| 3 | 00. 23 - 94. | 0 | 02. 39 - 39. | 9 | 00. 05 - 98. | 5 |
| 4 | 00. 31 - 92. | 0 | 03. 19 - 19. | 9 | 00. 07 - 98. | 0 |
| 5 | 00. 39 - 90. | 0 | 03. 99 - 00. | 0 | 00. 09 - 97. | 5 |
| 6 | 00. 47 - 88. | 0 | 04. 78 - 79. | 9 | 00. 11 - 97. | 0 |
| 7 | 00. 55 - 86. | 0 | 05. 58 - 59. | 9 | 00. 13 - 96. | 5 |
| 8 | 00. 63 - 84. | 0 | 06. 38 - 39. | 8 | 00. 15 - 96. | 0 |
| 9 | 00. 71 - 82. | 0 | 07. 18 - 19. | 8 | 00. 17 - 95. | 5 |

### FRACTIONS DE BOISSEAU.

| | h. | a. | c. |
|---|---|---|---|
| 1/4 | 00. | 00 - 49. | 9 |
| 1/2 ou penne | 00. | 00 - 99. | 7 |
| 3/4 | 00. | 01 - 49. | 6 |

# SETERÉE

contenant 324 perches de 22 pans 1/4.

(canne d'Albi.)

| SÉTERÉES. | | | O | | | OO | | |
|---|---|---|---|---|---|---|---|---|
| h. | a. | c. | h. | a. | c. | h. | a. | c. |
| 1 | 00. 79 – 99. | 9 | 07. 99 – 99. | 4 | 79. 99 – 94. | 2 |
| 2 | 01. 59 – 99. | 9 | 15. 99 – 98. | 8 | 159. 99 – 88. | 4 |
| 3 | 02. 39 – 99. | 8 | 23. 99 – 98. | 2 | 239. 99 – 82. | 5 |
| 4 | 03. 19 – 99. | 8 | 31. 99 – 97. | 7 | 319. 99 – 76. | 7 |
| 5 | .3. 99 – 99. | 7 | 39. 99 – 97. | 1 | 399. 97 – 09. | 1 |
| 6 | 04. 79 – 99. | 6 | 47. 99 – 96. | 5 | 479. 99 – 65. | 1 |
| 7 | 05. 59 – 99. | 6 | 55. 99 – 96. | o | 559. 99 – 59. | 3 |
| 8 | 06. 39 – 99. | 5 | 63. 99 – 95. | 3 | 639. 99 – 53. | 5 |
| 9 | 07. 19 – 99. | 5 | 71. 99 – 94. | 8 | 719. 99 – 47. | 6 |

| MESURE ou RASE. 1/8e | | | O | | | BOISSEAU. 1/32e | | |
|---|---|---|---|---|---|---|---|---|
| h. | a. | c. | h. | a. | c. | h. | a. | c. |
| 1 | 00. 10 – 00. | 0 | 00. 99 – 99. | 9 | 00. 02 – 50. | 0 |
| 2 | 00. 20 – 00. | 0 | 01. 99 – 99. | 9 | 00. 05 – 00. | 0 |
| 3 | 00. 30 – 00. | 0 | 02. 99 – 99. | 8 | 00. 07 – 50. | 0 |
| 4 | 00. 40 – 00. | 0 | 03. 99 – 99. | 7 | 00. 10 – 00. | 0 |
| 5 | 00. 50 – 00. | 0 | 04. 99 – 99. | 6 | 00. 12 – 50. | 0 |
| 6 | 00. 60 – 00. | 0 | 05. 99 – 99. | 6 | 00. 15 – 00. | 0 |
| 7 | 00. 69 – 99. | 9 | 06. 99 – 99. | 5 | 00. 17 – 50. | 0 |
| 8 | 00. 79 – 99. | 9 | 07. 99 – 99. | 4 | 00. 21 – 00. | 0 |
| 9 | 00. 89 – 99. | 9 | 08. 99 – 99. | 3 | 00. 22 – 50. | 0 |

## FRACTIONS DE BOISSEAU.

| | h. | a. | c. |
|---|---|---|---|
| 1/4 | 00. | 00 – 62. | 5 |
| 1/2 ou penne | 00. | 01 – 25. | 0 |
| 3/4 | 00. | 01 – 87. | 5 |

# SÉTERÉE

contenant 484 perches de 16 pans.
( canne de Castres. )

| SÉTERÉES. | | | O | | | OO | | |
|---|---|---|---|---|---|---|---|---|
| h. | a. | c. | h. | a. | c. | h. | a. | c. |
| 1 | 00. 62 — 73. | 7 | 06. 27 — 37. | 0 | 62. 73 — 69. | 6 |
| 2 | 01. 25 — 47. | 4 | 12. 54 — 73. | 9 | 125. 47 — 39. | 2 |
| 3 | 01. 88 — 21. | 1 | 18. 82 — 1o. | 9 | 188. 21 — 08. | 9 |
| 4 | 02. 5o — 94. | 8 | 25. 09 — 47. | 8 | 25o. 94 — 78. | 5 |
| 5 | 03. 13 — 68. | 5 | 31. 36 — 84. | 8 | 313. 68 — 48. | 1 |
| 6 | 03. 76 — 42. | 2 | 37. 64 — 21. | 8 | 376. 42 — 17. | 7 |
| 7 | o4. 39 — 15. | 9 | 43. 91 — 58. | 7 | 439. 15 — 87. | 4 |
| 8 | 05. o1 — 89. | 6 | 5o. 18 — 95. | 7 | 5o1. 89 — 57. | o |
| 9 | o5. 64 — 63. | 3 | 56. 46 — 32. | 7 | 564. 63 — 26. | 6 |

| QUARTERÉE. 1/8 | | | PUGNÈRE. 1/64e | | | BOISSEAU 1/128.e | | |
|---|---|---|---|---|---|---|---|---|
| h. | a. | c. | h. | a. | c. | h. | a. | c. |
| 1 | 00. 07 — 84. | 2 | 00. 00 — 98. | 0 | 00. 00 — 49. | 0 |
| 2 | 00. 15 — 68. | 4 | 00. o1 — 96. | 0 | 00. 00 — 98. | 0 |
| 3 | 00. 23 — 52. | 6 | 00. 02 — 94. | 1 | 00. 01 — 47. | 0 |
| 4 | 00. 31 — 36. | 8 | 00. 03 — 92. | 1 | 00. 01 — 96. | 0 |
| 5 | 00. 39 — 21. | 1 | 00. o4 — 9o. | 1 | 00. 02 — 45. | 1 |
| 6 | 00. 47 — o5. | 3 | 00. 05 — 88. | 2 | 00. 02 — 94. | 1 |
| 7 | 00. 54 — 89. | 5 | 00. 06 — 86. | 2 | 00. 03 — 43. | 1 |
| 8 | 00. 62 — 73. | 7 | 00. 07 — 84. | 2 | 00. 03 — 92. | 1 |
| 9 | 00. 7o — 57. | 9 | 00. 08 — 82. | 2 | 00. o4 — 41. | 1 |

COUP. 1/256e

| | h. | a. | c. |
|---|---|---|---|
| 1 | 00. | 00 — 24. | 5 |
| 2 | 00. | 00 — 49. | o |
| 3 | 00. | 00 — 73. | 5 |

# SÉTERÉE

contenant 9oo perches de 16 pans.

( canne de castres )

| SÉTERÉES. | | | O | | | OO | | |
|---|---|---|---|---|---|---|---|---|
| h. | a. | c. | h. | a. | c. | h. | a. | c. |
| 1 | 01. 16 – 66. | o | 11. 66 – 59. | 6 | 116. 65 – 96. | 4 |
| 2 | o2. 33 – 31. | 9 | 23. 33 – 19. | 3 | 233. 31 – 92. | 8 |
| 3 | o3. 49 – 97. | 9 | 34. 99 – 78. | 9 | 349. 97 – 89. | 2 |
| 4 | o4. 66 – 63. | 9 | 46. 66 – 38. | 6 | 466. 63 – 85. | 6 |
| 5 | o5. 83 – 29. | 8 | 58. 32 – 98. | 2 | 583. 29 – 22. | o |
| 6 | o6. 99 – 95. | 8 | 69. 99 – 57. | 8 | 699. 95 – 78. | 4 |
| 7 | o8. 16 – 61. | 7 | 81. 66 – 17. | 5 | 816. 61 – 74. | 8 |
| 8 | o9. 33 – 27. | 7 | 93. 32 – 77. | 1 | 933. 27 – 71. | 3 |
| 9 | 1o. 49 – 93. | 7 | 1o4. 99 – 36. | 8 | 1o49. 93 – 67. | 7 |

| ARPENT. 1/2 | | | O | | | COUPADE ou PUGNÈRE. 1/16e | | |
|---|---|---|---|---|---|---|---|---|
| h. | a. | c. | h. | a. | c. | h. | a. | c. |
| 1 | oo. 58 – 33. | o | o5. 83 – 29. | 8 | oo. o7 – 29. | 1 |
| 2 | o1. 16 – 66. | o | 11. 66 – 59. | 6 | oo. 14 – 58. | 2 |
| 3 | o1. 74 – 98. | 9 | 17. 49 – 89. | 5 | oo. 21 – 87. | 3 |
| 4 | o2. 33 – 31. | 9 | 23. 33 – 19. | 3 | oo. 29 – 16. | 5 |
| 5 | o2. 91 – 64. | 9 | 29. 16 – 49. | 1 | oo. 36 – 45. | 6 |
| 6 | o3. 49 – 97. | 9 | 34. 99 – 78. | 9 | oo. 43 – 74. | 7 |
| 7 | o4. o8 – 3o. | 9 | 4o. 83 – o8. | 7 | oo. 51 – o3. | 9 |
| 8 | o4. 66 – 63. | 9 | 46. 66 – 38. | 6 | oo. 58 – 33. | o |
| 9 | o5. 24 – 96. | 8 | 52. 49 – 68. | 4 | oo. 65 – 62. | 1 |

| BOISSEAU. 1/32e | | | BOISSEAU. 1/64e | | | COUP. 1/128e | | |
|---|---|---|---|---|---|---|---|---|
| h. | a. | c. | h. | a. | c. | h. | o. | c. |
| 1 | oo. o3 – 64. | 6 | oo. o1 – 82. | 3 | oo. oo – 91. | 1 |
| 2 | oo. o7 – 29. | 1 | oo. o3 – 64. | 6 | oo. o1 – 28. | 1 |
| 3 | oo. 1o – 93. | 7 | oo. o5 – 46. | 8 | oo. o2 – 73. | 4 |

## SÉTERÉE

### contenant 324 perches de 18 pans.
( canne de Castres. )

| | SÉTERÉES. | | | O | | | OO | | |
|---|---|---|---|---|---|---|---|---|---|
| | h. | a. | c. | h. | a. | c. | h. | a. | c. |
| 1 | 00. | 53 – 15. | 3 | 05. | 31 – 53. | 0 | 53. | 15 – 3o. | 5 |
| 2 | 01. | 06 – 3o. | 6 | 1o. | 63 – 06. | 1 | 1o6. | 3o – 61. | 0 |
| 3 | 01. | 59 – 45. | 9 | 15. | 94 – 59. | 1 | 159. | 45 – 91. | 5 |
| 4 | 02. | 12 – 61. | 2 | 21. | 26 – 12. | 2 | 212. | 61 – 21. | 8 |
| 5 | 02. | 65 – 76. | 5 | 26. | 57 – 65. | 2 | 265. | 76 – 52. | 4 |
| 6 | 03. | 18 – 91. | 8 | 31. | 89 – 18. | 3 | 318. | 91 – 82. | 9 |
| 7 | 03. | 72 – 07. | 1 | 37. | 2o – 71. | 3 | 372. | 07 – 13. | 4 |
| 8 | 04. | 25 – 22. | 4 | 42. | 52 – 24. | 4 | 425. | 22 – 43. | 9 |
| 9 | 04. | 78 – 37. | 7 | 47. | 83 – 77. | 4 | 478. | 37 – 74. | 4 |

| | MESURE OU RASE. 1/8ᶜ | | | MESURE. 1/12 | | | BOISSEAU. 1/32ᵉ | | |
|---|---|---|---|---|---|---|---|---|---|
| | h. | a. | c. | h. | a. | c. | h. | a. | c. |
| 1 | 00. | 06 – 64. | 4 | 00. | 04 – 42. | 9 | 00. | 01 – 66. | 1 |
| 2 | 00. | 13 – 28. | 8 | 00. | 08 – 85. | 9 | 00. | 03 – 32. | 2 |
| 3 | 00. | 19 – 93. | 2 | 00. | 13 – 28. | 8 | 00. | 04 – 98. | 3 |
| 4 | 00. | 26 – 57. | 6 | 00. | 17 – 71. | 8 | 00. | 06 – 64. | 4 |
| 5 | 00. | 33 – 22. | 1 | 00. | 22 – 14. | 7 | 00. | 08 – 3o. | 5 |
| 6 | 00. | 39 – 86. | 5 | 00. | 26 – 57. | 6 | 00. | 09 – 96. | 6 |
| 7 | 00. | 46 – 5o. | 9 | 00. | 31 – 00. | 6 | 00. | 11 – 62. | 7 |
| 8 | 00. | 53 – 15. | 3 | 00. | 35 – 43. | 5 | 00. | 13 – 28. | 8 |
| 9 | 00. | 59 – 79. | 7 | 00. | 39 – 86. | 5 | 00. | 14 – 94. | 9 |

| | BOISSEAU. 1/48ᶜ | | | QUART DU BOISSEAU de 1/32e | | | QUART DU BOISSEAU de 1/48e | | |
|---|---|---|---|---|---|---|---|---|---|
| | h. | a. | c. | h. | a. | c. | h. | a. | c. |
| 1 | 00. | 01 – 1o. | 7 | 00. | 00 – 41. | 5 | 00. | 00 – 27. | 7 |
| 2 | 00. | 02 – 21. | 5 | 00. | 00 – 83. | 0 | 00. | 00 – 55. | 4 |
| 3 | 00. | 03 – 32. | 2 | 00. | 01 – 24. | 6 | 00. | 00 – 83. | 1 |

# SÉTERÉE

contenant 416 perches de 18 pans.

( canne de Castres. )

| | SÉTERÉES. | | | O | | | OO | | |
|---|---|---|---|---|---|---|---|---|---|
| | h. | a. | c. | h. | a. | c. | h. | a. | c. |
| 1 | 00. | 68 – 24. | 2 | 06. | 82 – 41. | 6 | 68. | 24 – 15. | 9 |
| 2 | 01. | 36 – 48. | 3 | 13. | 64 – 83. | 2 | 136. | 48 – 31. | 8 |
| 3 | 02. | 04 – 72. | 5 | 20. | 47 – 24. | 8 | 204. | 72 – 47. | 7 |
| 4 | 02. | 72 – 96. | 6 | 27. | 29 – 66. | 4 | 272. | 96 – 63. | 6 |
| 5 | 03. | 41 – 2o. | 8 | 34. | 12 – 07. | 9 | 341. | 2o – 79. | 4 |
| 6 | 04. | 09 – 45. | o | 40. | 94 – 49. | 3 | 409. | 44 – 95. | 3 |
| 7 | 04. | 77 – 69. | 1 | 47. | 76 – 91. | 1 | 477. | 69 – 11. | 2 |
| 8 | 05. | 45 – 93. | 3 | 54. | 59 – 32. | 7 | 545. | 93 – 27. | 1 |
| 9 | 06. | 14 – 17. | 4 | 61. | 41 – 74. | 3 | 614. | 17 – 43. | o |

| | MESURE OU RASE. 1/18e | | | O | | | BOISSEAU. 1/148e | | |
|---|---|---|---|---|---|---|---|---|---|
| | h. | a. | c. | h. | a. | c. | h. | a. | c. |
| 1 | 00. | 08 – 53. | o | 00. | 85 – 3o. | 2 | 00. | 02 – 13. | 3 |
| 2 | 00. | 17 – 06. | o | 01. | 7o – 6o. | 4 | 00. | 04 – 26. | 5 |
| 3 | 00. | 25 – 59. | 1 | 02. | 55 – 9o. | 6 | 00. | 06 – 39. | 8 |
| 4 | 00. | 34 – 12. | 1 | 03. | 41 – 2o. | 8 | 00. | 08 – 53. | o |
| 5 | 00. | 42 – 65. | 1 | 04. | 26 – 51. | o | 00. | 10 – 66. | 3 |
| 6 | 00. | 51 – 18. | 1 | 05. | 11 – 81. | 2 | 00. | 12 – 79. | 5 |
| 7 | 00. | 59 – 71. | 1 | 05. | 97 – 11. | 4 | 00. | 14 – 92. | 8 |
| 8 | 00. | 68 – 24. | 2 | t6. | 82 – 41. | 6 | 00. | 17 – 06. | o |
| 9 | 00. | 76 – 77. | 2 | o7. | 67 – 71. | 8 | 00. | 19 – 19. | 3 |

## FRACTIONS DE BOISSEAU.

| | h. | a. | c. |
|---|---|---|---|
| 1/4 | 00. | 00 – 53. | 3 |
| 1/2 ou penne | 00. | 01 – 06. | 6 |
| 3/4 | 00. | 01 – 59. | 9 |

## SÉTERÉE

contenant 320 perches de 20 pans.

( canne de castres. )

| | SÉTERÉES. | | | O | | | OO | | |
|---|---|---|---|---|---|---|---|---|---|
| | h. | a. | c. | h. | a. | c. | h. | a. | c. |
| 1 | 00. | 64 – 81. | 1 | 06. | 48 – 1o. | 9 | 64. | 81 – o9. | 1 |
| 2 | o1. | 29 – 62. | 2 | 12. | 96 – 21. | 8 | 129. | 62 – 18. | 2 |
| 3 | o1. | 94 – 43. | 3 | 19. | 44 – 32. | 7 | 194. | 43 – 27. | 3 |
| 4 | o2. | 59 – 24. | 4 | 25. | 92 – 43. | 6 | 259. | 24 – 36. | 5 |
| 5 | o3. | 24 – o5. | 5 | 32. | 45 – 54. | 6 | 324. | o5 – 45. | 6 |
| 6 | o3. | 98 – 86. | 5 | 39. | 88 – 65. | 5 | 398. | 86 – 54. | 7 |
| 7 | o4. | 53 – 67. | 6 | 45. | 36 – 76. | 4 | 453. | 67 – 63. | 8 |
| 8 | o5. | 18 – 48. | 7 | 51. | 84 – 87. | 3 | 518. | 48 – 72. | 9 |
| 9 | o5. | 83 – 29. | 8 | 58. | 32 – 98. | 2 | 583. | 29 – 82. | o |

| | MESURE OU RASE. 1⁄8ᵉ | | | O | | | BOISSEAU. 1⁄32ᵉ | | |
|---|---|---|---|---|---|---|---|---|---|
| | h. | a. | c. | h. | a. | c. | c. | h. | a. |
| 1 | oo. | o8 – 1o. | 1 | oo. | 81 – o1. | 4 | oo. | o2 – o2. | 5 |
| 2 | oo. | 16 – 2o. | 3 | o1. | 62 – o2. | 7 | oo. | o4 – o5. | 1 |
| 3 | oo. | 24 – 3o. | 4 | o2. | 43 – o4. | 1 | oo. | o6 – o7. | 6 |
| 4 | oo. | 32 – 4o. | 5 | o3. | 24 – o5. | 5 | oo. | o8 – 1o. | 1 |
| 5 | oo. | 4o – 5o. | 7 | o4. | o5 – o6. | 8 | oo. | 1o – 13. | 6 |
| 6 | oo. | 48 – 6o. | 8 | o4. | 86 – o8. | 2 | oo. | 12 – 15. | 2 |
| 7 | oo. | 56 – 71. | o | o5. | 67 – o9. | 5 | oo. | 14 – 17. | 7 |
| 8 | oo. | 64 – 81. | 1 | o6. | 48 – 1o. | 9 | oo. | 16 – 2o. | 3 |
| 9 | oo. | 72 – 91. | 2 | o7. | 29 – 12. | 3 | oo. | 18 – 22. | 8 |

### FRACTIONS DE BOISSEAU.

| | | h. | a. | c. |
|---|---|---|---|---|
| 1⁄4 | | oo. | oo – 5o. | 6 |
| 1⁄2 ou penne | | oo. | o1 – o1. | 3 |
| 3⁄4 | | oo. | o1 – 51. | 9 |

# SÉTERÉE

contenant 324 perches de 20 pans.

( canne de castres. )

| SÉTERÉES. | | | O | | | OO | | |
|---|---|---|---|---|---|---|---|---|
| h. | a. | c. | h. | a. | c. | h. | a. | c. |
| 1 | 00. 65 – 62. | 1 | 06. 56 – 21. | 0 | 65. 62 – 1o. | 5 |
| 2 | 01. 31 – 24. | 2 | 13. 12 – 42. | 1 | 131. 24 – 21. | 0 |
| 3 | 01. 96 – 86. | 3 | 19. 68 – 63. | 1 | 196. 86 – 31. | 4 |
| 4 | 02. 62 – 48. | 4 | 26. 24 – 84. | 2 | 262. 48 – 41. | 9 |
| 5 | 03. 28 – 1o. | 5 | 32. 81 – 05. | 2 | 328. 1o – 52. | 4 |
| 6 | 03. 93 – 72. | 6 | 39. 37 – 26. | 3 | 393. 72 – 62. | 9 |
| 7 | 04. 59 – 34. | 7 | 45. 93 – 47. | 3 | 459. 34 – 73. | 4 |
| 8 | 05. 24 – 96. | 8 | 52. 49 – 68. | 4 | 524. 96 – 83. | 8 |
| 9 | 05. 9o – 58. | 9 | 59. 05 – 89. | 4 | 59o. 58 – 94. | 3 |

| MESURE OU RASE. 1/8ᶜ | | | O | | | BOISSEAU. 1/32ᶜ | | |
|---|---|---|---|---|---|---|---|---|
| h. | a. | c. | h. | a. | c. | h. | a. | c. |
| 1 | 00. 08 – 2o. | 3 | 00. 82 – 02. | 6 | 00. 02 – 05. | 1 |
| 2 | 00. 16 – 4o. | 5 | 01. 64 – 05. | 3 | 00. 04 – 1o. | 1 |
| 3 | 00. 24 – 6o. | 8 | 02. 46 – 07. | 9 | 00. o6 – 15. | 3 |
| 4 | 00. 32 – 81. | 1 | 03. 28 – 1o. | 5 | 00. 08 – 2o. | 3 |
| 5 | 00. 41 – 01. | 3 | 04. 1o – 13. | 2 | 00. 1o – 25. | 3 |
| 6 | 00. 49 – 21. | 6 | 04. 92 – 15. | 8 | 00. 12 – 3o. | 4 |
| 7 | 00. 57 – 41. | 8 | 05. 74 – 18. | 4 | 00. 14 – 35. | 5 |
| 8 | 00. 65 – 62. | 1 | 06. 56 – 21. | 0 | 00. 16 – 4o. | 5 |
| 9 | 00. 73 – 82. | 4 | 07. 38 – 23. | 7 | 00. 18 – 45. | 6 |

## FRACTIONS DE BOISSEAU.

| | h. | a. | c. |
|---|---|---|---|
| 1/4 | 00. | 00 – 51. | 3 |
| 1/2 ou penne | 00. | 01 – 02. | 5 |
| 3/4 | 00. | 01 – 53. | 8 |

# SÉTERÉE

### contenant 400 perches de 20 pans,
#### ( canne de castres. )

| SÉTERÉES. | | | O | | | OO | | |
|---|---|---|---|---|---|---|---|---|
| h. | a. | c. | h. | a. | c. | h. | a. | c. |
| 1 | 00. | 81 — 01. 4 | 08. | 10 — 13. 6 | 81. | 01 — 36. 4 |
| 2 | 01. | 62 — 02. 7 | 16. | 20 — 27. 3 | 162. | 02 — 72. 8 |
| 3 | 02. | 43 — 04. 1 | 24. | 30 — 40. 9 | 243. | 04 — 09. 2 |
| 4 | 03. | 24 — 05. 5 | 32. | 40 — 54. 6 | 324. | 05 — 45. 6 |
| 5 | 04. | 05 — 06. 8 | 40. | 50 — 68. 2 | 405. | 06 — 82. 0 |
| 6 | 04— | 86 — 08. 2 | 48. | 60 — 81. 8 | 486. | 08 — 18. 4 |
| 7 | 05. | 67 — 09. 5 | 56. | 70 — 95. 5 | 567. | 09 — 54. 8 |
| 8 | 06. | 48 — 10. 9 | 64. | 81 — 09. 1 | 648. | 10 — 91. 1 |
| 9 | 07. | 29 — 12. 3 | 72. | 91 — 22. 8 | 729. | 12 — 27. 5 |

| MESURE ou rase. 1/8° | | | O | | | BOISSEAU. 1/32° | | |
|---|---|---|---|---|---|---|---|---|
| h. | a. | c. | h. | a. | c. | h. | a. | c. |
| 1 | 00. | 10 — 12. 7 | 01. | 01 — 26. 7 | 00. | 02 — 53. 2 |
| 2 | 00. | 20 — 25. 3 | 02. | 02 — 53. 4 | 00. | 05 — 06. 3 |
| 3 | 00. | 30 — 38. 0 | 03. | 03 — 80. 1 | 00. | 07 — 59. 5 |
| 4 | 00. | 40 — 50. 7 | 04. | 05 — 06. 8 | 00. | 10 — 12. 7 |
| 5 | 00. | 50 — 63. 4 | 05. | 06 — 33. 5 | 00. | 12 — 65. 8 |
| 6 | 00. | 60 — 76. 0 | 06. | 07 — 60. 2 | 00. | 15 — 19. 9 |
| 7 | 06. | 70 — 68. 7 | 07. | 08 — 86. 9 | 00. | 17 — 72. 2 |
| 8 | 00. | 81 — 01. 4 | 08. | 10 — 13. 6 | 00. | 20 — 25. 3 |
| 9 | 00. | 91 — 14. 0 | 09. | 11 — 40. 3 | 00. | 22 — 78. 5 |

### FRACTIONS DE BOISSEAU.

| | h. | a. | c. |
|---|---|---|---|
| 1/4 | 00. | 00 — 63. 3 |
| 1/2 ou penne | 00. | 01 — 26. 6 |
| 3/4 | 00. | 01 — 89. 9 |

# SÉTERÉE
de 1024 cannes ou 256 perches de 16 pans.
( canne de castres. )

| SÉTERÉES. | | | O | | | OO | | |
|---|---|---|---|---|---|---|---|---|
| h. | a. | c. | h. | a. | c. | h. | a. | c. |
| 1 | 00. 33 – 18. | 3 | 03. 31 – 83. | 2 | 33. 18 – 31. | 9 |
| 2 | 00. 66 – 36. | 6 | 06. 63 – 66. | 4 | 66. 36 – 63. | 7 |
| 3 | 00. 99 – 55. | 6 | 09. 95 – 49. | 6 | 99. 54 – 95. | 6 |
| 4 | 01. 32 – 73. | 3 | 13. 27 – 32. | 7 | 132. 73 – 27. | 5 |
| 5 | 01. 65 – 91. | 6 | 16. 59 – 15. | 9 | 165. 91 – 53. | 3 |
| 6 | 01. 99 – 09. | 9 | 19. 9o – 99. | 1 | 199. o9 – 91. | 2 |
| 7 | 02. 32 – 28. | 2 | 23. 22 – 82. | 3 | 232. 28 – 23. | 1 |
| 8 | 02. 65 – 46. | 5 | 26. 54 – 65. | 5 | 265. 46 – 54. | 9 |
| 9 | 02. 98 – 64. | 9 | 29. 86 – 48. | 7 | 298. 64 – 86. | 8 |

| QUARTERÉE OU QUARTIÈRE. 1⁄14. | | | PUGNÈRE OU BOISSEAU. 1⁄16e | | | BOISSEAU. 1⁄32e | | |
|---|---|---|---|---|---|---|---|---|
| h. | a. | c. | h. | a. | c. | h. | a. | c. |
| 1 | 00. 08 – 29. | 6 | 00. 02 – 07. | 4 | 00. 01 – 03. | 7 |
| 2 | 00. 16 – 59. | 2 | 00. 04 – 14. | 8 | 00. 02 – 07. | 4 |
| 3 | 00. 24 – 88. | 7 | 00. 06 – 22. | 3 | 00. 03 – 11. | 1 |
| 4 | 00. 33 – 18. | 3 | 00. 08 – 29. | 7 | 00. 04 – 14. | 8 |
| 5 | 00. 41 – 47. | 9 | 00. 1o – 37. | 1 | 00. 05 – 18. | 5 |
| 6 | 00. 49 – 77. | 5 | 00. 12 – 44. | 5 | 00. 06 – 22. | 3 |
| 7 | 00. 58 – 07. | 1 | 00. 14 – 51. | 9 | 00. 07 – 26. | 0 |
| 8 | 00. 66 – 36. | 6 | 00. 16 – 59. | 4 | 00. 08 – 29. | 7 |
| 9 | 00. 74 – 66. | 2 | 00. 18 – 66. | 8 | 00. o9 – 33. | 4 |

| BOISSEAU. 1⁄64e | | | QUART DE BOISSEAU. 1⁄128e | | |
|---|---|---|---|---|---|
| h. | a. | c. | h. | a. | c. |
| 1 | 00. 00 – 51. | 8 | 00. 00 – 25. | 9 |
| 2 | 00. 01 – 03. | 7 | 00. 00 – 51. | 8 |
| 3 | 00. 01 – 55. | 6 | 00. 00 – 77. | 8 |

# SÉTERÉE

de 1400 cannes

( de castres. )

| SÉTÉRÉES. | | | O | | | OO | | |
|---|---|---|---|---|---|---|---|---|
| h. | a. | c. | h. | a. | c. | h. | a. | c. |
| 1 | 00. 45 | 36. 8 | 04. 53 | 67. 7 | | 45. 36 | 77. 4 | |
| 2 | 00. 90 | 73. 5 | 09. 07 | 35. 5 | | 90· 73 | 54. 8 | |
| 3 | 01. 36 | 1o. 3 | 13. 61 | o3. 2 | | 136. 1o | 32. 1 | |
| 4 | 01. 81 | 47. 1 | 18. 14 | 7o. 9 | | 181. 47 | o9. 5 | |
| 5 | 02. 26 | 83. 9 | 22. 68 | 38. 7 | | 226. 83 | 86. 9 | |
| 6 | 02. 72 | 2o. 6 | 27. 22 | o6. 4 | | 272. 2o | 64. 3 | |
| 7 | 03. 17 | 57. 4 | 31. 75 | 74. 2 | | 317. 57 | 41. 7 | |
| 8 | 03. 62 | 91. 2 | 36. 29 | 41. 9 | | 362. 94 | 19. o | |
| 9 | 04. 08 | 31. o | 4o. 83 | o9. 6 | | 408. 3o | 96. 4 | |

| QUARTE. 1⁄4 | | | COUPADE. 1⁄16ᶜ | | | BOISSEAU. 1⁄32ᶜ | | |
|---|---|---|---|---|---|---|---|---|
| h. | a. | c. | h. | a. | c. | h. | a. | c. |
| 1 | 00. 11 | 34. 2 | 00. o2 | 83. 5 | | 00. o1 | 41. 8 | |
| 2 | 00. 22 | 68. 4 | 00. 05 | 67. 1 | | 00. o2 | 83. 5 | |
| 3 | 00. 33 | 92. 6 | 00. o8 | 5o. 6 | | 00. o4 | 25. 3 | |
| 4 | 00. 45 | 36. 8 | 00. 11 | 34. 2 | | 00. o5 | 67. 1 | |
| 5 | 00. 56 | 71. 0 | 00. 14 | 17. 7 | | 00. o7 | o8. 9 | |
| 6 | 00. 68 | o5. 2 | 00. 17 | o1. 3 | | 00. o8 | 5o. 6 | |
| 7 | 00. 79 | 39. 4 | 00. 19 | 84. 8 | | 00. o9 | 92. 4 | |
| 8 | 00. 90 | 73. 5 | 00. 22 | 68. 4 | | 00. 11 | 34. 2 | |
| 9 | 01. o2. | o7. 7 | 00. 25 | 51. 9 | | 00. 12 | 76. o | |

## FRACTIONS DE BOISSEAU.

| | h. | a. | c. |
|---|---|---|---|
| 1⁄4 | 00. | 00 | 35. 2 |
| 1⁄2 ou penne | 00. | 00 | 7o. 4 |
| 3⁄4 | 00. | o1 | o5. 6 |

# SÉTERÉE

de 1600 cannes

( de castres. )

| SÉTÉRÉES. | | | O | | | OO | | |
|---|---|---|---|---|---|---|---|---|
| h. | a. | c. | h. | a. | c. | h. | a. | c. |
| 1 | 00. 51 – 84. | 9 | 05. 18 – 48. | 7 | 51. 84 – 87. | 3 |
| 2 | 01. 03 – 69. | 7 | 1o. 36 – 97. | 5 | 1o3. 69 – 74. | 6 |
| 3 | 01. 55 – 54. | 6 | 15. 55 – 46. | 2 | 155. 54 – 61. | 9 |
| 4 | 02. 07 – 39. | 5 | 2o. 73 – 94. | 9 | 2o7. 39 – 49. | 2 |
| 5 | 02. 59 – 24. | 4 | 25. 92 – 43. | 6 | 259. 24 – 36. | 5 |
| 6 | 03. 11 – 09. | 2 | 31. 1o – 92. | 4 | 311. 09 – 23. | 7 |
| 7 | 03. 62 – 94. | 1 | 36. 29 – 41. | 1 | 362. 94 – 11. | 0 |
| 8 | o4. 14 – 79. | 0 | 41. 47 – 89. | 8 | 414. 78 – 98. | 3 |
| 9 | o4. 66 – 63. | 9 | 46. 66 – 38. | 6 | 466. 63 – 85. | 6 |

| QUARTE. 1/4 | | | MESURE. 1/8ᵉ | | | QUARTON. 1/16ᵉ | | |
|---|---|---|---|---|---|---|---|---|
| h. | a. | c. | h. | a. | c. | h. | a. | c. |
| 1 | 00. 12 – 96. | 2 | 00. o6 – 48. | 1 | 00. 03 – 24. | 1 |
| 2 | 00. 25 – 92. | 4 | 00. 12 – 96. | 2 | 00. o6 – 48. | 1 |
| 3 | 00. 38 – 88. | 7 | 00. 19 – 44. | 3 | 00. 09 – 72. | 2 |
| 4 | 00. 51 – 84. | 9 | 00. 25 – 92. | 4 | 00. 12 – 96. | 2 |
| 5 | 00. 64 – 81. | 1 | 00. 32 – 4o. | 5 | 00. 16 – 2o. | 3 |
| 6 | 00. 77 – 77. | 3 | 00. 38 – 88. | 7 | 00. 19 – 44. | 3 |
| 7 | 00. 9o – 73. | 5 | 00. 45 – 36. | 8 | 00. 22 – 68. | 4 |
| 8 | 01. 03 – 69. | 7 | 00. 51 – 84. | 9 | 00. 25 – 92. | 4 |
| 9 | 01. 16 – 66. | 0 | 00. 58 – 32. | 0 | 00. 29 – 16. | 5 |

| BOISSEAU. 1/32ᵉ | | | FRACTIONS DE BOISSEAU. | | |
|---|---|---|---|---|---|
| h. | a. | c. | | h. | a. | c. |
| 1 | 00. 01 – 62. | 0 | 1/4 | 00. 00 – 4o. | 5 |
| 2 | 00. o3 – 24. | 1 | 1/2 | 00. 00 – 81. | 0 |
| 3 | 00. 04 – 86. | 1 | 3/4 | 00. 01 – 21. | 5 |

# SÉTERÉE

de 1640 cannes
( de Castres. )

| | SÉTERÉES. | | | O | | | OO | | |
|---|---|---|---|---|---|---|---|---|---|
| | h. | a. | c. | h. | a. | c. | h. | a. | c. |
| 1 | oo. | 53 – 14. | 5 | o5. | 31 – 44. | 9 | 53. | 14 – 49. | 5 |
| 2 | o1. | o6 – 29. | o | 1o. | 62 – 89. | 9 | 1o6. | 28 – 98. | 9 |
| 3 | o1. | 59 – 43. | 5 | 15. | 94 – 34. | 8 | 159. | 43 – 48. | 4 |
| 4 | o2. | 12 – 58. | o | 21. | 25 – 79. | 8 | 212. | 57 – 97. | 9 |
| 5 | o2. | 65 – 72. | 5 | 26. | 57 – 24. | 7 | 265. | 72 – 47. | 4 |
| 6 | o3. | 18 – 87. | o | 31. | 88 – 69. | 7 | 318. | 86 – 96. | 8 |
| 7 | o3. | 72 – o1. | 5 | 37. | 2o – 14. | 6 | 372. | o1 – 46. | 3 |
| 8 | o4. | 25 – 16. | o | 42. | 51 – 59. | 6 | 425. | 15 – 95. | 8 |
| 9 | o4. | 78 – 3o. | 5 | 47. | 83 – o4. | 5 | 478. | 3o – 45. | 3 |

| | QUARTE ou QUARTIÈRE ou QUARTERÉE 1/4 | | | MESURE OU RASE. 1/8ᵉ | | | COUPADE ou PUGNÈRE. 1/16ᵉ | | |
|---|---|---|---|---|---|---|---|---|---|
| | b. | a. | c. | h. | a. | a. | b. | a. | c. |
| 1 | oo. | 13 – 2S. | 6 | oo. | o6 – 64. | 3 | oo. | o3 – 32. | 2 |
| 2 | oo. | 26 – 57. | 2 | oo. | 13 – 28. | 6 | oo. | o6 – 64. | 3 |
| 3 | oo. | 39 – 85. | 9 | oo. | 19 – 92. | 9 | oo. | o9 – 96. | 5 |
| 4 | oo. | 53 – 14. | 5 | oo. | 26 – 57. | 2 | oo. | 13 – 28. | 6 |
| 5 | oo. | 66 – 43. | 1 | oo. | 33 – 21. | 6 | oo. | 16 – 6o. | 8 |
| 6 | oo. | 79 – 71. | 7 | oo. | 39 – 85. | 9 | oo. | 19 – 92. | 9 |
| 7 | oo. | 93 – oo. | 4 | oo. | 46 – 5o. | 2 | oo. | 23 – 25. | 1 |
| 8 | o1. | o6 – 29. | o | oo. | 53 – 14. | 5 | oo. | 26 – 57. | 2 |
| 9 | o1. | 19 – 57. | 6 | oo. | 59 – 78. | 8 | oo. | 29 – 89. | 4 |

| | BOISSEAU. 1/32ᵉ | | | QUART DE COUPADE OU COUP. 1/64ᵉ | | | QUART DE BOISSEAU. 1/128ᵉ | | |
|---|---|---|---|---|---|---|---|---|---|
| | h. | a. | c. | h. | a. | c. | h. | a. | c. |
| 1 | oo. | o1 – C6. | 1 | oo. | oo – 83. | o | oo. | oo – 41. | 5 |
| 2 | oo. | o3 – 32. | 2 | oo. | o1 – 66. | 1 | oo. | oo – 83. | o |
| 3 | oo. | o4 – 98. | 2 | oo. | o2 – 49. | 1 | oo. | o1 – 24. | 6 |

## SÉTERÉE

### de 1650 cannes
#### ( de castres. )

| | SÉTERÉES. | | | O | | | OO | | |
|---|---|---|---|---|---|---|---|---|---|
| | h. | a. | c. | h. | a. | c. | h. | a. | c. |
| 1 | 00. | 53 – 46. | 9 | 05. | 34 – 69. | o | 53. | 46 – 9o. | o |
| 2 | 01. | o6 – 93. | 8 | 1o. | 69 – 38. | o | 1o6. | 93 – 8o. | o |
| 3 | 01. | 6o – 4o. | 7 | 16. | o4 – o7. | o | 16o. | 4o – 7o. | 1 |
| 4 | 02. | 13 – 87. | 6 | 21. | 38 – 76. | o | 213. | 87 – 61. | 1 |
| 5 | 02. | 67 – 34. | 5 | 26. | 73 – 45. | o | 267. | 34 – 5o. | 1 |
| 6 | 03. | 2o – 81. | 4 | 32. | 08 – 14. | o | 32o. | 81 – 4o. | 1 |
| 7 | o3. | 74 – 28. | 3 | 37. | 42 – 83. | o | 374. | 28 – 3o. | 1 |
| 8 | o4. | 27 – 75. | 2 | 42. | 77 – 52. | o | 427. | 75 – 2o. | 2 |
| 9 | o4. | 81 – 22. | 1 | 48. | 12 – 21. | o | 481. | 22 – 1o. | 2 |

| | QUARTERÉE.1/4 | | | O | | | PUGNERE. 1/16ᵉ | | |
|---|---|---|---|---|---|---|---|---|---|
| | h. | a. | c. | h. | a. | c. | h. | a. | c. |
| 1 | 00. | 13 – 36. | 7 | o1. | 33 – 67. | 2 | 00. | o3 – 34. | 2 |
| 2 | 00. | 26 – 73. | 4 | o2. | 67 – 34. | 5 | 00. | o6 – 68. | 4 |
| 3 | 00. | 4o – 1o. | 2 | o4. | o1 – o1. | 7 | 00. | 1o – o2. | 5 |
| 4 | 00. | 53 – 46. | 9 | 05. | 34 – 69. | o | 00. | 13 – 36. | 7 |
| 5 | 00. | 66.– 83. | 6 | o6. | 68 – 36. | 3 | 00. | 16 – 7o. | 9 |
| 6 | 00. | 8o – 2o. | 3 | 08. | o2 – o3. | 5 | 00. | 2o – o5. | 1 |
| 7 | 00. | 93 – 57. | 1 | o9. | 35 – 7o. | 8 | 00. | 23 – 39. | 3 |
| 8 | 01. | o6 – 93. | 8 | 1o. | 69 – 38. | o | 00. | 26 – 73. | 4 |
| 9 | 01. | 2o – 3o. | 5 | 12. | o3 – o5. | 3 | 00. | 3o – o7. | 6 |

| | BOISSEAU.1/32ᵉ | | | COUP. 1/64ᵉ | | |
|---|---|---|---|---|---|---|
| | h. | a. | c. | h. | o. | c. |
| 1 | 00. | o1 – 67. | 1 | 00. | 00 – 83. | 5 |
| 2 | 00. | o3 – 34. | 2 | 00. | o1 – 67. | 1 |
| 3 | 000 | o5 – o1. | 3 | 00. | o2 – 5o. | 6 |

# SÉTERÉE
## de 2704 cannes
### ( de Castres.)

| SÉTERÉES. | | | O | | | OO | | |
|---|---|---|---|---|---|---|---|---|
| h. | a. | c. | h. | a. | c. | h. | a. | c. |
| 1 | 00. 87 − | 62. 4 | o8. 76 − | 24. 4 | | 87. 62 − | 43. 5 |
| 2 | o1. 75 − | 24. 9 | 17. 52 − | 48. 7 | | 175. 24 − | 87. o |
| 3 | o2. 62 − | 87. 3 | 26. 28 − | 73. 1 | | 262. 87 − | 3o. 6 |
| 4 | o3. 5o − | 49. 7 | 35. o4 − | 97. 4 | | 35o. 49 − | 74. 1 |
| 5 | o4. 38 − | 12. 2 | 43. 81 − | 21. 8 | | 438. 12 − | 17. 6 |
| 6 | o5. 25 − | 74. 6 | 52. 57 − | 46. 1 | | 525. 74 − | 61. 1 |
| 7 | o6. 13 − | 37. o | 61. 33 − | 7o. 5 | | 613. 37 − | o4. 7 |
| 8 | o7. 00 − | 99. 5 | 7o. o9 − | 94. 8 | | 7oo. 99 − | 48. 2 |
| 9 | o7. 88 − | 61. 9 | 78. 86 − | 19. 2 | | 788. 61 − | 91. 7 |

| QUARTE. 1/4 | | | O | | | COUPADE. 1/16ᶜ | | |
|---|---|---|---|---|---|---|---|---|
| h. | a. | c. | h. | a. | c. | h. | a. | c. |
| 1 | 00. 21 − | 9o. 6 | o2. 19 − | o6. 1 | 00. o5 − | 47. 6 |
| 2 | 00. 43 − | 81. 2 | o4. 38 − | 12. 2 | 00. 1o − | 95. 3 |
| 3 | 00. 65 − | 71. 8 | o6. 57 − | 18. 3 | 00. 16 − | 43. o |
| 4 | 00. 87 − | 62. 4 | o8. 76 − | 24. 4 | 00. 21 − | 9o. 6 |
| 5 | o1. o9 − | 53. o | 1o. 95 − | 3o. 4 | 00. 27 − | 38. 3 |
| 6 | o1. 31 − | 43. 6 | 13. 14 − | 36. 5 | 00. 32 − | 85. 9 |
| 7 | o1. 53 − | 34. 3 | 15. 33 − | 42. 6 | 00. 38 − | 33. 6 |
| 8 | o1. 75 − | 24. 9 | 17. 52 − | 48. 7 | 00. 43 − | 81. 2 |
| 9 | o1. 97 − | 15. 5 | 19. 71 − | 54. 8 | 00. 49 − | 28. 9 |

## FRACTIONS DE COUPADE.

| | h. | a. | c. |
|---|---|---|---|
| 1/4 | 00. | 01 − | 36. 91 |
| 1/2 | 00. | 02 − | 73. 83 |
| 3/4 | 00. | 04 − | 1o. 74 |

# SÉTERÉE

de 3600 cannes
( de castres )

| SÉTERÉES. | | | O | | | OO | | |
|---|---|---|---|---|---|---|---|---|
| h. | a. | c. | h. | a. | c. | h. | a. | c. |
| 1 | 01. 16 – 66. | 0 | 11. 66 – 59. | 6 | 116. 65 – 96. | 4 |
| 2 | 02. 33 – 31. | 9 | 23. 33 – 19. | 3 | 233. 31 – 92. | 8 |
| 3 | 03. 49 – 97. | 9 | 34. 99 – 78. | 9 | 349. 97 – 89. | 2 |
| 4 | 04. 66 – 63. | 9 | 46. 66 – 38. | 6 | 466. 63 – 85. | 6 |
| 5 | 05. 83 – 29. | 8 | 58. 32 – 98. | 2 | 583. 29 – 82. | 0 |
| 6 | 06. 99 – 95. | 8 | 69. 99 – 57. | 8 | 699. 95 – 78. | 4 |
| 7 | 08. 16 – 61. | 7 | 81. 66 – 17. | 5 | 816. 61 – 74. | 8 |
| 8 | 09. 33 – 27. | 7 | 93. 32 – 77. | 1 | 933. 27 – 71. | 3 |
| 9 | 10. 49 – 93. | 7 | 104. 99 – 36. | 8 | 1049. 93 – 67. | 7 |

| QUARTE. 1/4 | | | COUPADE OU PUGNÈRE. 1/16e | | | BOISSEAU. 1/32e | | |
|---|---|---|---|---|---|---|---|---|
| h. | a. | c. | h. | a. | c. | c. | a. | h. |
| 1 | 00. 29 – 16. | 5 | 00. 07 – 29. | 1 | 00. 03 – 64. | 6 |
| 2 | 00. 58 – 33. | 0 | 00. 14 – 58. | 2 | 00. 07 – 29. | 1 |
| 3 | 00. 87 – 49. | 5 | 00. 21 – 87. | 4 | 00. 10 – 93. | 7 |
| 4 | 01. 16 – 66. | 0 | 00. 29 – 16. | 5 | 00. 14 – 58. | 2 |
| 5 | 01. 45 – 82. | 5 | 00. 36 – 45. | 6 | 00. 18 – 22. | 8 |
| 6 | 01. 74 – 98. | 9 | 00. 43 – 74. | 7 | 00. 21 – 87. | 4 |
| 7 | 02. 04 – 15. | 4 | 00. 51 – 03. | 9 | 00. 25 – 51. | 9 |
| 8 | 02. 33 – 31. | 9 | 00. 58 – 33. | 0 | 00. 29 – 16. | 5 |
| 9 | 02. 62 – 48. | 4 | 00. 65 – 62. | 1 | 00. 32 – 81. | 1 |

### FRACTIONS DE COUPADE.

| | h. | a. | c. |
|---|---|---|---|
| 1/4 | 00. | 01 – 82. | 28 |
| 1/2 | 00. | 03 – 64. | 56 |
| 3/4 | 00. | 05 – 46. | 84 |

## SÉTERÉE
### de 1,024 cannes
( de Lautrec. )

| SÉTERÉES. | | | O | | | OO | | |
|---|---|---|---|---|---|---|---|---|
| h. | a. | c. | h. | a. | c. | h. | a. | c. |
| 1 | 00. 33 | − 57. 2 | 03. 35 | − 71. 9 | 33. 57 | − 18. 7 |
| 2 | 00. 67 | − 14. 4 | 06. 71 | − 43. 7 | 67. 14 | − 37. 4 |
| 3 | 01. 00 | − 71. 6 | 10. 07 | − 15. 6 | 100. 71 | − 56. 1 |
| 4 | 01. 34 | − 28. 7 | 13. 42 | − 87. 5 | 134. 28 | − 74. 8 |
| 5 | 01. 67 | − 85. 9 | 16. 78 | − 59. 4 | 167. 85 | − 93. 6 |
| 6 | 02. 01 | − 43. 1 | 20. 14 | − 31. 2 | 201. 43 | − 12. 3 |
| 7 | 02. 35 | − 00. 3 | 23. 50 | − 03. 1 | 235. 00 | − 31. o |
| 8 | 02. 68 | − 57. 5 | 26. 85 | − 75. o | 268. 57 | − 49. 7 |
| 9 | 03. 02 | − 14. 7 | 30. 21 | − 46. 8 | 302. 14 | − 68. 4 |

| QUARTERÉE OU QUARTIÈRE. 1/4. | | | O | | | BOISSEAU. 1/16ᵉ | | |
|---|---|---|---|---|---|---|---|---|
| h. | a. | c. | h. | a. | c. | h. | a. | c. |
| 1 | 00. 08 | − 39. 3 | 00. 83 | − 93. o | 00. 02 | − 09. 8 |
| 2 | 00. 16 | − 78. 6 | 01. 67 | − 85. 9 | 00. 04 | − 19. 6 |
| 3 | 00. 25 | − 17. 9 | 02. 51 | − 78. 9 | 00. 06 | − 29. 5 |
| 4 | 00. 33 | − 57. 2 | 03. 35 | − 71. 9 | 00. 08 | − 39. 3 |
| 5 | 00. 41 | − 96. 5 | 04. 19 | − 64. 8 | 00. 10 | − 49. 1 |
| 6 | 00. 50 | − 35. 8 | 05. 03 | − 57. 8 | 00. 12 | − 58. 9 |
| 7 | 00. 58 | − 75. 1 | 05. 87 | − 50. 8 | 00. 14 | − 68. 8 |
| 8 | 00. 67 | − 14. 4 | 06. 71 | − 43. 7 | 00. 16 | − 78. 6 |
| 9 | 00. 75 | − 53. 7 | 07. 55 | − 36. 7 | 00. 18 | − 88. 4 |

### FRACTIONS DE BOISSEAU.

| | h. | a. | c. |
|---|---|---|---|
| 1/4 | 00. | 00 − 52. | 46 |
| 1/2 | 00. | 01 − 04. | 91 |
| 3/4 | 00. | 01 − 57. | 37 |

# SETERÉE

contenant 625 perches de 16 pans.

( canne de Lavaur supposée de Toulouse.)

| SÉTERÉES. | | | O | | | OO | | |
|---|---|---|---|---|---|---|---|---|
| h. | a. | c. | h. | a. | c. | h. | a. | c. |
| 1 | 00. 81 – 42. | 0 | 08. 14 – 2o. | 2 | 81. 42 – o2. | 3 |
| 2 | 01. 62 – 84. | 0 | 16. 28 – 4o. | 5 | 162. 84 – o4. | 6 |
| 3 | 02. 44 – 26. | 1 | 24. 42 – 6o. | 7 | 244. 26 – o6. | 9 |
| 4 | 03. 25 – 68. | 1 | 32. 56 – 8o. | 9 | 325. 68 – o9. | 1 |
| 5 | 04. 07 – 1o. | 1 | 4o. 71 – o1. | 1 | 4o7. 1o – 11. | 4 |
| 6 | 04. 88 – 52. | 1 | 48. 85 – 21. | 4 | 488. 52 – 13. | 7 |
| 7 | 05. 69 – 94. | 2 | 56. 99 – 41. | 6 | 569. 94 – 16. | 0 |
| 8 | 06. 51 – 36. | 2 | 65. 13 – 61. | 8 | 651. 36 – 18. | 3 |
| 9 | 07. 32 – 78. | 2 | 73. 27 – 82. | 1 | 732. 78 – 2o. | 6 |

| MESURE ou RASE. 1/8ᵉ | | | O | | | BOISSEAU. 1/32ᵉ | | |
|---|---|---|---|---|---|---|---|---|
| h. | a. | c. | h. | a. | c. | h. | a. | c. |
| 1 | 00. 1o – 17. | 8 | o1. o1 – 77. | 5 | 00. 02 – 54. | 4 |
| 2 | 00. 2o – 35. | 5 | o2. 03 – 55. | 1 | 00. 05 – o8. | 9 |
| 3 | 00. 3o – 53. | 3 | o3. o5 – 32. | 6 | 00. 07 – 63. | 3 |
| 4 | 00. 40 – 71. | 0 | o4. 07 – 1o. | 1 | 00. 1o – 17. | 7 |
| 5 | 00. 5o – 88. | 8 | o5. o8 – 87. | 6 | 00. 12 – 72. | 2 |
| 6 | 00. 61 – 06. | 5 | o6. 1o – 65. | 2 | 00. 15 – 26. | 6 |
| 7 | 00. 71 – 24. | 3 | o7. 12 – 42. | 7 | 00. 17 – 81. | 1 |
| 8 | 00. 81 – 42. | 0 | o8. 14 – 2o. | 2 | 00. 2o – 35. | 5 |
| 9 | 0o. 91 – 59. | 8 | o9. 15 – 97. | 8 | 00. 22 – 89. | 9 |

## FRACTIONS DE BOISSEAU.

| | h. | a. | c. |
|---|---|---|---|
| 1/4 | 00. | 00 – 63. | 61 |
| 1/2 ou penne | 00. | o1 – 27. | 22 |
| 3/4 | 00. | o1 – 9o. | 83 |

# SÉTERÉE

contenant 900 perches de 16 pans.
( Canne de Lavaur, supposée de Toulouse. )

| SÉTERÉES. | | | O | | | OO | | |
|---|---|---|---|---|---|---|---|---|
| h. | a. | c. | h. | a. | c. | h. | a. | c. |
| 1 | 01. 17 − 24. | 5 | 11. 72 − 45. | 1 | 117. 24 − 51. | 3 |
| 2 | 02. 34 − 49. | 0 | 23. 44 − 90. | 3 | 234. 49 − 02. | 6 |
| 3 | 03. 51 − 73. | 5 | 35. 17 − 25. | 4 | 351. 73 − 53. | 9 |
| 4 | 04. 68 − 98. | 1 | 46. 89 − 80. | 5 | 468. 98 − 05. | 2 |
| 5 | 05. 86 − 22. | 6 | 58. 62 − 25. | 6 | 586. 22 − 56. | 5 |
| 6 | 07. 03 − 47. | 1 | 70. 34 − 70. | 8 | 703. 47 − 07. | 8 |
| 7 | 08. 20 − 71. | 6 | 82. 07 − 15. | 9 | 820. 71 − 59. | 1 |
| 8 | 09. 37 − 96. | 1 | 93. 79 − 61. | 0 | 937. 96 − 10. | 4 |
| 9 | 10. 55 − 20. | 6 | 105. 52 − 06. | 2 | 1055. 20 − 61. | 7 |

| QUARTE. 1/4 | | | MESURE OU RASE. 1/8ᶜ | | | COUPADE. 1/16ᶜ | | |
|---|---|---|---|---|---|---|---|---|
| h. | a. | c. | h. | a. | c. | h. | a. | c. |
| 1 | 00. 29 − 31. | 1 | 00. 14 − 65. | 6 | 00. 07 − 32. | 8 |
| 2 | 00. 58 − 62. | 3 | 00. 29 − 31. | 1 | 00. 14 − 65. | 6 |
| 3 | 00. 87 − 93. | 4 | 00. 43 − 96. | 7 | 00. 21 − 98. | 3 |
| 4 | 01. 17 − 24. | 5 | 00. 58 − 62. | 3 | 00. 29 − 31. | 1 |
| 5 | 01. 46 − 55. | 6 | 00. 73 − 27. | 8 | 00. 36 − 63. | 9 |
| 6 | 01. 75 − 86. | 8 | 00. 87 − 93. | 4 | 00. 43 − 96. | 7 |
| 7 | 02. 05 − 17. | 9 | 01. 02 − 58. | 9 | 00. 51 − 29. | 5 |
| 8 | 02. 34 − 49. | 0 | 01. 17 − 24. | 5 | 00. 58 − 62. | 3 |
| 9 | 02. 63 − 80. | 2 | 01. 31 − 90. | 1 | 00. 65 − 95. | 0 |

| BOISSEAU. 1/32ᶜ | | | QUART DE COUPADE. | | |
|---|---|---|---|---|---|
| h. | a. | c. | h. | a. | c. |
| 1 | 00. 03 − 66. | 4 | 00. 01 − 83. | 2 |
| 2 | 00. 07 − 32. | 8 | 00. 03 − 66, | 4 |
| 3 | 00. 10 − 99. | 2 | 00. 05 − 49. | 6 |

# JOURNAL
## de 125 cannes de Lavanr
### ( supposée de Toulouse. )

| | JOURNAUX. | | | O | | | OO | | |
|---|---|---|---|---|---|---|---|---|---|
| | h. | a. | c. | h. | a. | c. | h. | a. | c. |
| 1 | 00. | 04 – 07. | 1 | 00. | 40 – 71. | 0 | 04. | 07 – 10. | 1 |
| 2 | 00. | 08 – 14. | 2 | 00. | 81 – 42. | 0 | 08. | 14 – 20. | 2 |
| 3 | 00. | 12 – 21. | 3 | 01. | 22 – 13. | 0 | 12. | 21 – 30. | 3 |
| 4 | 00. | 16 – 28. | 4 | 01. | 62 – 84. | 0 | 16. | 28 – 40. | 5 |
| 5 | 00. | 20 – 35. | 5 | 02. | 03 – 55. | 1 | 20. | 35 – 50. | 6 |
| 6 | 00. | 24 – 42. | 6 | 02. | 44 – 26. | 1 | 24. | 42 – 60. | 7 |
| 7 | 00. | 28 – 49. | 7 | 02. | 84 – 97. | 1 | 28. | 49 – 70. | 8 |
| 8 | 00. | 32 – 56. | 8 | 03. | 25 – 68. | 1 | 32. | 56 – 80. | 9 |
| 9 | 00. | 36 – 63. | 9 | 03. | 66 – 39. | 1 | 36. | 63 – 91. | 0 |

| | COUPADE. $1/8^e$ | | | O | | | BOISSEAU. $1/32^o$ | | |
|---|---|---|---|---|---|---|---|---|---|
| | h. | a. | c. | h. | a. | c. | h. | a. | c. |
| 1 | 00. | 00 – 50. | 9 | 00. | 05 – 08. | 9 | 00. | 00 – 12. | 7 |
| 2 | 00. | 01 – 01. | 8 | 00. | 10 – 17. | 8 | 00. | 00 – 25. | 4 |
| 3 | 00. | 01 – 52. | 7 | 00. | 15 – 26. | 6 | 00. | 00 – 38. | 2 |
| 4 | 00. | 02 – 03. | 5 | 00. | 20 – 35. | 5 | 00. | 00 – 50. | 9 |
| 5 | 00. | 02 – 54. | 4 | 00. | 25 – 44. | 4 | 00. | 00 – 63. | 6 |
| 6 | 00. | 03 – 05. | 3 | 00. | 30 – 53. | 3 | 00. | 00 – 76. | 3 |
| 7 | 00. | 03 – 56. | 2 | 00. | 35 – 62. | 1 | 00. | 00 – 89. | 1 |
| 8 | 00. | 04 – 07. | 1 | 00. | 40 – 71. | 0 | 00. | 01 – 01. | 8 |
| 9 | 00. | 04 – 58. | 0 | 00. | 45 – 79. | 9 | 00. | 01 – 14. | 5 |

## FRACTIONS DE BOISSEAU.

| | h. | a. | c. |
|---|---|---|---|
| 1/4 | 00. | 00 – 03. | 2 |
| 1/2 | 00. | 00 – 06. | 4 |
| 3/4 | 00. | 00 – 09. | 6 |

## SAC

### de 135o cannes de Lavaur
#### ( supposées de Toulouse. )

| | SACS. | | | | O | | | | OO | | |
|---|---|---|---|---|---|---|---|---|---|---|---|
| | h. | a. | c. | | h. | a. | c. | | h. | a. | c. |
| 1 | 00. | 43 – 96. | 7 | | o4. | 39 – 66. | 9 | | 43. | 96 – 69. | 2 |
| 2 | 00. | 87 – 93. | 4 | | o8. | 79 – 33. | 8 | | 87. | 93 – 38. | 5 |
| 3 | 01. | 31 – 9o. | 1 | | 13. | 19 – oo. | 8 | | 131. | 9o – 07. | 7 |
| 4 | 01. | 75 – 86. | 8 | | 17. | 58 – 67. | 7 | | 175. | 86 – 77. | o |
| 5 | o2. | 19 – 83. | 5 | | 21. | 98 – 34. | 6 | | 219. | 83 – 46. | 3 |
| 6 | o2. | 63 – 8o. | 2 | | 26. | 38 – o1. | 5 | | 263. | 8o – 15. | 5 |
| 7 | 03. | 07 – 76. | 8 | | 3o. | 77 – 68. | 5 | | 3o7. | 76 – 84. | 8 |
| 8 | 03. | 51 – 73. | 5 | | 35. | 17 – 35. | 4 | | 351. | 73 – 54. | o |
| 9 | 03. | 95 – 7o. | 2 | | 39. | 57 – o2. | 3 | | 395. | 7o – 23. | 3 |

| | MÉGÈRE. 1/6° | | | | O | | | | BOISSEAU. 1/24° | | |
|---|---|---|---|---|---|---|---|---|---|---|---|
| | h. | a. | c. | | h. | a. | c. | | h. | a. | c. |
| 1 | 00. | 07 – 32. | 8 | | 00. | 73 – 28. | 8 | | 00. | 01 – 83. | 2 |
| 2 | 00. | 14 – 65. | 6 | | o1. | 46 – 55. | 6 | | 00. | 03 – 66. | 4 |
| 3 | 00. | 21 – 98. | 3 | | o2. | 19 – 83. | 5 | | 00. | o5 – 49. | 6 |
| 4 | 00. | 29 – 31. | 1 | | o2. | 93 – 11. | 3 | | 00. | 07 – 32. | 8 |
| 5 | 00. | 36 – 63. | 9 | | o3. | 66 – 39. | 1 | | 00. | 09 – 16. | o |
| 6 | 00. | 43 – 96. | 7 | | o4. | 39 – 66. | 9 | | 00. | 1o – 99. | 2 |
| 7 | 00. | 51 – 29. | 5 | | o5. | 12 – 94. | 7 | | 00. | 12 – 82. | 4 |
| 8 | 00. | 58 – 62. | 3 | | o5. | 86 – 22. | 6 | | 00. | 14 – 65. | 6 |
| 9 | 00. | 65 – 95. | o | | o6. | 59 – 5o. | 4 | | 00. | 16 – 48. | 8 |

#### COUP. 1/48°

| | h. | a. | c. |
|---|---|---|---|
| 1 | 00. | 00 – 91. | 6 |
| 2 | 00. | 01 – 83. | 2 |
| 3 | 00. | 02 – 74. | 8 |

# SETIER
## de 1600 cannes de Lavaur
### ( supposées de Toulouse. )

| | SETIERS. | | | O | | | OO | | |
|---|---|---|---|---|---|---|---|---|---|
| | h. | a. | c. | h. | a. | c. | h. | a. | c. |
| 1 | 00. | 52 − 1o. | 9 | 05. | 21 − 08. | 9 | 52. | 1o − 89· | 5 |
| 2 | 01. | 04 − 21. | 8 | 1o. | 42 − 17. | 9 | 1o4. | 21 − 79. | o |
| 3 | 01. | 56 − 32. | 7 | 15. | 63 − 26. | 8 | 156. | 32 − 68. | 4 |
| 4 | 02. | 08 − 43. | 6 | 2o. | 84 − 35. | 8 | 2o8. | 43 − 57. | 9 |
| 5 | 02. | 6o − 54. | 5 | 26. | 05 − 44. | 7 | 26o. | 54 − 47. | 4 |
| 6 | 03. | 12 − 65. | 4 | 31. | 26 − 53. | 7 | 312. | 65 − 36. | 8 |
| 7 | 03. | 64 − 76. | 3 | 36. | 47 − 62. | 6 | 364. | 76 − 26. | 4 |
| 8 | 04. | 16 − 87. | 2 | 41. | 68 − 71. | 6 | 416. | 87 − 15. | 9 |
| 9 | 04. | 68 − 98. | 1 | 46. | 89 − 8o. | 5 | 468. | 98 − o5. | 3 |

| | MÉGÈRE. 1/8e | | | O | | | BOISSEAU. 1/32e | | |
|---|---|---|---|---|---|---|---|---|---|
| | h. | a. | c. | h. | a. | c. | c. | h. | a. |
| 1 | 00. | o6 − 51. | 4 | 00. | 65 − 13. | 6 | 00. | o1 − 62. | 8 |
| 2 | 00. | 13 − o2. | 7 | 01. | 3o − 27. | 2 | 00. | 03 − 25. | 7 |
| 3 | 00. | 19 − 54. | 1 | 01. | 95 − 4o. | 9 | 00. | o4 − 88. | 5 |
| 4 | 00. | 26 − 05. | 4 | o2. | 6o − 54. | 4 | 00. | o6 − 59. | 4 |
| 5 | 00. | 32 − 56. | 8 | 03. | 25 − 68. | 1 | 00. | o8 − 14. | 2 |
| 6 | 00. | 39 − o8. | 2 | o3. | 9o − 81. | 7 | 00. | o9 − 77. | o |
| 7 | 00. | 45 − 59. | 5 | o4. | 55 − 95. | 3 | 00. | 11 − 39. | 9 |
| 8 | 00. | 52 − 1o. | 9 | o5. | 21 − o8. | 9 | 00. | 13 − o2. | 7 |
| 9 | 00. | 58 − 62. | 3 | 05. | 86 − 22. | 6 | 00. | 14 − 65. | 6 |

### FRACTIONS DE BOISSEAU.

| | h. | a. | c. |
|---|---|---|---|
| 1/4 | 00. | 00 − 4o. | 71 |
| 1/2 | 00. | 00 − 81. | 42 |
| 3/4 | 00. | 01 − 22. | 13 |

# ARPENT
## de 1800 cannes de Lavaur
### ( supposée de Toulouse. )

| ARPENTS. | | | O | | | OO | | |
|---|---|---|---|---|---|---|---|---|
| h. | a. | c. | h. | a. | c. | h. | a. | c. |
| 1 | 00. 58 | 62. 3 | 05. 86 | 22. 6 | 58. 62 | 25. 7 |
| 2 | 01. 17 | 24. 5 | 11. 72 | 45. 1 | 117. 24 | 51. 3 |
| 3 | 01. 75 | 86. 8 | 17. 58 | 67. 7 | 175. 86 | 77. 0 |
| 4 | 02. 34 | 49. 0 | 23. 44 | 9o. 3 | 234. 49 | o2. 7 |
| 5 | 02. 93 | 11. 3 | 29. 31 | 12. 8 | 293. 11 | 28. 3 |
| 6 | 03. 51 | 73. 5 | 35. 17 | 35. 4 | 351. 73 | 54. 0 |
| 7 | 04. 1o | 35. 8 | 41. o3 | 58. 0 | 41o. 35 | 79. 7 |
| 8 | o1. 68 | 98. 0 | 46. 89 | 8o. 5 | 468. 98 | o5. 3 |
| 9 | o5. 27 | 6o. 3 | 52. 76 | o3. 1 | 527. 6o | 31. 0 |

| PUGNÈRE. 1/4 | | | O | | | BOISSEAU. 1/32e | | |
|---|---|---|---|---|---|---|---|---|
| h. | a. | c. | h. | a. | c. | h. | a. | c. |
| 1 | 00. 14 | 65. 6 | o1. 46 | 55. 6 | 00. o1 | 83. 2 |
| 2 | 00. 29 | 31. 1 | o2. 93 | 11. 3 | 00. 03 | 66. 4 |
| 3 | 00. 43 | 96. 7 | o4. 39 | 66. 9 | 00. o5 | 49. 6 |
| 4 | 00. 58 | 62. 3 | o5. 86 | 22. 6 | 00. 07 | 32. 8 |
| 5 | 00. 73 | 27. 8 | o7. 32 | 78. 2 | 00. 09 | 16. o |
| 6 | 00. 87 | 93. 4 | o8. 79 | 33. 8 | 00. 1o | 99. 2 |
| 7 | 01. o2 | 58. 9 | 1o. 25 | 39. 5 | 00. 12 | 82. 4 |
| 8 | 01. 17 | 24. 5 | 11. 72 | 45. 1 | 00. 14 | 65. 6 |
| 9 | o1· 31 | 9o. 1 | 13. 19 | oo. 8 | 00. 16 | 48. 7 |

### FRACTIONS DE BOISSEAU.

| | h. | a. | c. |
|---|---|---|---|
| 1/4 | 00. | 00 | 45. 8 |
| 1/2 | 00. | 00 | 91. 6 |
| 3/4 | 00. | 01 | 37. 4 |

## SÉTERÉE

### de 36oo cannes de Lavaur
(supposées de Toulouse.)

| | SÉTERÉES. | | | O | | | OO | | |
|---|---|---|---|---|---|---|---|---|---|
| | h. | a. | c. | h. | a. | c. | h. | a. | c. |
| 1 | o1. | 17 – 24. | 5 | 11. | 72 – 45. | 1 | 117. | 24 – 51. | 3 |
| 2 | o2. | 34 – 49. | o | 23. | 44 – 9o. | 3 | 234. | 49 – o4. | 7 |
| 3 | o3. | 51 – 73. | 5 | 35. | 17 – 35. | 4 | 351. | 73 – 54. | o |
| 4 | o4. | 68 – 98. | 1 | 46. | 89 – 8o. | 5 | 468. | 98 – o5. | 3 |
| 5 | o5. | 86 – 22. | 6 | 58. | 62 – 25. | 7 | 586. | 22 – 56. | 7 |
| 6 | o7. | o3 – 47. | 1 | 7o. | 34 – 7o. | 8 | 7o3. | 47 – o8. | o |
| 7 | o8. | 2o – 71. | 6 | 82. | o7 – 15. | 9 | 82o. | 71 – 59. | 3 |
| 8 | o9. | 37 – 96. | 1 | 93. | 79 – 61. | 1 | 937. | 96 – 1o. | 7 |
| 9 | 1o. | 55 – 2o. | 6 | 1o5. | 52 – o6. | 2 | 1o55. | 2o – 62. | o |

| | ARPENT. 1⁄2 | | | O | | | COUPADE. 1⁄16ᵉ | | |
|---|---|---|---|---|---|---|---|---|---|
| | h. | a. | c. | h. | a. | c. | h. | a. | c. |
| 1 | oo. | 58 – 62. | 3 | o5. | 86 – 22. | 6 | oo. | o7 – 32. | 8 |
| 2 | o1. | 17 – 24. | 5 | 11. | 72 – 45. | 1 | oo. | 14 – 65. | 6 |
| 3 | o1. | 75 – 86. | 8 | 17. | 58 – 67. | 7 | oo. | 21 – 98. | 3 |
| 4 | o2. | 34 – 49. | o | 23. | 44 – 9o. | 3 | oo. | 29 – 31. | 1 |
| 5 | o2. | 93 – 11. | 3 | 29. | 31 – 12. | 8 | oo. | 36 – 63. | 9 |
| 6 | o3. | 51 – 73. | 5 | 35. | 17 – 35. | 4 | oo. | 43 – 96. | 7 |
| 7 | o4. | 1o – 35. | 8 | 41. | o3 – 58. | o | oo. | 51 – 29. | 5 |
| 8 | o4. | 68 – 98. | o | 46. | 89 – 8o. | 5 | oo. | 58 – 62. | 3 |
| 9 | o5. | 27 – 6o. | 3 | 52. | 76 – o3. | 1 | oo. | 65 – 91. | o |

| BOISSEAU. 1⁄64ᵉ | | | COUP. 1⁄128ᵉ | | |
|---|---|---|---|---|---|
| h. | a. | c. | h. | o. | c. |
| oo. | o1 – 83. | 2 | oo. | oo – 91. | 6 |
| oo. | o3 – 66. | 4 | oo. | o1 – 83. | 2 |
| oo. | o5 – 49. | 6 | oo. | o2 – 74. | 8 |

## SÉTERÉE

### contenant 625 perches de 16 pans.

( canne de Graulhet)

| SÉTERÉES. | | | O | | | OO | | |
|---|---|---|---|---|---|---|---|---|
| h. | a. | c. | h. | a. | c. | h. | a. | c. |
| 00. | 78 – 19. | 6 | 07. | 81 – 95. | 7 | 78. | 19 – 57. | 4 |
| 01. | 56 – 39. | 1 | 15. | 63 – 91. | 5 | 156. | 39 – 14. | 8 |
| 02. | 34 – 58. | 7 | 23. | 45 – 87. | 2 | 234. | 58 – 72. | 2 |
| 03. | 12 – 78. | 3 | 31. | 27 – 83. | 0 | 312. | 78 – 29. | 6 |
| 03. | 90 – 97. | 9 | 39. | 09 – 78. | 7 | 390. | 97 – 87. | 0 |
| 04. | 79 – 17. | 4 | 47. | 91 – 74. | 4 | 479. | 17 – 44. | 4 |
| 05. | 57 – 37. | 0 | 55. | 73 – 70. | 2 | 557. | 37 – 01. | 9 |
| 06. | 35 – 56. | 6 | 63. | 55 – 65. | 9 | 635. | 56 – 59. | 3 |
| 07. | 13 – 76. | 2 | 71. | 37 – 61. | 7 | 713. | 76 – 16. | 7 |

| MESURE ou RASE. 1/8ᵉ | | | O | | | BOISSEAU. 1/32ᵉ | | |
|---|---|---|---|---|---|---|---|---|
| h. | a. | c. | h. | a. | c. | h. | a. | c. |
| 00. | 09 – 77. | 4 | 00. | 97 – 74. | 5 | 00. | 02 – 44. | 4 |
| 00. | 19 – 54. | 9 | 01. | 95 – 48. | 9 | 00. | 04 – 88. | 7 |
| 00. | 29 – 32. | 3 | 02. | 93 – 23. | 4 | 00. | 07 – 33. | 1 |
| 00. | 39 – 09. | 8 | 03. | 90 – 97. | 9 | 00. | 09 – 77. | 4 |
| 00. | 48 – 87. | 2 | 04. | 88 – 72. | 3 | 00. | 12 – 21. | 8 |
| 00. | 58 – 64. | 7 | 05. | 86 – 46. | 8 | 00. | 14 – 66. | 2 |
| 00. | 68 – 42. | 1 | 06. | 84 – 21. | 3 | 00. | 17 – 10. | 5 |
| 00. | 78 – 19. | 6 | 07. | 81 – 95. | 7 | 00. | 19 – 54. | 9 |
| 00. | 87 – 97. | 0 | 08. | 79 – 70. | 2 | 00. | 21 – 99. | 3 |

### FRACTIONS DE BOISSEAU.

| | h. | a. | c. |
|---|---|---|---|
| 1/4 | 00. | 00 – 61. | 09 |
| 1/2 ou penne | 00. | 01 – 22. | 18 |
| 3/4 | 00. | 01 – 83. | 27 |

## SÉTERÉE ou SETIER

contenant 900 perches de 16 pans ou 3600 cannes

( de Graulhet. )

| SÉTERÉES. | | | | O | | | | OO | | | |
|---|---|---|---|---|---|---|---|---|---|---|---|
| h. | a. | c. | | h. | a. | c. | | h. | a. | c. | |
| 1 | 01. | 12 – 6o. | 2 | 11. | 26 – o2. | 2 | 112. | 6o – 22. | 3 |
| 2 | o2. | 25 – 2o. | 4 | 22. | 52 – o4. | 4 | 225. | 2o – 44. | 5 |
| 3 | o3. | 37 – 8o. | 7 | 33. | 78 – o6. | 7 | 337. | 8o – 66. | 8 |
| 4 | o4. | 5o – 4o. | 9 | 45. | o4 – o8. | 9 | 450. | 4o – 89. | o |
| 5 | o5. | 63 – o1. | 1 | 56. | 3o – 11. | 1 | 563. | o1 – 11. | 3 |
| 6 | o6. | 75 – 61. | 3 | 67. | 56 – 13. | 4 | 675. | 61 – 33. | 6 |
| 7 | o7. | 88 – 21. | 6 | 78. | 82 – 15. | 6 | 788. | 21 – 55. | 8 |
| 8 | o9. | oo – 81. | 8 | 90. | o8 – 17. | 8 | 9oo. | 81 – 78. | 1 |
| 9 | 1o. | 13 – 42. | o | 1o1. | 34 – 2o. | o | 1o13. | 42 – oo. | 4 |

| MESURE OU MÉGÈRE OU RASE. 1/8° | | | | O | | | | BOISSEAU. 1/24° | | | |
|---|---|---|---|---|---|---|---|---|---|---|---|
| h. | a. | c. | | h. | a. | c. | | h. | a. | c. | |
| 1 | oo. | 14 – o7. | 5 | o1. | 4o – 75. | 3 | oo. | o3 – 51. | 9 |
| 2 | oo. | 29 – 15. | 1 | o2. | 91 – 5o, | 6 | oo. | o7 – o3. | 8 |
| 3 | oo. | 43 – 22. | 6 | o4. | 32 – 25. | 8 | oo. | 1o – 55. | 6 |
| 4 | oo. | 57 – 3o. | 1 | o5. | 73 – o1. | 1 | oo. | 14 – o7. | 5 |
| 5 | oo. | 71 – 37. | 6 | o7. | 13 – 76. | 4 | oo. | 17 – 59. | 4 |
| 6 | o1. | 85 – 45. | 2 | 18. | 54 – 51. | 7 | oo. | 21 – 11. | 3 |
| 7 | o1. | 99 – 52. | 7 | 19. | 95 – 26. | 9 | oo. | 24 – 63. | 2 |
| 8 | o2. | 13 – 6o. | 2 | 21. | 36 – o2. | 2 | oo. | 28 – 15. | 1 |
| 9 | o2. | 27 – 67. | 7 | 22. | 76 – 77, | 5 | oo. | 31 – 66. | 9 |

### FRACTIONS DE BOISSEAU.

| | h. | a. | c. |
|---|---|---|---|
| 1/4 | oo. | oo – 87. | 97 |
| 1/2 ou penne | oo. | o1 – 75. | 94 |
| 3/4 | oo. | o2 – 63. | 91 |

# Nº 156

## SÉTERÉE

contenant 480 perches de 18 pans.

( Canne de Graulhet. )

| | SÉTERÉES. | | | O | | | OO | | |
|---|---|---|---|---|---|---|---|---|---|
| | h. | a. | c. | h. | a. | c. | h. | a. | c. |
| 1 | 00. | 76 – 00. | 6 | 07. | 60 – 06. | 3 | 76. | 00 – 62. | 6 |
| 2 | 01. | 52 – 01. | 3 | 15. | 20 – 12. | 5 | 152. | 01 – 25, | 2 |
| 3 | 02. | 28 – 01. | 9 | 22. | 80 – 18. | 8 | 228. | 01 – 87. | 8 |
| 4 | 03. | 04 – 02. | 5 | 30. | 40 – 25. | 0 | 304. | 02 – 50. | 4 |
| 5 | 03. | 80 – 03. | 1 | 38. | 00 – 31. | 3 | 380. | 03 – 13. | 0 |
| 6 | 04. | 56 – 03. | 8 | 45. | 60 – 37. | 6 | 456. | 03 – 75. | 6 |
| 7 | 05. | 32 – 04. | 4 | 53. | 20 – 43. | 8 | 532. | 04 – 38. | 2 |
| 8 | 06. | 08 – 05. | 0 | 60. | 80 – 50. | 1 | 608. | 05 – 00. | 8 |
| 9 | 06. | 84 – 05. | 6 | 68. | 40 – 56. | 3 | 684. | 05 – 63. | 4 |

| | MESURE OU RASE. 1⁄8ᶜ. | | | O | | | BOISSEAU. 1⁄32ᶜ | | |
|---|---|---|---|---|---|---|---|---|---|
| | h. | a. | c. | h. | a. | c. | c. | h. | a. |
| 1 | 00. | 09 – 50. | 1 | 00. | 95 – 00. | 8 | 00. | 02 – 37. | 5 |
| 2 | 00. | 19 – 00. | 2 | 01. | 90 – 01. | 6 | 00. | 04 – 75. | 0 |
| 3 | 00. | 28 – 50. | 2 | 02. | 85 – 02. | 3 | 00. | 07 – 12. | 6 |
| 4 | 00. | 38 – 00. | 3 | 03. | 80 – 03. | 1 | 00. | 09 – 50. | 1 |
| 5 | 00. | 47 – 50. | 4 | 04. | 75 – 03. | 9 | 00. | 11 – 87. | 6 |
| 6 | 00. | 57 – 00. | 5 | 05. | 70 – 04. | 7 | 00. | 14 – 25. | 1 |
| 7 | 00. | 66 – 50. | 5 | 06. | 65 – 05. | 5 | 00. | 16 – 62. | 6 |
| 8 | 00. | 76 – 00. | 6 | 07. | 60 – 06. | 3 | 00. | 19 – 00. | 2 |
| 9 | 00. | 85 – 50. | 7 | 08. | 55 – 07. | 0 | 00. | 21 – 37. | 7 |

### FRACTIONS DE BOISSEAU.

| | | h. | a. | c. |
|---|---|---|---|---|
| 1⁄4 | | 00. | 00 – 59. | 38 |
| 1⁄2 ou penne | | 00. | 01 – 18. | 76 |
| 3⁄4 | | 00. | 01 – 78. | 14 |

# JOURNAL
## de 125 cannes
### ( de Graulhet. )

| JOURNAUX. | | | O | | | OO | | |
|---|---|---|---|---|---|---|---|---|
| h. | a. | c. | h. | a. | c. | h. | a. | c. |
| 1 | 00. 03 – 91. | 0 | 00. 39 – 09. | 8 | 03. 90 – 98. | 0 | | |
| 2 | 00. 07 – 82. | 0 | 00. 78 – 19. | 6 | 07. 81 – 96. | 0 | | |
| 3 | 00. 11 – 72. | 9 | 01. 17 – 29. | 4 | 11. 72 – 94. | 0 | | |
| 4 | 00. 15 – 63. | 9 | 01. 56 – 39. | 2 | 15. 63 – 92. | 0 | | |
| 5 | 00. 19 – 54. | 9 | 01. 95 – 49. | 0 | 19. 54 – 90. | 0 | | |
| 6 | 00. 23 – 45. | 9 | 02. 34 – 58. | 8 | 23. 45 – 88. | 0 | | |
| 7 | 00. 27 – 36. | 9 | 02. 73 – 68. | 6 | 27. 36 – 86. | 0 | | |
| 8 | 00. 31 – 27. | 8 | 03. 12 – 78. | 4 | 31. 27 – 84. | 0 | | |
| 9 | 00. 35 – 18. | 8 | 03. 51 – 88. | 2 | 35. 18 – 82. | 0 | | |

| COUPADE. 1/8ᵉ | | | O | | | BOISSEAU. 1/32ᵉ | | |
|---|---|---|---|---|---|---|---|---|
| h. | a. | c. | h. | a. | c. | h. | a. | c. |
| 1 | 00. 00 – 48. | 9 | 00. 04 – 88. | 7 | 00. 00 – 12. | 2 | | |
| 2 | 00. 00 – 97. | 7 | 00. 09 – 77. | 4 | 00. 00 – 24. | 4 | | |
| 3 | 00. 01 – 46. | 6 | 00. 14 – 66. | 2 | 00. 00 – 36. | 7 | | |
| 4 | 00. 01 – 95. | 5 | 00. 19 – 54. | 9 | 00. 00 – 48. | 9 | | |
| 5 | 00. 02 – 44. | 4 | 00. 24 – 43. | 6 | 00. 00 – 61. | 1 | | |
| 6 | 00. 02 – 93. | 2 | 00. 29 – 32. | 3 | 00. 00 – 73. | 3 | | |
| 7 | 00. 03 – 42. | 1 | 00. 34 – 21. | 1 | 00. 00 – 85. | 5 | | |
| 8 | 00. 03 – 81. | 0 | 00. 38 – 09. | 8 | 00. 00 – 97. | 7 | | |
| 9 | 00. 04 – 39. | 9 | 00. 43 – 98. | 5 | 00. 01 – 10. | 0 | | |

### FRACTIONS DE BOISSEAU.

| | h. a. c. |
|---|---|
| 1/4 | 00. 00 – 03. 03 |
| 1/2 | 00. 00 – 06. 11 |
| 3/4 | 00. 00 – 09. 16 |

## SETIER ou JOURNAL
### de 1200 cannes
#### ( de Graulhet. )

| SETIERS ou JOURNAUX. | | | O | | | OO | | |
|---|---|---|---|---|---|---|---|---|
| h. | a. | c. | h. | a. | c. | h. | a. | c. |
| 1 | 00. 37 | 53. 4 | 03. 75 | 34. | 1 | 37. 53 | 40. | 8 |
| 3 | 00. 75 | 06. 8 | 07. 50 | 68. | 1 | 75. 06 | 81. | 5 |
| 2 | 01. 12 | 60. 2 | 11. 26 | 02. | 2 | 112. 60 | 22. | 3 |
| 4 | 01. 50 | 13. 6 | 15. 01 | 36. | 3 | 150. 13 | 63. | 0 |
| 5 | 01. 87 | 67. 0 | 18. 76 | 70. | 4 | 187. 67 | 03. | 8 |
| 6 | 02. 25 | 20. 4 | 22. 52 | 04. | 5 | 225. 20 | 44. | 5 |
| 7 | 02. 62 | 73. 8 | 26. 27 | 38. | 5 | 262. 73 | 85. | 3 |
| 8 | 03. 00 | 27. 3 | 30. 02 | 72. | 6 | 300. 27 | 26. | 0 |
| 9 | 03. 37 | 80. 7 | 33. 78 | 06. | 7 | 337. 80 | 66. | 8 |

| MÉGÈRE ou COUPADE 1/8° | | | O | | | BOISSEAU. 1/32° | | |
|---|---|---|---|---|---|---|---|---|
| h. | a. | c. | h. | a. | c. | h. | a. | c. |
| 1 | 00. 04 | 69. 2 | 00. 46 | 91. | 8 | 00. 01 | 17. | 3 |
| 2 | 00. 09 | 38. 3 | 00. 93 | 83. | 5 | 00. 02 | 34. | 6 |
| 3 | 00. 14 | 07. 5 | 01. 40 | 75. | 3 | 00. 03 | 51. | 9 |
| 4 | 00. 18 | 76. 7 | 01. 87 | 67. | 0 | 00. 04 | 69. | 2 |
| 5 | 00. 23 | 45. 9 | 02. 34 | 58. | 8 | 00. 05 | 86. | 5 |
| 6 | 00. 28 | 15. 1 | 02. 81 | 50. | 6 | 00. 07 | 03. | 8 |
| 7 | 00. 32 | 84. 2 | 03. 28 | 42. | 3 | 00. 08 | 21. | 1 |
| 8 | 00. 37 | 53. 4 | 03. 75 | 34. | 1 | 00. 09 | 38. | 4 |
| 9 | 00. 42 | 22. 6 | 04. 22 | 25. | 8 | 00. 10 | 55. | 6 |

### FRACTIONS DE BOISSEAU.

| | h. | a. | c. |
|---|---|---|---|
| 1/4 | 00. | 00 | 29. 37 |
| 1/2 | 00. | 00 | 58. 65 |
| 3/4 | 00. | 00 | 88. 02 |

## SÉTERÉE

contenant 1229 perches de 16 pans.

( Canne de Montauban. )

| | SÉTERÉES. | | | O | | | OO | | |
|---|---|---|---|---|---|---|---|---|---|
| | h. | a. | c. | h. | a. | c. | h. | a. | c. |
| 1 | 01. | 66 – 57. | 3 | 16. | 65 – 73. | o | 166. | 57 – 29. | 7 |
| 2 | 03. | 33 – 14. | 6 | 33. | 31 – 45. | 9 | 333. | 14 – 59. | 5 |
| 3 | 04. | 99 – 71. | 9 | 49. | 97 – 18. | 9 | 499. | 71 – 89. | 2 |
| 4 | 06. | 66 – 29. | 2 | 66. | 62 – 91. | 9 | 666. | 29 – 19. | o |
| 5 | 08. | 32 – 86. | 5 | 83. | 28 – 64· | 9 | 832. | 86 – 48. | 8 |
| 6 | 09. | 99 – 43. | 8 | 99. | 94 – 37. | 8 | 999. | 43 – 78. | 5 |
| 7 | 11. | 66 – 01. | 1 | 116. | 6o – 1o. | 8 | 1166. | 01 – 08. | 3 |
| 8 | 13. | 32 – 58. | 4 | 133. | 25 – 83. | 8 | 1332. | 58 – 38. | o |
| 9 | 14. | 99 – 16. | 7 | 149. | 91 – 66. | 8 | 1499. | 16 – 67. | 8 |

| | MESURE ou rase. 1/8° | | | O | | | PUGNÈRE. 1/16° | | |
|---|---|---|---|---|---|---|---|---|---|
| | h. | a. | a. | h. | a. | c. | h. | a. | c. |
| 1 | 00. | 2o – 82. | 2 | 02. | o8 – 21. | 6 | 00. | 1o – 41. | 1 |
| 2 | 00. | 41 – 64. | 3 | o4. | 16 – 43. | 2 | 00. | 2o – 82. | 2 |
| 3 | 00. | 62 – 46. | 5 | o6. | 24 – 64. | 9 | 00. | 31 – 23. | 2 |
| 4 | 00. | 83 – 28. | 6 | o8. | 32 – 86. | 5 | 00. | 41 – 64. | 3 |
| 5 | 01. | 04 – 1o. | 8 | 1o. | 41 – 08. | 1 | 00. | 52 – 05. | 4 |
| 6 | 01. | 24 – 93. | o | 12. | 49 – 29. | 7 | 00. | 62 – 46. | 5 |
| 7 | 01. | 45 – 75. | 1 | 14. | 57 – 51. | 4 | 00. | 72 – 87. | 6 |
| 8 | 01. | 66 – 57. | 3 | 16. | 65 – 73. | o | 00. | 83 – 28. | 6 |
| 9 | 01. | 87 – 39. | 5 | 18. | 73 – 94. | 6 | 00. | 93 – 69. | 7 |

### COUP OU BOISSEAU.

| | h. | a. | c. |
|---|---|---|---|
| 1 | 00. | 02 – 6o. | 3 |
| 2 | 00. | 05 – 2o. | 5 |
| 3 | 00. | o7 – 81. | 8 |

# SÉTERÉE

contenant 320 perches de 18 pans.
( canne de Montauban. )

| | SÉTERÉES. | | | O | | | OO | | |
|---|---|---|---|---|---|---|---|---|---|
| | h. | a. | c. | h. | a. | c. | h. | a. | c. |
| 1 | 00. | 54 – 89. | 2 | 05. | 48 – 91. | 8 | 54. | 89 – 18. | 3 |
| 2 | 01. | 09 – 78. | 4 | 10. | 97 – 83. | 7 | 109. | 78 – 36. | 5 |
| 3 | 01. | 64 – 67. | 5 | 16. | 46 – 75. | 5 | 164. | 67 – 54. | 8 |
| 4 | 02. | 19 – 56. | 7 | 21. | 95 – 67. | 3 | 219. | 56 – 73. | 1 |
| 5 | 02. | 74 – 45. | 9 | 27. | 44 – 59. | 1 | 274. | 45 – 91. | 3 |
| 6 | 03. | 29 – 35. | 1 | 32. | 93 – 51. | o | 329. | 35 – 09. | 6 |
| 7 | 03. | 84 – 24. | 3 | 38. | 42 – 42. | 8 | 384. | 24 – 27. | 9 |
| 8 | 04. | 39 – 13. | 5 | 44. | 91 – 84. | 6 | 439. | 13 – 46. | 1 |
| 9 | 04. | 94 – 02. | 6 | 49. | 40 – 26. | 4 | 494. | 02 – 64. | 4 |

| | MESURE OU RASE. 1/8ᵉ | | | O | | | PUGNÈRE. 1/16ᵉ | | |
|---|---|---|---|---|---|---|---|---|---|
| | h. | a. | c. | h. | a. | c. | h. | a. | c. |
| 1 | 00. | 06 – 86. | 1 | 00. | 68 – 61. | 5 | 00. | 03 – 43. | 1 |
| 2 | 00. | 13 – 72. | 3 | 01. | 37 – 23. | o | 00. | 06 – 86. | 1 |
| 3 | 00. | 20 – 58. | 4 | 02. | 05 – 84. | 4 | 00. | 10 – 29. | 2 |
| 4 | 00. | 27 – 44. | 6 | 02. | 74 – 45. | 9 | 00. | 13 – 72. | 3 |
| 5 | 00. | 84 – 30. | 7 | 03. | 43 – 07. | 4 | 00. | 17 – 15. | 4 |
| 6 | 00. | 41 – 16. | 9 | 04. | 11 – 68. | 9 | 00. | 20 – 58. | 4 |
| 7 | 00. | 48 – 03. | 0 | 04. | 80 – 30. | 3 | 00. | 24 – 01. | 5 |
| 8 | 00. | 54 – 89. | 2 | 05. | 48 – 91. | 8 | 00. | 27 – 44. | 6 |
| 9 | 00. | 61 – 75. | 3 | 06. | 17 – 53. | 3 | 00. | 30 – 87. | 7 |

| | COUP OU BOISSEAU. | | |
|---|---|---|---|
| | h. | a. | c. |
| 1 | 00. | 00 – 85. | 8 |
| 2 | 00. | 01 – 71. | 5 |
| 3 | 00. | 02 – 57. | 3 |

## SÉTERÉE

contenant 1600 perches de 16 pans ou 1024 perches de 20 pans ou 4600 cannes
( de Montauban. )

| SÉTÉRÉES. | | | O | | | OO | | |
|---|---|---|---|---|---|---|---|---|
| h. | a. | c. | h. | a. | c. | h. | a. | c. |
| 1 | o2. | 16 – 85. 7 | 21. | 68 – 56. 6 | 216. | 85 – 66. 0 | | |
| 2 | o4. | 33 – 71. 3 | 43. | 37 – 13. 2 | 433. | 71 – 32. 0 | | |
| 3 | o6. | 50 – 57. o | 65. | o5 – 69. 8 | 65o. | 56 – 98. 0 | | |
| 4 | o8. | 67 – 42. 6 | 86. | 74 – 26. 4 | 867. | 42 – 64. 0 | | |
| 5 | 1o. | 84 – 28. 3 | 1o8. | 42 – 83. o | 1o84. | 28 – 29. 9 | | |
| 6 | 13. | o1 – 14. o | 13o. | 11 – 39. 6 | 13o1. | 13 – 95. 9 | | |
| 7 | 15. | 17 – 99. 6 | 151. | 79 – 96. 2 | 1517, | 99 – 61. 9 | | |
| 8 | 17. | 34 – 85. 3 | 173. | 48 – 52. 8 | 1734. | 85 – 27. 9 | | |
| 9 | 19. | 51 – 7o. 9 | 195. | 17 – o9. 4 | 1951. | 7o – 93. 9 | | |

| MESURE OU RASE. 1/8ᶜ | | | PUGNÈRE. 1/16ₐ | | | BOISSEAU. 1/64ᶜ OU COUP. | | |
|---|---|---|---|---|---|---|---|---|
| h. | a. | c. | h. | a. | c. | c. | a. | h. |
| 1 | oo. | 27 – 1o. 7 | oo. | 13 – 55. 3 | oo. | o3 – 38. 8 | | |
| 2 | oo. | 54 – 21. 4 | oo. | 27 – 1o. 7 | oo. | o6 – 77. 7 | | |
| 3 | oo. | 81 – 32. 1 | oo. | 4o – 66. 1 | oo. | 1o – 16. 5 | | |
| 4 | o1. | o8 – 42. 8 | oo. | 54 – 21. 4 | oo. | 13 – 55. 3 | | |
| 5 | o1. | 35 – 53. 5 | oo. | 67 – 76. 8 | oo. | 16 – 94. 2 | | |
| 6 | o1. | 62 – 64. 2 | oo. | 81 – 32. 1 | oo. | 2o – 33. o | | |
| 7 | o1. | 89 – 74. 9 | oo. | 94 – 87. 5 | oo. | 23 – 71. 9 | | |
| 8 | o2. | 16 – 85. 7 | o1. | o8 – 42. 8 | oo. | 27 – 1o. 7 | | |
| 9 | o2. | 43 – 96. 4 | o1. | 21 – 98. 2 | oo. | 3o – 49. 5 | | |

### COUP OU BOISSEAU.

| h. | a. | c. |
|---|---|---|
| oo. | oo – 84. 7 | |
| oo. | o1 – 69. 4 | |
| oo. | o2 – 54. 1 | |

## ARPENT

### contenant 441 perches de 16 pans,

#### ( canne de Villemur. )

| | ARPENTS. | | | O | | | OO | | |
|---|---|---|---|---|---|---|---|---|---|
| | h. | a. | c. | h. | a. | c. | h. | a. | c. |
| 1 | 00. | 58 – 6o. | 5 | o5. | 86 – o4. | 9 | 58. | 6o – 48. | 6 |
| 2 | 01. | 17 – 21. | o | 11. | 72 – o9. | 7 | 117. | 2o – 97. | 2 |
| 3 | 01. | 75 – 81. | 5 | 17. | 58 – 14. | 6 | 175. | 81 – 45. | 9 |
| 4 | 02. | 34 – 41. | 9 | 23. | 44 – 19. | 4 | 234. | 41 – 94. | 5 |
| 5 | 02. | 93 – o2. | 4 | 29. | 3o – 24. | 3 | 293. | o2 – 43. | 1 |
| 6 | o3. | 51 – 62. | 9 | 35. | 16 – 29. | 2 | 351. | 62 – 91. | 8 |
| 7 | o4. | 1o – 23. | 4 | 41. | o2 – 34. | o | 41o. | 23 – 4o. | 4 |
| 8 | o4. | 68 – 83. | 9 | 46. | 88 – 38. | 9 | 468. | 83 – 89. | o |
| 9 | o5. | 27 – 44. | 4 | 52. | 74 – 43. | 8 | 527. | 44 – 37. | 6 |

| | MESURE OU RASE. 1⁄4 | | | PUGNÈRE. 1⁄8ᵉ | | | COUP ou BOISSEAU 1⁄32ᵉ | | |
|---|---|---|---|---|---|---|---|---|---|
| | h. | a. | c. | h. | a. | c. | h. | a. | c. |
| 1 | 00. | 14 – 65. | 1 | 00. | o7 – 32. | 6 | 00. | o1 – 83. | 1 |
| 2 | 00. | 29 – 3o. | 2 | oo. | 14 – 65. | 1 | 00. | o3 – 66. | 8 |
| 3 | 00. | 43 – 95. | 4 | 00. | 21 – 97. | 7 | 00. | o5 – 49. | 4 |
| 4 | 00. | 58 – 6o. | 5 | 00. | 29 – 3o. | 2 | 00. | o7 – 32. | 6 |
| 5 | 00. | 73 – 25. | 6 | 00. | 36 – 62. | 8 | 00. | o9 – 15. | 7 |
| 6 | 00. | S7 – 9o. | 7 | 00. | 43 – 95. | 4 | 00. | 1o – 98. | 8 |
| 7 | 01. | o2 – 55. | 8 | 00. | 51 – 27. | 9 | 00. | 12 – 82. | o |
| 8 | 01. | 17 – 21. | o | oo. | 58 – 6o. | 5 | 00. | 14 – 65. | 1 |
| 9 | 01. | 31 – 86. | 1 | 00. | 65 – 93. | o | 00. | 16 – 48. | 3 |

### FRACTIONS DE BOISSEAU.

| | h. | a. | c. |
|---|---|---|---|
| 1⁄4 | oo. | 00 – 45. | 78 |
| 1⁄2 | oo. | 00 – 91. | 57 |
| 3⁄4 | oo. | 01 – 37. | 35 |

# ARPENT

contenant 576 perches de 16 pans.

(canne de Villemur.)

| | ARPENT. | | | O | | | OO | | |
|---|---|---|---|---|---|---|---|---|---|
| | h. | a. | c. | h. | a. | c. | h. | a. | c. |
| 1 | 00. | 76 – 54. | 5 | 07. | 65 – 45. | 1 | 76. | 54 – 51. | 3 |
| 2 | 01. | 53 – 09. | 0 | 15. | 30 – 9o. | 2 | 153. | 09 – 02. | 5 |
| 3 | 02. | 29 – 63. | 5 | 22. | 96 – 35. | 4 | 229. | 63 – 53. | 8 |
| 4 | 03. | 06 – 18. | 0 | 3o. | 61 – 8o. | 5 | 3o6. | 18 – 05. | 0 |
| 5 | 03. | 82 – 72. | 6 | 38. | 27 – 25. | 6 | 382. | 72 – 56. | 3 |
| 6 | 04. | 59 – 27. | 1 | 45. | 92 – 7o. | 8 | 459. | 27 – 07. | 6 |
| 7 | 05. | 35 – 81. | 6 | 53. | 58 – 15. | 9 | 535. | 81 – 58. | 9 |
| 8 | 06. | 12 – 36. | 1 | 61. | 23 – 61. | 0 | 612. | 36 – 1o. | 1 |
| 9 | 06. | 88 – 9o. | 6 | 68. | 89 – 06. | 1 | 688. | 9o – 61. | 4 |

| | MESURE OU RASE. 1/4 | | | PUGNERE. 1/8.e | | | COUP ou BOISSEAU. 1/32e | | |
|---|---|---|---|---|---|---|---|---|---|
| | h. | a. | c. | h. | a. | c. | h. | a. | c. |
| 1 | 00. | 19 – 13. | 6 | 00. | 09 – 56. | 8 | 00. | 02 – 39. | 2 |
| 2 | 00. | 38 – 27. | 3 | 00. | 19 – 13. | 6 | 00. | 04 – 78. | 4 |
| 3 | 00. | 57 – 4o. | 9 | 00. | 28 – 7o. | 4 | 00. | 07 – 17. | 6 |
| 4 | 00. | 76 – 54. | 5 | 00. | 38 – 27. | 3 | 00. | 09 – 56. | 8 |
| 5 | 00. | 95 – 68. | 1 | 00. | 47 – 84. | 1 | 00. | 11 – 96. | 0 |
| 6 | 01. | 14 – 81. | 8 | 00. | 57 – 4o. | 9 | 00. | 14 – 35. | 2 |
| 7 | 01. | 33 – 95. | 4 | 00. | 66 – 97. | 7 | 00. | 16 – 74. | 4 |
| 8 | 01. | 53 – 09. | 0 | 00. | 76 – 54. | 5 | 00. | 19 – 13. | 6 |
| 9 | 01. | 72 – 22. | 7 | 00. | 86 – 11. | 3 | 00. | 21 – 52. | 8 |

## FRACTIONS DE BOISSEAU.

| | | h. | a. | c. |
|---|---|---|---|---|
| 1/4 | | 00. | 00 – 59. | 8 |
| 1/2 ou penne | | 00. | 01 – 19. | 6 |
| 3/4 | | 00. | 01 – 79. | 4 |

# SÉTERÉE

### de 1024 cannes
#### (de Villemur.)

| SETERÉES. | | | O | | | OO | | |
|---|---|---|---|---|---|---|---|---|
| h. | a. | c. | h. | a. | c. | h. | a. | c. |
| 1 | 00. 34 | – 02. 0 | 03. 40 | – 20. | 1 | 34. 02 | – 00. | 6 |
| 2 | 00. 68 | – 04. 0 | 06. 80 | – 40. | 1 | 68. 04 | – 01. | 1 |
| 3 | 01. 02 | – 06. 0 | 10. 20 | – 60. | 2 | 102. 06 | – 01. | 7 |
| 4 | 01. 36 | – 08. 0 | 13. 60 | – 80. | 2 | 136. 08 | – 02. | 2 |
| 5 | 01. 70 | – 10. 0 | 17. 01 | – 00. | 3 | 170. 10 | – 02. | 8 |
| 6 | 02. 04 | – 12. 0 | 20. 41 | – 20. | 3 | 204. 12 | – 03. | 4 |
| 7 | 02. 38 | – 14. 0 | 23. 81 | – 40. | 4 | 238. 14 | – 04. | 0 |
| 8 | 02. 72 | – 16. 0 | 27. 21 | – 60. | 5 | 272. 16 | – 04. | 5 |
| 9 | 03. 06 | – 18. 0 | 30. 61 | – 80. | 5 | 306. 18 | – 05. | 1 |

| QUARTIÈRE OU QUARTERÉE 1/4 | | | O | | | BOISSEAU.1/32e | | |
|---|---|---|---|---|---|---|---|---|
| h. | a. | c. | h. | a. | c. | h. | a. | c. |
| 1 | 00. 08 | – 50. 5 | 00. 85 | – 05. | 0 | 00. 02 | – 12. | 6 |
| 2 | 00. 17 | – 01. 0 | 01. 70 | – 10. | 0 | 00. 04 | – 25. | 2 |
| 3 | 00. 25 | – 51. 5 | 02. 55 | – 15. | 0 | 00. 06 | – 37. | 9 |
| 4 | 00. 34 | – 02. 0 | 03. 40 | – 20. | 1 | 00. 08 | – 50. | 5 |
| 5 | 00. 42 | – 52. 5 | 04. 25 | – 25. | 1 | 00. 10 | – 63. | 1 |
| 6 | 00. 51 | – 03. 0 | 05. 10 | – 30. | 1 | 00. 12 | – 75. | 7 |
| 7 | 00. 59 | – 53. 5 | 05. 95 | – 35. | 1 | 00. 14 | – 88. | 4 |
| 8 | 00. 68 | – 04. 0 | 06. 80 | – 40. | 1 | 00. 17 | – 01. | 0 |
| 9 | 00. 76 | – 54. 5 | 07. 65 | – 45. | 1 | 00. 19 | – 13. | 6 |

### FRACTIONS DE BOISSEAU.

| | h. | a. | c. |
|---|---|---|---|
| 1/4 | 00. | 00 – 53. | 15 |
| 1/2 | 00. | 01 – 06. | 31 |
| 3/4 | 00. | 01 – 59. | 47 |

# MESURES DE VOLUMES.

## OU DE SOLIDITÉ,

destinées aux corps durs. (*Voir page* 15.)

## OBSERVATIONS.

Au n° 165 qui donne la réduction de la toise cube et de ses subdivisions les petites lettres m. d. c. doivent se traduire par les mots *mètre cube*, *décimètre cube*, *centimètre cube*.

Depuis le n° 166 jusqu'au n° 170 inclusivement les abréviations *st. d.* doivent se traduire par les mots *stère et décistère*.

Nota *Il est bon de relire les notes qui précèdent le tableau n° 1.*

# TOISE CUBE

N° 165

ET SES SUBDIVISIONS.

| | TOISES CUBES. | O | OO | PIEDS CUBES. | O | POUCES CUBES. |
|---|---|---|---|---|---|---|
| | m.   d. | m.   d. | m.   d. | m.   d. | m.   d. | m.   d.   c. |
| 1 | 7 – 4o3. 9 | 74 – o38. 9 | 74o – 389. 0 | 0 – o34. 28 | 0 – 342. 77 | 0 – 000. 019. 8 |
| 2 | 14 – 8o7. 8 | 148 – o77. 8 | 1,48o – 778. 1 | 0 – o68. 55 | 0 – 685. 55 | 0 – 000. 039. 7 |
| 3 | 22 – 2ll. 7 | 222 – 116. 7 | 2,221 – 167. 1 | 0 – 1o2. 83 | 1 – o28. 32 | 0 – 000. 059. 5 |
| 4 | 29 – 615. 6 | 296 – 155. 6 | 2,961 – 556. 1 | 0 – 137. 11 | 1 – 371. 09 | 0 – 000. o79. 3 |
| 5 | 37 – o19. 5 | 37o – 194. 5 | 3,7o1 – 945. 2 | 0 – 171. 39 | 1 – 713. 86 | 0 – 000. 099. 2 |
| 6 | 44 – 423. 3 | 444 – 233. 4 | 4,442 – 334. 2 | 0 – 2o5. 66 | 2 – o56. 64 | 0 – 000. 119. 0 |
| 7 | 51 – 827. 2 | 518 – 272. 3 | 5,182 – 723. 2 | 0 – 239. 94 | 2 – 399. 40 | 0 – 000. 138. 8 |
| 8 | 59 – 23l. 1 | 592 – 3ll. 2 | 5,923 – 112. 3 | 0 – 274. 22 | 2 – 742. 18 | 0 – 000. 158. 7 |
| 9 | 66 – 635. o | 666 – 350. 1 | 6,663 – 5o1. 3 | 0 – 3o8. 50 | 3 – o84. 95 | 0 – 000. 178. 5 |

# POUR LE BOIS DE CHAUFFAGE.

## ARRONDISSEMENT DE GAILLAC.

| CADALEN ET CORDES. | | | | LISLE. | | | |
|---|---|---|---|---|---|---|---|
| **CANNE** | | **O** | | **BUCHER.** | | **O** | |
| st. | d. | st. | d. | st. | d. | st. | d. |
| 1 | 3 − 7. 4 | 37 − 4. 2 | | 3 − 7. 9 | | 37 − 9. 3 | |
| 2 | 7 − 4. 8 | 74 − 8. 4 | | 7 − 5. 9 | | 75 − 8. 6 | |
| 3 | 11 − 2. 3 | 112 − 2. 6 | | 11 − 3. 8 | | 113 − 7. 9 | |
| 4 | 14 − 9. 7 | 149 − 6. 8 | | 15 − 1. 7 | | 151 − 7. 2 | |
| 5 | 18 − 7. 1 | 187 − 1. o | | 18 − 9. 6 | | 189 − 6. 5 | |
| 6 | 22 − 4. 5 | 224 − 5. 2 | | 22 − 7. 6 | | 227 − 5. 8 | |
| 7 | 26 − 1. 9 | 261 − 9. 4 | | 26 − 5. 5 | | 265 − 5. 1 | |
| 8 | 29 − 9. 4 | 299 − 3. 6 | | 30 − 3. 4 | | 3o3 − 4. 4 | |
| 9 | 33 − 6. 8 | 336 − 7. 8 | | 34 − 1. 4 | | 341 − 3. 7 | |

| FRACTIONS. | | FRACTIONS. | |
|---|---|---|---|
| st. | d. | st. | d. |
| 1/4 | o − 4. 4 | 1/4 | o − 9. 5 |
| 1/2 | o − 8. 7 | 1/2 | 1 − 9. o |
| 3/4 | 1 − 3. 1 | 3/4 | 2 − 8. 4 |

| GAILLAC ET SALVAGNAC. | | | | RABASTENS. | | | |
|---|---|---|---|---|---|---|---|
| **BUCHER.** | | **O** | | **BUCHER.** | | **O** | |
| st. | d. | st. | d. | st. | d. | st. | d. |
| 1 | 3 − 6. 4 | 36 − 4. 4 | | 3 − 8. 3 | | 38 − 2. 6 | |
| 2 | 7 − 2. 9 | 72 − 8. 8 | | 7 − 6. 5 | | 76 − 5. 3 | |
| 3 | 1o − 9. 3 | 1o9 − 3. 2 | | 11 − 4. 8 | | 114 − 7. 9 | |
| 4 | 14 − 5. 8 | 145 − 7. 6 | | 15 − 3. 1 | | 153 − o. 6 | |
| 5 | 18 − 2. 2 | 182 − 2. o | | 19 − 1. 3 | | 191 − 3. 2 | |
| 6 | 21 − 8. 6 | 218 − 6. 4 | | 22 − 9. 6 | | 229 − 5. 9 | |
| 7 | 25 − 5. 1 | 255 − o. 8 | | 26 − 7. 9 | | 267 − 8. 5 | |
| 8 | 29 − 1. 5 | 292 − 5. 2 | | 3o − 6. 1 | | 3o6 − 1. 2 | |
| 9 | 32 − 8. o | 327 − 9. 6 | | 34 − 4. 4 | | 344 − 3. 8 | |

| FRACTIONS. | | FRACTIONS. | |
|---|---|---|---|
| st. | d. | st. | d. |
| 1/4 | o − 9. 1 | 1/4 | o − 9. 6 |
| 1/2 | 1 − 8. 2 | 1/2 | 1 − 9. 1 |
| 3/4 | 2 − 7. 3 | 3/4 | 2 − 8. 7 |

### RÉALMONT.

| PAGELLE | O | | FRACTIONS. |
|---|---|---|---|
| st. d. | st. d. | | st. d. |
| 1  2 – 0. 7 | 20 – 7. 5 | | 1/4   0 – 5. 2 |
| 2  4 – 1. 5 | 41 – 5. 1 | | 1/2   1 – 0. 4 |
| 3  6 – 2. 3 | 62 – 2. 6 | | 3/4   1 – 5. 6 |
| 4  8 – 3. 0 | 83 – 0. 2 | | |
| 5  10 – 3. 8 | 103 – 7. 7 | | |
| 6  12 – 4. 5 | 124 – 5. 3 | | |
| 7  14 – 5. 3 | 145 – 2. 8 | | |
| 8  16 – 6. 0 | 166 – 0. 4 | | |
| 9  18 – 6. 8 | 186 – 7. 9 | | |

## N° 168 ARRONDISSEMENT DE CASTRES.

| | BRASSAC, CASTRES, MONTREDON, BOQUE-COURBE, VIELMUR. | | LABRUGUIÈRE. | |
|---|---|---|---|---|
| | CANNE OU PAGELLE. | O | BUCHER. | O |
| | st. d. | st. d. | st. d. | st. d. |
|   | 1 – 6. 4 | 16 – 4. 0 | 1 – 2. 3 | 12 – 3. 0 |
| 1 | 3 – 2. 8 | 32 – 8. 0 | 2 – 4. 6 | 24 – 6. 0 |
| 2 | 4 – 9. 2 | 49 – 2. 0 | 3 – 6. 9 | 36 – 9. 0 |
| 3 | 6 – 5. 6 | 65 – 6. 0 | 4 – 9. 2 | 49 – 2. 0 |
| 4 | 8 – 2. 0 | 82 – 0. 0 | 6 – 1. 5 | 61 – 5. 0 |
| 5 | 9 – 8. 4 | 98 – 4. 0 | 7 – 3. 8 | 73 – 8. 0 |
| 6 | 11 – 4. 8 | 114 – 8. 0 | 8 – 6. 1 | 86 – 1. 0 |
| 7 | 13 – 1. 2 | 131 – 2. 0 | 9 – 8. 4 | 98 – 4. 0 |
| 9 | 14 – 7. 0 | 147 – 0. 0 | 11 – 0. 7 | 110 – 7. 0 |

| FRACTIONS. | | FRACTIONS. | |
|---|---|---|---|
| st. d. | | st. d. | |
| 1/4   0 – 4. 1 | | 1/4   0 – 3. 1 | |
| 1/2   0 – 8. 2 | | 1/2   0 – 6. 1 | |
| 3/4   1 – 2. 3 | | 3/4   0 – 9. 2 | |

# Suite du N° 168

## DOURGNE. / LAUTREC.

| | CANON. | | O | | CANNE. | | O | |
|---|---|---|---|---|---|---|---|---|
| | st. d. | | st. d. | | st. d. | | st. d. | |
| 1 | 1 – 2. | 1 | 12 – 1. | 0 | 1 – 6. | 7 | 16 – 6. | 8 |
| 2 | 2 – 4. | 2 | 24 – 2. | 0 | 3 – 3. | 4 | 33 – 3. | 6 |
| 3 | 3 – 6. | 3 | 36 – 3. | 0 | 5 – 0. | 0 | 50 – 0. | 4 |
| 4 | 4 – 8. | 4 | 48 – 4. | 0 | 6 – 6. | 7 | 66 – 7. | 2 |
| 5 | 6 – 0. | 5 | 60 – 5. | 0 | 8 – 3. | 4 | 83 – 4. | 0 |
| 6 | 7 – 2. | 6 | 72 – 6. | 0 | 10 – 0. | 1 | 100 – 0. | 8 |
| 7 | 8 – 4. | 7 | 84 – 7. | 0 | 11 – 6. | 8 | 116 – 7. | 6 |
| 8 | 9 – 6. | 8 | 96 – 8. | 0 | 13 – 3. | 4 | 133 – 4. | 4 |
| 9 | 10 – 8. | 9 | 108 – 9. | 0 | 15 – 0. | 1 | 150 – 1. | 2 |

| FRACTIONS. | | FRACTIONS. | |
|---|---|---|---|
| st. d. | | st. d. | |
| 1/4 | 0 – 3. 0 | 1/4 | 0 – 4. 2 |
| 1/2 | 0 – 6. 0 | 1/2 | 0 – 8. 3 |
| 3/4 | 0 – 9. 1 | 3/4 | 1 – 2. 5 |

## MAZAMET. / VABRE.

| | BUCHER. | | O | | PILE. | | O | |
|---|---|---|---|---|---|---|---|---|
| | st. d. | | st. d. | | st. d. | | st. d. | |
| 1 | 7 – 9. | 9 | 79 – 9. | 0 | 1 – 9. | 8 | 19 – 8. | 0 |
| 2 | 15 – 9. | 8 | 159 – 8. | 0 | 3 – 9. | 6 | 39 – 6. | 0 |
| 3 | 23 – 9. | 7 | 239 – 7. | 0 | 5 – 9. | 4 | 59 – 4. | 0 |
| 4 | 31 – 9. | 6 | 319 – 6. | 0 | 7 – 9. | 2 | 79 – 2. | 0 |
| 5 | 39 – 9. | 5 | 199 – 5. | 0 | 9 – 9. | 0 | 99 – 0. | 0 |
| 6 | 47 – 9. | 4 | 479 – 4. | 0 | 11 – 8. | 8 | 118 – 8. | 0 |
| 7 | 55 – 9. | 3 | 559 – 3. | 0 | 13 – 8. | 6 | 138 – 6. | 0 |
| 8 | 63 – 9. | 2 | 639 – 2. | 0 | 15 – 8. | 4 | 158 – 4. | 0 |
| 9 | 71 – 9. | 1 | 719 – 1. | 0 | 17 – 8. | 2 | 178 – 2. | 0 |

| FRACTIONS. | | FRACTIONS. | |
|---|---|---|---|
| st. d. | | st. d. | |
| 1/4 | 2 – 0. 0 | 1/4 | 0 – 4. 9 |
| 1/2 | 3 – 9. 9 | 1/2 | 0 – 9. 4 |
| 3/4 | 5 – 9. 9 | 3/4 | 1 – 4. 8 |

## ARRONDISSEMENT DE LAVAUR.

### CUQ-TOULZA ET st.-PAUL. — GRAULHET.

| | CUQ-TOULZA ET st.-PAUL. BUCHER. st. d. | O st. d. | GRAULHET. BUCHER. st. d. | O st. d. |
|---|---|---|---|---|
| 1 | 2 – 5. 6 | 25 – 6. 0 | 2 – 4. 3 | 24 – 3. 0 |
| 2 | 5 – 1. 2 | 51 – 2. 0 | 4 – 8. 6 | 48 – 6. 0 |
| 3 | 7 – 6. 8 | 76 – 8. 0 | 7 – 2. 9 | 72 – 9. 0 |
| 4 | 1o – 2. 4 | 1o2 – 4. 0 | 9 – 7. 2 | 97 – 2. 0 |
| 5 | 12 – 8. 0 | 128 – 0. 0 | 12 – 1. 5 | 121 – 5. 0 |
| 6 | 15 – 3. 6 | 153 – 6. 0 | 14 – 5. 8 | 145 – 8. 0 |
| 7 | 17 – 9. 2 | 179 – 2. 0 | 17 – o. 1 | 170 – 1. 0 |
| 8 | 2o – 4. 8 | 2o4 – 8. 0 | 19 – 4. 4 | 194 – 4. 0 |
| 9 | 23 – o. 4 | 23o – 4. 0 | 21 – 8. 7 | 218 – 7. 0 |

| FRACTIONS st. d. | | FRACTIONS. st. d. | |
|---|---|---|---|
| 1/4 | 0 – 6. 4 | 1/4 | 0 – 6. 1 |
| 1/2 | 1 – 2. 8 | 1/2 | 1 – 2. 1 |
| 3/4 | 1 – 9. 2 | 3/4 | 1 – 8. 2 |

### LAVAUR. — PUYLAURENS.

| | LAVAUR. BUCHER. st. d. | O st. d. | PUYLAURENS. CHARRETÉE. st. d. | O st. d. |
|---|---|---|---|---|
| 1 | 2 – 9. 2 | 29 – 1. 9 | 1 – 8. 6 | 18 – 6. 0 |
| 2 | 5 – 8. 4 | 58 – 3. 8 | 3 – 7. 2 | 37 – 2. 0 |
| 3 | 8 – 7. 6 | 87 – 5. 7 | 5 – 5. 8 | 55 – 8. 0 |
| 4 | 11 – 6. 8 | 116 – 7. 6 | 7 – 4. 4 | 74 – 4. 0 |
| 5 | 14 – 5. 9 | 145 – 9. 5 | 9 – 3. 0 | 93 – 0. 0 |
| 6 | 17 – 5. 1 | 175 – 1. 4 | 11 – 1. 6 | 111 – 6. 0 |
| 7 | 2o – 4. 3 | 2o4 – 3. 3 | 13 – o. 2 | 13o – 2. 0 |
| 8 | 23 – 3. 5 | 233 – 5. 2 | 14 – 8. 8 | 148 – 8. 0 |
| 9 | 26 – 2. 7 | 262 – 7. 1 | 16 – 7. 4 | 167 – 4. 0 |

| FRACTIONS. st. d. | | FRACTIONS. st. d. | |
|---|---|---|---|
| 1/4 | 0 – 7. 3 | 1/4 | 0 – 4. 6 |
| 1/2 | 1 – 4. 6 | 1/2 | 0 – 9. 3 |
| 3/4 | 2 – 1. 0 | 3/4 | 1 – 3. 9 |

# MESURES DE CAPACITÉ

## POUR LES GRAINS

## OBSERVATIONS:

Depuis le n° 170 jusqu'au n° 191 inclusivement les abréviations h. l. d. doivent se traduire par lesmots *hectolitre, litre* et *décilitre*.

Nota. *Revoir les notes qui précèdent le n° 1 anisi que les explications de la page 16.*

Si l'unité principale des mesures de capacité en général est le *litre*, et d'après l'ordre adopté jusqu'ici, le — devrait se trouver entre le litre unité principale, et le décilitre; néanmoins on fera observer que dans les tables destinées aux mesures des grains, le — suit immédiatement l'hectolitre. La raison de ce changement c'est que dans l'usage l'hectolitre est plus particulièrement considéré comme unité principale de mesure de grains.

## MESURES DE CAPACITÉ

### POUR LES GRAINS.

| | SETIER. | O | MESURE. 1/8ᶜ | BOISSEAU. 1/32ᶜ |
|---|---|---|---|---|
| | h.    l. | h.    l. | h.  l.  d. | h.  l.  d. |
| 1 | 1 – 31 | 13 – 12 | o – 16.  4 | o – o4.  1 |
| 2 | 2 – 62 | 26 – 24 | o – 32.  8 | o – o8.  2 |
| 3 | 3 – 94 | 39 – 36 | o – 49.  2 | o – 12.  3 |
| 4 | 5 – 25 | 52 – 48 | o – 65.  6 | o – 16.  4 |
| 5 | 6 – 56 | 65 – 6o | o – 82.  o | o – 2o.  5 |
| 6 | 7 – 87 | 78 – 72 | o – 98.  4 | o – 24.  6 |
| 7 | 9 – 18 | 91 – 84 | 1 – 14.  8 | o – 28.  7 |
| 8 | 1o – 5o | 1o4 – 96 | 1 – 31.  2 | o – 32.  8 |
| 9 | 11 – 81 | 118 – o8 | 1 – 47.  6 | o – 36.  9 |

#### FRACTIONS DE BOISSEAU.

| | h.  l.  d. |
|---|---|
| 1/4 | o – o1.  o.  25 |
| 1/2 | o – o2.  o.  5o |
| 3/4 | o – o3.  o.  75 |

# N° 171

| | SETIER. | O | MESURE. 1/8ᶜ | BOISSEAU. 1/32ᵉ |
|---|---|---|---|---|
| | h.    l. | h.    l. | h.  l.  d. | h.  l.  d. |
| 1 | 1 – 4o | 13 – 96 | o – 17.  4 | o – o4.  4 |
| 2 | 2 – 79 | 27 – 92 | o – 34.  9 | o – o8.  7 |
| 3 | 4 – 19 | 41 – 88 | o – 52.  3 | o – 13.  1 |
| 4 | 5 – 58 | 55 – 84 | o – 69.  8 | o – 17.  4 |
| 5 | 6 – 98 | 69 – 8o | o – 87.  2 | o – 21.  8 |
| 6 | 8 – 38 | 83 – 76 | 1 – o4.  7 | o – 26.  2 |
| 7 | 9 – 77 | 97 – 72 | 1 – 22.  1 | o – 3o.  5 |
| 8 | 11 – 17 | 111 – 68 | 1 – 39.  6 | o – 34.  9 |
| 9 | 12 – 56 | 125 – 64 | 1 – 57.  o | o – 39.  3 |

#### FRACTIONS DE BOISSEAU.

| | h.  l.  d. |
|---|---|
| 1/4 | o – o1.  o.  91 |
| 1/2 | o – o2.  1.  81 |
| 3/4 | o – o3.  2.  72 |

| SETIER. | O | RASE. 1/8ᵉ | BOISSEAU 1/32ᵉ |
|---|---|---|---|
| h.    l. | h.    l. | h.    l.   d | h.    l.   d. |
| 1 – 26 | 12 – 6o | o – 15.   7 | o – o3.   9 |
| 2 – 52 | 25 – 2o | o – 31.   5 | o – o7.   9 |
| 3 – 78 | 37 – 8o | o – 47.   2 | o – 11.   8 |
| 5 – o4 | 5o – 4o | o – 63.   o | o – 15.   7 |
| 6 – 3o | 63 – oo | o – 78.   7 | o – 19.   7 |
| 7 – 56 | 75 – 6o | o – 94.   5 | o – 23.   6 |
| 8 – 82 | 88 – 2o | 1 – 1o.   2 | o – 27.   6 |
| 1o – o8 | 1oo – 8o | 1 – 26.   o | o – 31.   5 |
| 11 – 34 | 113 – 4o | 1 – 41.   7 | o – 35.   4 |

FRACTIONS DE BOISSEAU.

|  | h.   l.   d. |
|---|---|
| 1/4 | o – oo.   9.   84 |
| 1/2 ou penne | o – o1.   9.   69 |
| 3/4 | o – o2.   9.   53 |



| SETIER. | O | RASE. 1/8ᶜ | BOISSEAU 1/32ᵉ |
|---|---|---|---|
| h.    l. | h.    l. | h.    l.   d. | h.    l.   d. |
| 1 – 38 | 13 – 76 | o – 17.   2 | o – o4.   3 |
| 2 – 75 | 27 – 52 | o – 34.   4 | o – o8.   6 |
| 4 – 13 | 41 – 28 | o – 51.   6 | o – 12.   9 |
| 5 – 5o | 55 – o4 | o – 68.   8 | o – 17.   2 |
| 6 – 88 | 68 – 8o | o – 86.   o | o – 21.   5 |
| 8 – 26 | 82 – 56 | 1 – o3.   2 | o – 25.   8 |
| 9 – 63 | 96 – 32 | 1 – 2o.   4 | o – 29.   1 |
| 11 – o1 | 11o – o8 | 1 – 37.   6 | o – 34.   4 |
| 12 – 38 | 123 – 84 | 1 – 54.   8 | o – 38.   7 |

FRACTIONS DE BOISSEAU.

|  | h.   l.   d. |
|---|---|
| 1/4 | o – o1.   o.   75 |
| 1/2 | o – o2.   1.   5o |
| 3/4 | o – o3.   2.   25 |

| | SETIER. | O | RASE. 1/8ᵉ | | | BOISSEAU. 1/48ᵉ | | |
|---|---|---|---|---|---|---|---|---|
| | h.   l. | h.   l. | h. | l. | d. | h. | l. | d. |
| 1 | 1 – 55 | 15 – 48 | 0 – | 19. | 3 | 0 – | 03. | 2 |
| 2 | 3 – 1o | 3o – 96 | 0 – | 38. | 7 | 0 – | o6. | 4 |
| 3 | 4 – 64 | 46 – 44 | 0 – | 58. | o | 0 – | o9. | 7 |
| 4 | 6 – 19 | 61 – 92 | 0 – | 77. | 4 | 0 – | 12. | 9 |
| 5 | 7 – 74 | 77 – 4o | 0 – | 96. | 7 | 0 – | 16. | 1 |
| 6 | 9 – 29 | 92 – 88 | 1 – | 16. | 1 | 0 – | 19. | 3 |
| 7 | 1o – 84 | 1o8 – 36 | 1 – | 35. | 4 | 0 – | 22. | 6 |
| 8 | 12 – 38 | 123 – 84 | 1 – | 54. | 8 | 0 – | 25. | 8 |
| 9 | 13 – 93 | 139 – 32 | 1 – | 74. | 1 | 0 – | 29. | o |

FRACTIONS DE BOISSEAU.

| | h. | l. | d. | |
|---|---|---|---|---|
| 1/4 | 0 – | 01. | 6. | 12 |
| 1/2 | 0 – | o3. | 2. | 25 |
| 3/4 | 0 – | o4. | 8. | 37 |



| | SETIER. | O | RASE. 1/8ᵉ | | | BOISSEAU. 1/48ᵉ | | |
|---|---|---|---|---|---|---|---|---|
| | h.   l. | h.   l. | h. | l. | d. | h. | l. | d. |
| 1 | 1 – 27 | 12 – 72 | 0 – | 15. | 9 | 0 – | o2. | 6 |
| 2 | 2 – 54 | 25 – 44 | 0 – | 31. | 8 | 0 – | o5. | 3 |
| 3 | 3 – 81 | 38 – 16 | 0 – | 47. | 7 | 0 – | o7. | 9 |
| 4 | 5 – o8 | 5o – 88 | 0 – | 63. | 6 | 0 – | 1o. | 6 |
| 5 | 6 – 36 | 63 – 6o | 0 – | 79. | 5 | 0 – | 13. | 2 |
| 6 | 7 – 63 | 76 – 32 | 0 – | 95. | 4 | 0 – | 15. | 9 |
| 7 | 8 – 9o | 89 – o4 | 1 – | 11. | 3 | 0 – | 18. | 5 |
| 8 | 1o – 18 | 1o1 – 76 | 1 – | 27. | 2 | 0 – | 21. | 2 |
| 9 | 11 – 45 | 114 – 48 | 1 – | 43. | 1 | 0 – | 23. | 8 |

FRACTIONS DE BOISSEAU.

| | h. | l. | d. | |
|---|---|---|---|---|
| 1/4 | 0 – | 00. | 6. | 62 |
| 1/2 | 0 – | 01. | 3. | 25 |
| 3/4 | 0 – | 01. | 9. | 87 |

# N° 176

| | SETIER. | O | MESURE. 1/8ᶜ | BOISSEAU. 1/48ᶜ |
|---|---|---|---|---|
| | h.   l. | h.   l. | h.   l.   d. | h.   l.   d. |
| 1 | 1 – 67 | 16 – 74 | 0 – 20. 9 | 0 – 03. 5 |
| 2 | 3 – 35 | 33 – 48 | 0 – 41. 8 | 0 – 07. 0 |
| 3 | 5 – 02 | 50 – 22 | 0 – 62. 8 | 0 – 10. 5 |
| 4 | 6 – 70 | 66 – 96 | 0 – 83. 7 | 0 – 13. 9 |
| 5 | 8 – 37 | 83 – 70 | 1 – 04. 6 | 0 – 17. 4 |
| 6 | 10 – 04 | 100 – 44 | 1 – 25. 5 | 0 – 20. 9 |
| 7 | 11 – 72 | 117 – 18 | 1 – 46. 5 | 0 – 24. 4 |
| 8 | 13 – 39 | 133 – 92 | 1 – 67. 4 | 0 – 27. 9 |
| 9 | 15 – 07 | 150 – 66 | 1 – 88. 3 | 0 – 31. 4 |

FRACTIONS DE BOISSEAU.

| | h.   l.   d. |
|---|---|
| 1/4 | 0 – 00. 8. 97 |
| 1/2 | 0 – 01. 7. 94 |
| 3/4 | 0 – 02. 6. 91 |

# N° 177

| | SETIER. | O | MESURE. 1/8ᶜ | BOISSEAU. 1/32ᶜ |
|---|---|---|---|---|
| | h.   l. | h.   l. | h.   l.   d. | h.   l.   d |
| 1 | 1 – 61 | 16 – 08 | 0 – 20. 1 | 0 – 05. 0 |
| 2 | 3 – 22 | 32. 16 | 0 – 40. 2 | 0 – 10. 0 |
| 3 | 4 – 82 | 48 – 24 | 0 – 60. 3 | 0 – 15. 1 |
| 4 | 6 – 43 | 64 – 32 | 0 – 80. 4 | 0 – 20. 1 |
| 5 | 8 – 04 | 80 – 40 | 1 – 00. 5 | 0 – 25. 1 |
| 6 | 9 – 65 | 96 – 48 | 1 – 20. 6 | 0 – 30. 1 |
| 7 | 11 – 26 | 112 – 56 | 1 – 40. 7 | 0 – 35. 2 |
| 8 | 12 – 86 | 128 – 64 | 1 – 60. 8 | 0 – 40. 2 |
| 9 | 14 – 47 | 144 – 72 | 1 – 80. 9 | 0 – 45. 2 |

FRACTIONS.

| | h.   l.   d. |
|---|---|
| 1/4 | 0 – 01. 2. 56 |
| 1/2 | 0 – 02. 5. 12 |
| 3/4 | 0 – 03. 7. 69 |

# N° 178

| SETIERS. | O | MESURE.<br>1/8ᵉ | | | BOISSEAU.<br>1/32ᵉ | | |
|---|---|---|---|---|---|---|---|
| h.   l. | h.   l. | h. | l. | d. | h. | l. | d. |
| 1 - 21 | 12 - 06 | 0 - | 15. | 1 | 0 - | 03. | 8 |
| 2 - 41 | 24 - 12 | 0 - | 30. | 1 | 0 - | 07. | 5 |
| 3 - 62 | 36 - 18 | 0 - | 45. | 2 | 0 - | 11. | 8 |
| 4 - 82 | 48 - 24 | 0 - | 60. | 3 | 0 - | 15. | 1 |
| 6 - 03 | 60 - 30 | 0 - | 75. | 4 | 0 - | 18. | 8 |
| 7 - 24 | 72 - 36 | 0 - | 90. | 4 | 0 - | 22. | 6 |
| 8 - 44 | 84 - 42 | 1 - | 05. | 5 | 0 - | 26. | 4 |
| 9 - 65 | 96 - 48 | 1 - | 20. | 6 | 0 - | 30. | 1 |
| 10 - 85 | 108 - 54 | 1 - | 35. | 7 | 0 - | 33. | 9 |

**FRACTIONS DE BOISSEAU.**

|  | h. | l. | d. |
|---|---|---|---|
| 1/4 | 0 - | 00. | 9. 42 |
| 1/2 | 0 - | 01. | 8. 84 |
| 3/4 | 0 - | 02. | 8. 26 |

# N° 179

| SETIER. | O | MESURE.<br>1/8ᵉ | | | BOISSEAU.<br>1/32ᵉ | | |
|---|---|---|---|---|---|---|---|
| h.   l. | h.   l. | b. | l. | d. | h. | l. | d. |
| 1 - 31 | 13 - 12 | 0 - | 16. | 4 | 0 - | 04. | 1 |
| 2 - 62 | 26 - 24 | 0 - | 32. | 8 | 0 - | 08. | 2 |
| 3 - 94 | 39 - 36 | 0 - | 49. | 2 | 0 - | 12. | 3 |
| 5 - 25 | 52 - 48 | 0 - | 65. | 6 | 0 - | 16. | 4 |
| 6 - 56 | 65 - 60 | 0 - | 82. | 0 | 0 - | 20. | 5 |
| 7 - 87 | 78 - 72 | 0 - | 98. | 4 | 0 - | 24. | 6 |
| 9 - 18 | 91 - 84 | 1 - | 14. | 4 | 0 - | 28. | 7 |
| 10 - 50 | 104 - 96 | 1 - | 31. | 2 | 0 - | 32. | 8 |
| 11 - 81 | 118 - 08 | 1 - | 47. | 6 | 0 - | 36. | 9 |

**FRACTIONS DE BOISSEAU.**

|  | h. | l. | d. |
|---|---|---|---|
| 1/4 | 0 - | 01. | 0. 25 |
| 1/2 | 0 - | 02. | 0. 50 |
| 3/4 | 0 - | 03. | 0. 75 |

| SETIER. | O | MESURE. 1/8ᶜ | | BOISSEAU 1/32ᶜ | |
|---|---|---|---|---|---|
| h.    l. | h.      l. | h.   l.   d. | | h.      l.   d | |
| 1 1 - 26 | 12 - 56 | 0 - 15. | 7 | 0 - 03. | 9 |
| 2 2 - 51 | 25 - 12 | 0 - 31. | 4 | 0 - 07. | 8 |
| 3 3 - 77 | 37 - 68 | 0 - 47. | 1 | 0 - 11. | 8 |
| 4 5 - 02 | 50 - 24 | 0 - 62. | 8 | 0 - 15. | 7 |
| 5 6 - 28 | 62 - 80 | 0 - 78. | 5 | 0 - 19. | 6 |
| 6 7 - 54 | 75 - 36 | 0 - 94. | 2 | 0 - 23. | 5 |
| 7 8 - 79 | 87 - 92 | 1 - 09. | 9 | 0 - 27. | 5 |
| 8 10 - 05 | 100 - 48 | 1 - 25. | 6 | 0 - 31. | 4 |
| 9 11 - 30 | 113 - 04 | 1 - 41. | 3 | 0 - 35. | 3 |

**FRACTIONS DE BOISSEAU.**

|  | h.   l.   d. |
|---|---|
| 1/4 | 0 - 00. 9. 81 |
| 1/2 | 0 - 01. 9. 62 |
| 3/4 | 0 - 02. 9. 44 |



| SETIER. | O | MESURE. 1/8ᵉ | | BOISSEAU. 1/32ᵉ | |
|---|---|---|---|---|---|
| h.    l. | h.      l. | h.   l.   d. | | h.      l.   d. | |
| 1 1 - 27 | 12 - 72 | 0 - 15. | 9 | 0 - 04. | 0 |
| 2 2 - 54 | 25 - 44 | 0 - 31. | 8 | 0 - 07. | 9 |
| 3 3 - 82 | 38 - 16 | 0 - 47. | 7 | 0 - 11. | 9 |
| 4 5 - 09 | 50 - 88 | 0 - 63. | 6 | 0 - 15. | 9 |
| 5 6 - 36 | 63 - 60 | 0 - 79. | 5 | 0 - 19. | 8 |
| 6 7 - 63 | 76 - 32 | 0 - 95. | 4 | 0 - 23. | 8 |
| 7 8 - 90 | 89 - 04 | 1 - 11. | 3 | 0 - 27. | 8 |
| 8 10 - 18 | 101 - 76 | 1 - 27. | 2 | 0 - 31. | 8 |
| 9 11 - 45 | 114 - 48 | 1 - 43. | 1 | 0 - 35. | 8 |

**FRACTIONS DE BOISSEAU.**

|  | h.   l.   d. |
|---|---|
| 1/4 | 0 - 01. 9. 87 |
| 1/2 | 0 - 03. 9. 75 |
| 3/4 | 0 - 05. 9. 62 |

# N° 182

| | SETIER. | | O | | MESURE. 1/8ᵉ | | | BOISSEAU. 1/32ᵉ | | |
|---|---|---|---|---|---|---|---|---|---|---|
| | h. | l. | h. | l. | h. | l. | d. | h. | l. | d. |
| 1 | 1 | 28 | 12 | 81 | 0 | 16. | 0 | 0 | 04. | 0 |
| 2 | 2 | 56 | 25 | 62 | 0 | 32. | 0 | 0 | 08. | 0 |
| 3 | 3 | 84 | 38 | 43 | 0 | 48. | 0 | 0 | 12. | 0 |
| 4 | 5 | 12 | 51 | 24 | 0 | 64. | 0 | 0 | 16. | 0 |
| 5 | 6 | 40 | 64 | 05 | 0 | 80. | 1 | 0 | 20. | 0 |
| 6 | 7 | 69 | 76 | 86 | 0 | 96. | 1 | 0 | 24. | 0 |
| 7 | 8 | 97 | 89 | 67 | 1 | 12. | 1 | 0 | 28. | 0 |
| 8 | 10 | 25 | 102 | 48 | 1 | 28. | 1 | 0 | 32. | 0 |
| 9 | 11 | 53 | 115 | 29 | 1 | 44. | 1 | 0 | 36. | 0 |

### FRACTIONS DE BOISSEAU.

| | h. | l. | d. |
|---|---|---|---|
| 1/4 | 0 | 01. 0 | 08 |
| 1/2 ou penne | 0 | 02. 0 | 16 |
| 3/4 | 0 | 03. 0 | 23 |

# N° 183

| | SETIER. | | O | | QUARTIÈRE, 1/4 | | | MESURE. 1/8ᵉ | | |
|---|---|---|---|---|---|---|---|---|---|---|
| | h. | l. | h. | l. | h. | l. | d. | h. | l. | d. |
| 1 | 1 | 07 | 10 | 71 | 0 | 26. | 8 | 0 | 13. | 4 |
| 2 | 2 | 14 | 21 | 42 | 0 | 53. | 5 | 0 | 26. | 8 |
| 3 | 3 | 11 | 31 | 13 | 0 | 80. | 3 | 0 | 40. | 2 |
| 4 | 4 | 18 | 41 | 84 | 1 | 07. | 1 | 0 | 53. | 5 |
| 5 | 5 | 25 | 52 | 55 | 1 | 33. | 9 | 0 | 66. | 9 |
| 6 | 6 | 33 | 63 | 26 | 1 | 60. | 6 | 0 | 80. | 3 |
| 7 | 7 | 49 | 74 | 97 | 1 | 87. | 4 | 0 | 93. | 7 |
| 8 | 8 | 57 | 85 | 68 | 2 | 14. | 2 | 1 | 07. | 1 |
| 9 | 9 | 64 | 96 | 39 | 2 | 41. | 0 | 1 | 20. | 5 |

| | BOISSEAU. 1/32ᵉ | | | FRACTIONS DE BOISSEAU | | | |
|---|---|---|---|---|---|---|---|
| | h. | l. | d. | | h. | l. | d. |
| 1 | 0 | 03. | 3 | 1/4 | 0 | 00. 8 | 37 |
| 2 | 9 | 06. | 7 | 1/2 | 0 | 01. 6 | 74 |
| 3 | 0 | 10. | 0 | 3/4 | 0 | 02. 5 | 11 |

| SETIERS. | O | QUARTE. 1/4 | | MÉGÈRE. 1/8° | |
|---|---|---|---|---|---|
| h.    l. | h.    l. | h.   l. | d. | h.   l. | d. |
| 1 — 1o | 1o — 98 | o — 27. | 4 | o — 13. | 7 |
| 2 — 2o | 21 — 96 | o — 54. | 9 | o — 27. | 4 |
| 3 — 29 | 32 — 94 | o — 82. | 3 | o — 41. | 2 |
| 4 — 39 | 43 — 92 | 1 — o9. | 8 | o — 54. | 9 |
| 5 — 49 | 54 — 9o | 1 — 37. | 2 | o — 68. | 6 |
| 6 — 59 | 65 — 88 | 1 — 64. | 7 | o — 82. | 3 |
| 7 — 69 | 76 — 86 | 1 — 92. | 1 | o — 96. | 1 |
| 8 — 78 | 87 — 84 | 2 — 19. | 6 | 1 — o9. | 8 |
| 9 — 88 | 98 — 82 | 2 — 46. | o | 1 — 23. | 5 |

PUGNÈRE. 1/64ᵉ

| | h. | l. | d. |
|---|---|---|---|
| 1 | o — o1. | 7. | 16 |
| 2 | o — o3. | 4. | 31 |
| 3 | o — o5. | 1. | 47 |



| SAC . | O | QUARTE. 1/8° | | BOISSEAU. 1/32° | |
|---|---|---|---|---|---|
| h.    l. | h.    l. | h.   l. | d. | h.   l. | d. |
| 1 — 1o | 1o.  98 | o — 13. | 7 | o — o4. | o |
| 2 — 2o | 21 — 96 | o — 27. | 4 | o — o8. | 1 |
| 3 — 29 | 32 — 94 | o — 41. | 2 | o — 12. | 2 |
| 4 — 39 | 43 — 92 | o — 54. | 9 | o — 16. | 2 |
| 5 — 49 | 54 — 9o | o — 68. | 6 | o — 2o. | 3 |
| 6 — 59 | 65 — 88 | o — 82. | 3 | o — 24. | 3 |
| 7 — 69 | 76 — 86 | o — 96. | 1 | o — 28. | 4 |
| 8 — 78 | 87 — 84 | 1 — o9. | 8 | o — 32. | 4 |
| 9 — 88 | 98 — 82 | 1 — 23. | 5 | o — 36. | 5 |

FRACTIONS DE BOISSEAU.

| | h. | l. | d. |
|---|---|---|---|
| 1/3 | o — o1. | o. | 14 |
| 1/4 | o — o2. | o. | 28 |
| 1/2 | o — o3. | o. | 42 |

# N° 186

| SAC. | O | MÉGÈRE. 1/6e | | | COUP. 1/48e | | |
|---|---|---|---|---|---|---|---|
| h. l. | h. l. | h. | l. | d. | h. | l. | d. |
| 1 1 – 03 | 10 – 31 | o – 17. | 2 | | o – 02. | 1 | |
| 2 2 – 06 | 2o – 62 | o – 34. | 4 | | o – 04. | 3 | |
| 3 3 – 09 | 3o – 93 | o – 51. | 5 | | o – 06. | 4 | |
| 4 4 – 12 | 41 – 24 | o – 68. | 7 | | o – 08. | 6 | |
| 5 5 – 15 | 51 – 55 | o – 85. | 9 | | o – 1o. | 7 | |
| 6 6 – 19 | 61 – 86 | 1 – 03. | 1 | | o – 12. | 9 | |
| 7 7 – 22 | 72 – 17 | 1 – 2o. | 3 | | o – 15. | o | |
| 8 8 – 25 | 82 – 48 | 1 – 37. | 5 | | o – 17. | 2 | |
| 9 9 – 28 | 92 – 79 | 1 – 54. | 6 | | o – 19. | 3 | |

FRACTIONS DE COUP.

|  | h. l. d. |
|---|---|
| 1/4 | o – oo. 5. 37 |
| 1/2 | o – o1. o. 74 |
| 3/4 | o – o1. 6. 11 |

# N° 187

| SAC. | O | MESURE. 1/8e | | | BOISSEAU. 1/32e | | |
|---|---|---|---|---|---|---|---|
| h. l. | h. l. | h. | l. | d. | h. | l. | d. |
| 1 1 – 29 | 12 – 86 | o – 16. | 1 | | o – 04. | o | |
| 2 2 – 57 | 25 – 72 | o – 32. | 1 | | o – o8. | o | |
| 3 3 – 76 | 37 – 58 | o – 48. | 2 | | o – 12. | o | |
| 4 5 – o4 | 5o – 44 | o – 64. | 3 | | o – 16. | 1 | |
| 5 6 – 33 | 63 – 3o | o – 8o. | 4 | | o – 2o. | 1 | |
| 6 7 – 62 | 76 – 16 | o – 96. | 4 | | o – 24. | 1 | |
| 7 8 – 9o | 89 – o2 | 1 – 12. | 5 | | o – 28. | 1 | |
| 8 1o – 19 | 1o1 – 88 | 1 – 28. | 6 | | o – 32. | 1 | |
| 9 11 – 47 | 114 – 74 | 1 – 44. | 7 | | o – 36. | 2 | |

FRACTIONS DE BOISSEAU.

|  | h. l. d. |
|---|---|
| 1/4 | o – o1. o. 05 |
| 1/2 | o – o2. o. 09 |
| 3/4 | o – o3. o. 14 |

| | SAC. | O | MÉGÈRE. 1/16e | | | BOISSEAU. 1/24e | | |
|---|---|---|---|---|---|---|---|---|
| | h.   l. | h.   l. | h. | l. | d. | h. | l. | d. |
| 1 | 1 – 06 | 1o – 59 | o – | 17. | 6 | o – | 04. | 4 |
| 2 | 2 – 12 | 21 – 18 | o – | 35. | 3 | o – | 08. | 8 |
| 3 | 3 – 18 | 31 – 77 | o – | 52. | 9 | o – | 13. | 2 |
| 4 | 4 – 24 | 42 – 36 | o – | 7o. | 6 | o – | 17. | 6 |
| 5 | 5 – 29 | 52 – 95 | o – | 88. | 2 | o – | 22. | 1 |
| 6 | 6 – 35 | 63 – 54 | 1 – | 05. | 9 | o – | 26. | 5 |
| 7 | 7 – 41 | 74 – 13 | 1 – | 23. | 5 | o – | 3o. | 9 |
| 8 | 8 – 47 | 84 – 72 | 1 – | 41. | 2 | o – | 35. | 3 |
| 9 | 9 – 53 | 95 – 31 | 1 – | 58. | 8 | o – | 39. | 7 |

**FRACTIONS DE BOISSEAU.**

| | h. | l. | d. |
|---|---|---|---|
| 1/4 | o – | 01. 1. | o3 |
| 1/2 ou coup | o – | o2. 2. | o6 |
| 3/4 | o – | o3. 3. | o9 |



| | SETIER. | O | MÉGÈRE. 1/8e | | | BOISSEAU. 1/32e | | |
|---|---|---|---|---|---|---|---|---|
| | h   l. | h.   l. | h. | l. | d. | b | l. | d. |
| 1 | o – 98 | 9 – 83 | o – | 12. | 3 | o – | o3. | 1 |
| 2 | 1 – 97 | 19 – 66 | o – | 24. | 6 | o – | o6. | 1 |
| 3 | 2 – 95 | 29 – 49 | o – | 36. | 9 | o – | o9. | 2 |
| 4 | 3 – 93 | 39 – 32 | o – | 49. | 1 | o – | 12. | 3 |
| 5 | 4 – 91 | 49 – 15 | o – | 61. | 4 | o – | 15. | 3 |
| 6 | 5 – 9o | 58 – 98 | o – | 73. | 7 | o – | 18. | 4 |
| 7 | 6 – 88 | 68 – 81 | o – | 86. | o | o – | 21. | 5 |
| 8 | 7 – 86 | 78 – 64 | o – | 98. | 3 | o – | 24. | 6 |
| 9 | 8 – 85 | 88 – 47 | 1 – | 1o. | 6 | o – | 27. | 6 |

**FRACTIONS DE BOISSEAU.**

| | h. | l. | d. |
|---|---|---|---|
| 1/4 | o – | 01. 5. | 36 |
| 1/2 | o – | o3. o. | 72 |
| 3/4 | o – | o4. 6. | o8 |

# Nº 190

| SETIER. | O | MESURE 1/8ᶜ. | | | BOISSEAU. 1/32. | | |
|---|---|---|---|---|---|---|---|
| h. l. | h. l. | h. | l. | d. | h. | l. | d. |
| 1 – 18 | 11 – 85 | o | – 14. | 8 | o | – 03. | 7 |
| 2 – 37 | 23 – 7o | o | – 29. | 6 | o | – 07. | 4 |
| 3 – 55 | 35 – 55 | o | – 44. | 4 | o | – 11. | 1 |
| 4 – 74 | 47 – 4o | o | – 59. | 2 | o | – 14. | 8 |
| 5 – 92 | 59 – 25 | o | – 74. | 1 | o | – 18. | 5 |
| 7 – 11 | 71 – 10 | o | – 88. | 9 | o | – 22. | 2 |
| 8 – 29 | 82 – 95 | 1 | – 03. | 7 | o | – 25. | 9 |
| 9 – 48 | 94 – 8o | 1 | – 18. | 5 | o | – 29. | 6 |
| 1o – 66 | 1o6 – 65 | 1 | – 33. | 3 | o | – 33. | 3 |

### FRACTIONS DE BOISSEAU.

| | h. | l. | d. |
|---|---|---|---|
| 1/4 | o – 01. | 8. | 51 |
| 1/2 | o – 03. | 7. | 03 |
| 3/4 | o – 05. | 5. | 55 |

# Nº 191

| SAC. | O | RASE. 1/6ᵉ. | | | BOISSEAU. 1/24ᵉ | | |
|---|---|---|---|---|---|---|---|
| h. l. | h. l. | h. | l. | d. | h. | l. | d. |
| o – 93 | 9 – 27 | o | – 15. | 4 | o | – 03. | 9 |
| 1 – 85 | 18 – 54 | o | – 3o. | 9 | o | – 07. | 7 |
| 2 – 78 | 27 – 81 | o | – 46. | 3 | o | – 11. | 6 |
| 3 – 71 | 37 – o8 | o | – 61. | 8 | o | – 15. | 4 |
| 4 – 63 | 46 – 35 | o | – 77. | 2 | o | – 19. | 3 |
| 5 – 56 | 55 – 62 | o | – 92. | 7 | o | – 23. | 2 |
| 6 – 49 | 64 – 89 | 1 | – 08. | 1 | o | – 27. | 0 |
| 7 – 42 | 74 – 16 | 1 | – 23. | 6 | o | – 3o. | 9 |
| 8 – 34 | 83 – 43 | 1 | – 39. | o | o | – 34. | 8 |

### FRACTIONS DE BOISSEAU.

| | h. | l. | d. |
|---|---|---|---|
| 1/4 | o – oo. | 9. | 66 |
| 1/2 | o – 01. | 9. | 31 |
| 3/4 | o – 02. | 8. | 97 |

# MESURES DE CAPACITÉ

## POUR LES LIQUIDES EN GÉNÉRAL.

---

### OBSERVATIONS.

---

Le litre est l'unité principale des mesures destinées aux liquides, et ici la règle se trouve d'accord avec l'usage : on continuera donc à placer le — pour indiquer le *litre*, unité principale.

Dans les tables qui vont suivre jusqu'à la table des poids, les abréviations *h. l. d. c.*, employées ensemble ou partiellement, indiquent les mots *hectolitre*, *litre*, *décilitre* et *centilitre*.

*(Voir les pages 16 et 17.)*

# N° 192

| | BARRIQUE. | | | O | | | QUART. | | UCHAUX. | |
|---|---|---|---|---|---|---|---|---|---|---|
| | h. | l. | d. | h. | l. | d. | l. | c. | l. | c. |
| 1 | 1. | 96 | – 3 | 19. | 63 | – 5 | 00 | – 93 | 00 | – 47 |
| 2 | 3. | 92 | – 7 | 39. | 27 | – 0 | 01 | – 87 | 00 | – 93 |
| 3 | 5. | 89 | – 0 | 58. | 90 | – 5 | 02 | – 80 | 01 | – 40 |
| 4 | 7. | 85 | – 4 | 78. | 54 | – 0 | 03 | – 74 | 01 | – 87 |
| 5 | 9. | 81 | – 7 | 98. | 17 | – 5 | 04 | – 67 | 02 | – 34 |
| 6 | 11. | 78 | – 1 | 117. | 81 | – 0 | 05 | – 61 | 02 | – 80 |
| 7 | 13. | 74 | – 4 | 137. | 44 | – 5 | 06 | – 54 | 03 | – 27 |
| 8 | 15. | 70 | – 8 | 157. | 08 | – 0 | 07 | – 48 | 03 | – 75 |
| 9 | 17. | 67 | – 1 | 176. | 71 | – 5 | 08 | – 41 | 04 | – 21 |

| | ROQUILLE. | |
|---|---|---|
| | l. | d. |
| 1 | 00 | – 23. |
| 2 | 00 | – 47. |
| 3 | 00 | – 70. |

# N° 193

| | BARRIQUE. | | | O | | | PINTE. | | QUART. | |
|---|---|---|---|---|---|---|---|---|---|---|
| | h. | l. | d. | h. | l. | d. | l. | c. | l. | c. |
| 1 | 2. | 24 | – 3 | 22. | 42 | – 8 | 01 | – 87 | 00 | – 93 |
| 2 | 4. | 48 | – 6 | 44. | 85 | – 6 | 03 | – 74 | 01 | – 87 |
| 3 | 6. | 72 | – 8 | 67. | 28 | – 4 | 05 | – 61 | 02 | – 80 |
| 4 | 8. | 97 | – 1 | 89. | 71 | – 2 | 07 | – 48 | 03 | – 74 |
| 5 | 11. | 21 | – 4 | 112. | 14 | – 0 | 09 | – 34 | 04 | – 67 |
| 6 | 13. | 45 | – 7 | 134. | 56 | – 8 | 11 | – 21 | 05 | – 61 |
| 7 | 15. | 70 | – 0 | 156. | 99 | – 6 | 13 | – 08 | 06 | – 54 |
| 8 | 17. | 94 | – 2 | 179. | 42 | – 4 | 14 | – 95 | 07 | – 48 |
| 9 | 20. | 18 | – 5 | 201. | 85 | – 2 | 16 | – 82 | 08 | – 41 |

| | UCHAUX. | |
|---|---|---|
| | l. | c. |
| 1 | 00 | – 47 |
| 2 | 00 | – 93 |
| 3 | 01 | – 40 |

| | BARRIQUE. | | | O | | | PINTE. | | QUART | |
|---|---|---|---|---|---|---|---|---|---|---|
| | h. | l. | d. | h. | l. | d. | l. | c. | l. | c. |
| 1 | 2. | 88 | - 5 | 28. | 84 | - 8 | 02 | - 40 | 01 | - 20 |
| 2 | 5. | 77 | - 0 | 57. | 69 | - 6 | 04 | - 81 | 02 | - 40 |
| 3 | 8. | 65 | - 4 | 86. | 54 | - 4 | 07 | - 21 | 03 | - 61 |
| 4 | 11. | 53 | - 9 | 115. | 39 | - 2 | 09 | - 62 | 04 | - 81 |
| 5 | 14. | 42 | - 4 | 144. | 24 | - 0 | 12 | - 02 | 06 | - 01 |
| 6 | 17. | 30 | - 9 | 173. | 08 | - 8 | 14 | - 42 | 07 | - 21 |
| 7 | 20. | 19 | - 4 | 201. | 93 | - 6 | 16 | - 83 | 08 | - 41 |
| 8 | 23. | 07 | - 8 | 230. | 78 | - 4 | 19 | - 23 | 09 | - 62 |
| 9 | 25. | 96 | - 3 | 259. | 63 | - 2 | 21 | - 64 | 10 | - 82 |

| | UCHAUX. | |
|---|---|---|
| | l. | c. |
| 1 | 00 | - 60 |
| 2 | 01 | - 20 |
| 3 | 01 | - 80 |



| | BARRIQUE. | | | O | | | PINTE. | | QUART | |
|---|---|---|---|---|---|---|---|---|---|---|
| | h. | l. | d. | h. | l. | d. | l. | c. | l. | c. |
| 1 | 2. | 03 | - 9 | 20. | 38 | - 8 | 01 | - 70 | 00 | - 85 |
| 2 | 4. | 07 | - 8 | 40. | 77 | - 6 | 03 | - 40 | 01 | - 70 |
| 3 | 6. | 11 | - 6 | 61. | 16 | - 4 | 05 | - 10 | 02 | - 55 |
| 4 | 8. | 15 | - 5 | 81. | 55 | - 2 | 06 | - 80 | 03 | - 40 |
| 5 | 10. | 19 | - 4 | 101. | 94 | - 0 | 08 | - 49 | 04 | - 25 |
| 6 | 12. | 23 | - 3 | 122. | 32 | - 8 | 10 | - 19 | 05 | - 10 |
| 7 | 14. | 27 | - 2 | 142. | 71 | - 6 | 11 | - 89 | 05 | - 95 |
| 8 | 16. | 31 | - 0 | 163. | 10 | - 4 | 13 | - 59 | 06 | - 80 |
| 9 | 18. | 34 | - 9 | 183. | 49 | - 2 | 15 | - 29 | 07 | - 65 |

| | UCHAUX. | |
|---|---|---|
| | l. | c. |
| 1 | 00 | - 42 |
| 2 | 00 | - 85 |
| 3 | 01 | - 27 |

# N° 196.

| | BARRIQUE. | | | O | | | PINTE. | | QUART | |
|---|---|---|---|---|---|---|---|---|---|---|
| | h. | l. | d. | h. | l. | d. | l. | c. | l. | c. |
| 1 | 1. | 88 | 7 | 18. | 87 | 5 | 04 | 51 | 00 | 75 |
| 2 | 3. | 77 | 5 | 37. | 75 | 0 | 03 | 02 | 01 | 51 |
| 3 | 5. | 66 | 2 | 56. | 62 | 5 | 04 | 53 | 02 | 26 |
| 4 | 7. | 55 | 0 | 75. | 5o | 0 | 06 | 04 | 03 | 02 |
| 5 | 9. | 43 | 7 | 94. | 37 | 5 | 07 | 55 | 03 | 77 |
| 6 | 11. | 32 | 5 | 113. | 25 | 0 | 09 | 06 | 04 | 53 |
| 7 | 13. | 21 | 2 | 132. | 12 | 5 | 1o | 57 | o5 | 28 |
| 8 | 15. | 1o | 0 | 151. | 00 | 0 | 12 | 08 | 06 | 04 |
| 9 | 16. | 98 | 7 | 169. | 87 | 5 | 13 | 59 | o6 | 79 |

UCHAUX.

| | l. | c. |
|---|---|---|
| 1 | 00 | 38 |
| 2 | 00 | 75 |
| 3 | 01 | 13 |

# N° 197.

| | BARRIQUE. | | | O | | | PINTE. | | QUART | |
|---|---|---|---|---|---|---|---|---|---|---|
| | h. | l. | d. | h. | l. | d. | l. | c. | l. | c. |
| 1 | 1. | 22 | 4 | 12. | 24 | 2 | 01 | 09 | 00 | 55 |
| 2 | 2. | 44 | 8 | 24. | 48 | 3 | 02 | 19 | 01 | 09 |
| 3 | 3. | 67 | 2 | 36. | 72 | 5 | 03 | 28 | 01 | 64 |
| 4 | 4. | 89 | 7 | 48. | 96 | 6 | 04 | 37 | 02 | 19 |
| 5 | 6. | 12 | 1 | 61. | 2o | 8 | 05 | 46 | 02 | 73 |
| 6 | 7. | 34 | 5 | 73. | 45 | 0 | o6 | 56 | 03 | 28 |
| 7 | 8. | 56 | 9 | 85. | 69 | 1 | 07 | 65 | 03 | 83 |
| 8 | 9. | 79 | 3 | 97. | 93 | 3 | 08 | 74 | 04 | 37 |
| 9 | 11. | o1 | 7 | 11o. | 17 | 4 | 09 | 84 | o4 | 92 |

UCHAUX.

| | l. | c. |
|---|---|---|
| 1 | 00 | 27 |
| 2 | 00 | 54 |
| 3 | 00 | 82 |

| | BARRIQUE. | | | O | | | QUAR-TON. | | UCHAUX. | |
|---|---|---|---|---|---|---|---|---|---|---|
| | h. | l. | d. | h. | l. | d. | l. | c. | l. | c. |
| 1 | 1. | 49 | 6 | 14. | 96 | 0 | 00 | 93 | 00 | 47 |
| 2 | 2. | 99 | 2 | 29. | 92 | 0 | 01 | 87 | 00 | 93 |
| 3 | 4. | 48 | 8 | 44. | 88 | 0 | 02 | 80 | 01 | 40 |
| 4 | 5. | 98 | 4 | 59. | 84 | 0 | 03 | 74 | 01 | 87 |
| 5 | 7. | 48 | 0 | 74. | 80 | 0 | 04 | 67 | 02 | 34 |
| 6 | 8. | 97 | 6 | 89. | 76 | 0 | 05 | 61 | 02 | 80 |
| 7 | 10. | 47 | 2 | 104. | 72 | 0 | 06 | 54 | 03 | 27 |
| 8 | 11. | 96 | 8 | 119. | 68 | 0 | 07 | 48 | 03 | 74 |
| 9 | 13. | 46 | 4 | 134. | 64 | 0 | 08 | 41 | 04 | 21 |

ROQUILLE.

| | l. | c. |
|---|---|---|
| 1 | 00 | 23 |
| 2 | 00 | 47 |
| 3 | 00 | 70 |



| | PIPE. | | | O | | | BARRIQUE. | | | PINTE. | |
|---|---|---|---|---|---|---|---|---|---|---|---|
| | h. | l. | d. | h. | l. | d. | h. | l. | d. | l. | c. |
| 1 | 9. | 27 | 0 | 92. | 70 | 0 | 4. | 63 | 5 | 01 | 54 |
| 2 | 18. | 54 | 0 | 185. | 40 | 0 | 9. | 27 | 0 | 03 | 09 |
| 3 | 27. | 81 | 0 | 278. | 10 | 0 | 13. | 90 | 5 | 04 | 63 |
| 4 | 37. | 08 | 0 | 370. | 80 | 0 | 18. | 54 | 0 | 06 | 18 |
| 5 | 46. | 35 | 0 | 463. | 50 | 0 | 23. | 17 | 5 | 07 | 72 |
| 6 | 55. | 62 | 0 | 556. | 20 | 0 | 27. | 81 | 0 | 09 | 26 |
| 7 | 64. | 89 | 0 | 648. | 90 | 0 | 32. | 44 | 5 | 10 | 81 |
| 8 | 74. | 16 | 0 | 741. | 60 | 0 | 37. | 08 | 0 | 12 | 35 |
| 9 | 83. | 43 | 0 | 834. | 30 | 0 | 41. | 71 | 5 | 13 | 90 |

FRACTIONS DE PINTE.

| | l. | c. |
|---|---|---|
| 1/4 | 00 | 38 |
| 1/2 | 00 | 77 |
| 3/4 | 01 | 15 |

# N° 200.

| | BARRIQUE. | | | O | | | PINTE. | | QUART. | |
|---|---|---|---|---|---|---|---|---|---|---|
| | h. | l. | d. | h. | l. | d. | l. | c. | l. | c. |
| 1 | 2. | 15 | — 0 | 21. | 50 | — 0 | 01 | — 79 | 00 | — 89 |
| 2 | 4. | 30 | — 0 | 43. | 00 | — 0 | 03 | — 58 | 01 | — 79 |
| 3 | 6. | 45 | — 0 | 64. | 50 | — 0 | 05 | — 37 | 02 | — 69 |
| 4 | 8. | 60 | — 0 | 86. | 00 | — 0 | 07 | — 17 | 03 | — 58 |
| 5 | 10. | 75 | — 0 | 107. | 50 | — 0 | 08 | — 96 | 04 | — 48 |
| 6 | 12. | 90 | — 0 | 129. | 00 | — 0 | 10 | — 75 | 05 | — 37 |
| 7 | 15. | 05 | — 0 | 150. | 50 | — 0 | 12 | — 54 | 06 | — 27 |
| 8 | 17. | 20 | — 0 | 172. | 00 | — 0 | 14 | — 33 | 07 | — 17 |
| 9 | 19. | 35 | — 0 | 193. | 50 | — 0 | 16 | — 12 | 08 | — 06 |

UCHAUX.

| | l. | c. |
|---|---|---|
| 1 | 00 | — 45 |
| 2 | 00 | — 89 |
| 3 | 01 | — 34 |

# N° 201.

| | BARRIQUE. | | | O | | | PINTE. | | QUART. | |
|---|---|---|---|---|---|---|---|---|---|---|
| | h. | l. | d. | h. | l. | d. | l. | c. | l. | c. |
| 1 | 2. | 64 | — 3 | 26. | 43 | — 3 | 02 | — 94 | 01 | — 47 |
| 2 | 5. | 28 | — 7 | 52. | 86 | — 6 | 05 | — 87 | 02 | — 94 |
| 3 | 7. | 93 | — 0 | 79. | 29 | — 9 | 08 | — 81 | 04 | — 41 |
| 4 | 10. | 57 | — 3 | 105. | 73. | 2 | 11. | 75 | 05 | — 87 |
| 5 | 13. | 21 | — 6 | 132. | 16 | — 5 | 14 | — 68 | 07 | — 34 |
| 6 | 15. | 86 | — 0 | 158. | 59 | — 8 | 17 | — 62 | 08 | — 81 |
| 7 | 18. | 50 | — 3 | 185. | 03 | — 1 | 20 | — 56 | 10 | — 28 |
| 8 | 21. | 14 | — 6 | 211. | 46 | — 4 | 23 | — 50 | 11 | — 75 |
| 9 | 23. | 79 | — 0 | 237. | 89 | — 7 | 26 | — 43 | 13 | — 22 |

UCHAUX.

| | l. | c. |
|---|---|---|
| 1 | 00 | — 73 |
| 2 | 01 | — 47 |
| 3 | 02 | — 20 |

| | PIPE. | O | SEMAL. | PINTE. |
|---|---|---|---|---|
| | h. l. d. | h. l. d. | h. l. d. | l. c. |
| 1 | 6. 62 – 4 | 66. 24 – o | 1. 1o – 4 | o2 – 3o |
| 2 | 13. 24 – 8 | 132. 48 – o | 2. 2o – 8 | o4 – 6o |
| 3 | 19. 87 – 2 | 198. 72 – o | 3. 31 – 2 | o6 – 9o |
| 4 | 26. 49 – 6 | 264. 96 – o | 4. 41 – 6 | o9 – 2o |
| 5 | 33. 12 – o | 331. 2o – o | 5. 52 – o | 11 – 5o |
| 6 | 39. 74 – 4 | 397. 44 – o | 6. 62 – 4 | 13 – 8o |
| 7 | 46. 36 – 8 | 463. 68 – o | 7. 72 – 8 | 16 – 1o |
| 8 | 52. 99 – 2 | 529. 92 – o | 8. 83 – 2 | 18 – 4o |
| 9 | 59. 61 – 6 | 596. 16 – o | 9. 93 – 6 | 2o – 7o |

UCHAUX.

| | l. c. |
|---|---|
| 1 | 00 – 57 |
| 2 | 01 – 15 |
| 3 | 01 – 72 |



| | BARRIQUE. | O | PINTE. | QUART. |
|---|---|---|---|---|
| | h. l. d. | h. l. d. | l. c. | l. c. |
| 1 | 1. 67 – 4 | 16. 74 – 2 | o1 – 31 | oo – 65 |
| 2 | 3. 34 – 8 | 33. 48 – 5 | o2 – 62 | o1 – 31 |
| 3 | 5. o2 – 3 | 5o. 22 – 7 | o3 – 92 | o1 – 96 |
| 4 | 6. 69 – 7 | 66. 97 – o | o5 – 23 | o2 – 62 |
| 5 | 8. 37 – 1 | 83. 71 – 2 | o6 – 54 | o3 – 27 |
| 6 | 1o. o4 – 5 | 1oo. 45 – 4 | o7 – 85 | o3 – 92 |
| 7 | 11. 72 – o | 117. 19 – 7 | o9 – 16 | o4 – 58 |
| 8 | 13. 39 – 4 | 133. 93 – 9 | 1o – 46 | o5 – 23 |
| 9 | 15. o6 – 8 | 15o. 68 – 2 | 11 – 77 | o5 – 89 |

UCHAUX.

| | l. c. |
|---|---|
| 1 | 00 – 33 |
| 2 | 00 – 65 |
| 3 | 00 – 98 |

# N° 204

| | BARRIQUE. | | | O | | | PINTE. | | QUART | |
|---|---|---|---|---|---|---|---|---|---|---|
| | h. | l. | d. | h. | l. | d. | l. | c. | l. | c. |
| 1 | 2. | 24 | 3 | 22. | 42 | 8 | 01 | 87 | 00 | 93 |
| 2 | 4. | 48 | 6 | 44. | 85 | 6 | 03 | 74 | 01 | 87 |
| 3 | 6. | 72 | 8 | 67. | 28 | 4 | 05 | 61 | 02 | 80 |
| 4 | 8. | 97 | 1 | 89. | 71 | 2 | 07 | 48 | 03 | 74 |
| 5 | 11. | 21 | 4 | 112. | 14 | 0 | 09 | 34 | 04 | 67 |
| 6 | 13. | 45 | 7 | 134. | 56 | 8 | 11 | 21 | 05 | 61 |
| 7 | 15. | 70 | 0 | 156. | 99 | 6 | 13 | 08 | 06 | 54 |
| 8 | 17. | 94 | 2 | 179. | 42 | 4 | 14 | 95 | 07 | 48 |
| 9 | 20. | 18 | 5 | 201. | 85 | 2 | 16 | 82 | 08 | 41 |

UCHAUX.

| | l. | c. |
|---|---|---|
| 1 | 00 | 47 |
| 2 | 00 | 93 |
| 3 | 01 | 40 |

# N° 205

| | BARRIQUE. | | | O | | | PINTE. | | QUART | |
|---|---|---|---|---|---|---|---|---|---|---|
| | h. | l. | d. | h. | l. | d. | l. | c. | l. | c. |
| 1 | 2. | 11 | 9 | 21. | 19 | 3 | 01 | 68 | 00 | 84 |
| 2 | 4. | 23 | 9 | 42. | 38 | 6 | 03 | 36 | 01 | 68 |
| 3 | 6. | 35 | 8 | 63. | 57 | 9 | 05 | 05 | 02 | 52 |
| 4 | 8. | 47 | 7 | 84. | 77 | 3 | 06 | 73 | 03 | 36 |
| 5 | 10. | 59 | 7 | 105. | 96 | 6 | 08 | 41 | 04 | 20 |
| 6 | 12. | 71 | 6 | 127. | 15 | 9 | 10 | 09 | 05 | 05 |
| 7 | 14. | 83 | 5 | 148. | 35 | 2 | 11 | 77 | 05 | 89 |
| 8 | 16. | 95 | 5 | 169. | 54 | 6 | 13 | 46 | 06 | 73 |
| 9 | 19. | 07 | 4 | 190. | 73 | 9 | 15 | 14 | 07 | 57 |

UCHAUX.

| | l. | c. |
|---|---|---|
| 1 | 00 | 42 |
| 2 | 00 | 84 |
| 3 | 01 | 26 |

| | BARRIQUE. | O | PINTE. | PINTOU |
|---|---|---|---|---|
| | h.   l.   d. | h.   l.   d. | l.   c. | l.   c. |
| 1 | 1.  9o – 1 | 19.  oo – 8 | o1 – 32 | oo – 66 |
| 2 | 3.  8o – 2 | 38.  o1 – 6 | o2 – 64 | o1 – 32 |
| 3 | 5.  7o – 2 | 57.  o2 – 4 | o3 – 96 | o1 – 98 |
| 4 | 7.  6o – 3 | 76.  o3 – 2 | o5 – 28 | o2 – 64 |
| 5 | 9.  5o – 4 | 95.  o4 – o | o6 – 6o | o3 – 3o |
| 6 | 11.  4o – 5 | 114.  o4 – 8 | o7 – 92 | o3 – 9o |
| 7 | 13.  3o – 6 | 133.  o5 – 6 | o9 – 24 | o4 – 62 |
| 8 | 15.  2o – 6 | 152.  o6 – 4 | 1o – 56 | o5 – 28 |
| 9 | 17.  1o – 7 | 171.  o7 – 2 | 11 – 88 | o5 – 94 |

| | UCHAUX. |
|---|---|
| | l.   c. |
| 1 | oo – 33 |
| 2 | oo – 66 |
| 3 | oo – 99 |



| | BARRIQUE. | O | PINTE. | PINTOU |
|---|---|---|---|---|
| | h.   l.   d. | h.   l.   d. | l.   c. | l.   c. |
| 1 | 2.  2o – 3 | 22.  o3 – 2 | o1 – 53 | oo – 76 |
| 2 | 4.  4o – 6 | 44.  o6 – 4 | o3 – o6 | o1 – 53 |
| 3 | 6.  61 – o | 66.  o9 – 6 | o4 – 59 | o2 – 29 |
| 4 | 8.  81 – 3 | 88.  12 – 8 | o6 – 12 | o3 – o6 |
| 5 | 11.  o1 – 6 | 11o.  16 – o | o7 – 65 | o3 – 82 |
| 6 | 13.  21 – 9 | 132.  19 – 2 | o9 – 18 | o4 – 59 |
| 7 | 15.  42 – 2 | 154.  22 – 4 | 1o – 71 | o5 – 35 |
| 8 | 17.  62 – 6 | 176.  25 – 6 | 12 – 24 | o6 – 12 |
| 9 | 19.  82 – 9 | 198.  28 – 8 | 13 – 77 | o6 – 88 |

| | UCHAUX. |
|---|---|
| | l.   c. |
| 1 | oo – 38 |
| 2 | oo – 76 |
| 3 | o1 – 15 |

# N° 208.

| | BARRIQUE. | | | O | | | PINTE. | | UCHAUX. | |
|---|---|---|---|---|---|---|---|---|---|---|
| | h. | l. | d. | h. | l. | d. | l. | c. | l. | c. |
| 1 | 2. | 18 | – 6 | 21. | 86 | – 4 | 01 | – 82 | 00 | – 46 |
| 2 | 4. | 37 | – 3 | 43. | 72 | – 8 | 03 | – 64 | 00 | – 91 |
| 3 | 6. | 55 | – 9 | 65. | 59 | – 2 | 05 | – 47 | 01 | – 37 |
| 4 | 8. | 74 | – 6 | 87. | 45 | – 6 | 07 | – 29 | 01 | – 82 |
| 5 | 1o. | 93 | – 2 | 1o9. | 32 | – o | 09 | – 11 | 02 | – 28 |
| 6 | 13. | 11 | – 8 | 131. | 18 | – 4 | 1o | – 93 | 02 | – 73 |
| 7 | 15. | 3o | – 5 | 153. | o4 | – 8 | 12 | – 75 | 03 | – 19 |
| 8 | 17. | 49 | – 1 | 174. | 91 | – 2 | 14 | – 58 | 03 | – 64 |
| 9 | 19. | 67 | – 8 | 196. | 77 | – 6 | 16 | – 4o | 04 | – 1o |

### FRACTIONS D'UCHAU.

| | l. | c. |
|---|---|---|
| 1/4 | 00 | – 11 |
| 1/2 | 0o | – 23 |
| 3/4 | 00 | – 34 |

# N° 209.

| | BARRIQUE. | | | O | | | PINTE. | | QUART | |
|---|---|---|---|---|---|---|---|---|---|---|
| | h. | l. | d. | h. | l. | d. | l. | c. | l. | c. |
| 1 | 2. | 29 | – 3 | 22. | 93 | – 2 | 01 | – 91 | 00 | – 48 |
| 2 | 4. | 58 | – 6 | 45. | 86 | – 4 | 03 | – 82 | 00 | – 96 |
| 3 | 6. | 88 | – o | 68. | 79 | – 6 | o5 | – 73 | 01 | – 43 |
| 4 | 9. | 17 | – 3 | 91. | 72 | – 8 | 07 | – 64 | 01 | – 91 |
| 5 | 11. | 46 | – 6 | 114. | 66 | – o | 09 | – 55 | 02 | – 39 |
| 6 | 13. | 75 | – 9 | 137. | 59 | – 2 | 11 | – 47 | 02 | – 87 |
| 7 | 16. | o5 | – 2 | 16o. | 52 | – 4 | 13 | – 38 | o3 | – 34 |
| 8 | 18. | 34 | – 6 | 183. | 45 | – 6 | 15 | – 29 | 03 | – 82 |
| 9 | 2o. | 63 | – 9 | 2o6. | 38 | – 8 | 17 | – 2o | 04 | – 3o |

### UCHAUX.

| | l. | c. |
|---|---|---|
| 1 | 00 | – 24 |
| 2 | 0o | – 48 |
| 3 | 00 | – 72 |

| | BARRIQUE. | | | O | | | PINTE. | | UCHAUX. | |
|---|---|---|---|---|---|---|---|---|---|---|
| | h. | l. | d. | h. | l. | d. | l. | c. | l. | c. |
| 1 | 2. | 2o | 0 | 22. | 00 | 5 | 01 | 47 | 00 | 37 |
| 2 | 4. | 4o | 1 | 44. | 01 | 0 | 02 | 93 | 00 | 73 |
| 3 | 6. | 6o | 1 | 66. | 01 | 5 | 04 | 4o | 01 | 10 |
| 4 | 8. | 80 | 2 | 88. | 02 | 0 | 05 | 87 | 01 | 47 |
| 5 | 11. | 00 | 2 | 11o. | 02 | 5 | 07 | 33 | 01 | 83 |
| 6 | 13. | 2o | 3 | 132. | 03 | 0 | 08 | 8o | 02 | 20 |
| 7 | 15. | 4o | 3 | 154. | 03 | 5 | 10 | 27 | 02 | 57 |
| 8 | 17. | 6o | 4 | 176. | 04 | 0 | 11 | 74 | 02 | 93 |
| 9 | 19. | 80 | 4 | 198. | 04 | 5 | 13 | 20 | 03 | 3o |

FRACTIONS D'UCHAU.

| | l. | c. |
|---|---|---|
| 1/4 | 00 | 09 |
| 1/2 | 00 | 18 |
| 3/4 | 00 | 27 |



| | CHARGE. | | | O | | | PINTE. | | UCHAUX. | |
|---|---|---|---|---|---|---|---|---|---|---|
| | h. | l. | d. | h. | l. | d. | l. | c. | l. | c. |
| 1 | 1. | 47 | 8 | 14. | 78 | 4 | 01 | 32 | 00 | 33 |
| 2 | 2. | 95 | 7 | 29. | 56 | 8 | 02 | 64 | 00 | 66 |
| 3 | 4. | 43 | 5 | 44. | 35 | 2 | 03 | 96 | 00 | 99 |
| 4 | 5. | 91 | 4 | 59. | 13 | 6 | 05 | 28 | 01 | 32 |
| 5 | 7. | 39 | 2 | 73. | 92 | 0 | 06 | 6o | 01 | 65 |
| 6 | 8. | 87 | 0 | 88. | 7o | 4 | 07 | 92 | 01 | 98 |
| 7 | 1o. | 34 | 9 | 1o3. | 48 | 8 | 09 | 24 | 02 | 31 |
| 8 | 11. | 82 | 7 | 118. | 27 | 2 | 10 | 56 | 02 | 64 |
| 9 | 13. | 3o | 6 | 133. | 05 | 6 | 11 | 88 | 02 | 97 |

FRACTIONS D'UCHAU.

| | l. | c. |
|---|---|---|
| 1/4 | 00 | 08 |
| 1/2 | 00 | 16 |
| 3/4 | 00 | 25 |

# N° 212

| | BARRIQUE. | O | SEMAL. | PINTE. |
|---|---|---|---|---|
| | h.　l.　d. | h.　l.　d. | h.　l.　d. | l.　c. |
| 1 | 2.　1o – 9 | 21.　09 – o | 0.　7o – 3 | 01 – 85 |
| 2 | 4.　21 – 8 | 42.　18 – o | 1.　4o – 6 | 03 – 7o |
| 3 | 6.　32 – 7 | 63.　27 – o | 2.　1o – 9 | o5 – 55 |
| 4 | 8.　43 – 6 | 84.　36 – o | 2.　81 – 2 | 07 – 4o |
| 5 | 1o.　54 – 5 | 1o5.　45 – o | 3.　51 – 5 | o9 – 25 |
| 6 | 12.　65 – 4 | 126.　54 – o | 4.　21 – 8 | 11 – 1o |
| 7 | 14.　76 – 3 | 147.　63 – o | 4.　92 – 1 | 12 – 95 |
| 8 | 16.　87 – 2 | 168.　72 – o | 5.　62 – 4 | 14 – 8o |
| 9 | 18.　98 – 1 | 189.　81 – o | 6.　32 – 7 | 16 – 65 |

UCHAUX.

| | l.　c. |
|---|---|
| 1 | 00 – 46. |
| 2 | 00 – 92. |
| 3 | o1 – 39. |

# N° 213

| | BARRIQUE. | O | PINTE. | PINTOU. |
|---|---|---|---|---|
| | h.　l.　d. | h.　l.　d. | l.　c. | l.　c. |
| 1 | 2.　00 – 3 | 2o.　03 – 2 | o1 – 53 | 00 – 76 |
| 2 | 4.　00 – 6 | 4o.　06 – 4 | o3 – o6 | o1 – 53 |
| 3 | 6.　o1 – o | 6o.　o9 – 6 | o4 – 59 | o2 – 29 |
| 4 | 8.　o1 – 3 | 8o.　12 – 8 | o6 – 12 | o3 – o6 |
| 5 | 1o.　o1 – 6 | 1oo.　16 – o | 07 – 65 | o3 – 82 |
| 6 | 12.　o1 – 9 | 12o.　19 – 2 | 09 – 18 | 04 – 59 |
| 7 | 14　o2 – 2 | 14o.　22 – 4 | 1o – 71 | o5 – 35 |
| 8 | 16.　o2 – 6 | 16o.　25 – 6 | 12 – 24 | o6 – 12 |
| 9 | 18.　o2 – 9 | 18o.　28 – 8 | 13 – 77 | o6 – 88 |

UCHAUX.

| | l.　c. |
|---|---|
| 1 | 00 – 38 |
| 2 | 00 – 76 |
| 3 | o1 – 15 |

| | BARRIQUE. | | | O | | | PINTE. | | UCHAUX. | |
|---|---|---|---|---|---|---|---|---|---|---|
| | h | l. | d. | h. | l. | d. | h. | l. | l. | c. |
| 1 | 1. | 91 | – 3 | 19. | 13 | – 1 | 01 | – 82 | 00 | – 46 |
| 2 | 3. | 82 | – 6 | 38. | 26 | – 2 | 03 | – 64 | 00 | – 91 |
| 3 | 5. | 73 | – 9 | 57. | 39 | – 3 | 05 | – 47 | 01 | – 37 |
| 4 | 7. | 65 | – 2 | 76. | 52 | – 4 | 07 | – 29 | 01 | – 82 |
| 5 | 9. | 56 | – 5 | 95. | 65 | – 5 | 09 | – 11 | 02 | – 28 |
| 6 | 11. | 47 | – 9 | 114. | 78 | – 6 | 10 | – 93 | 02 | – 73 |
| 7 | 13. | 39 | – 2 | 133. | 91 | – 7 | 12 | – 75 | 03 | – 19 |
| 8 | 15. | 30 | – 5 | 153. | 04 | – 8 | 14 | – 58 | 03 | – 64 |
| 9 | 17. | 21 | – 8 | 172. | 17 | – 9 | 16 | – 40 | 04 | – 10 |

FRACTIONS D'UCHAU.

| | l. | c. |
|---|---|---|
| 1/4 | 00 | – 11 |
| 1/2 | 00 | – 23 |
| 3/4 | 00 | – 34 |



| | BARRIQUE. | | | O | | | PINTE. | | QUART | |
|---|---|---|---|---|---|---|---|---|---|---|
| | h. | l. | d. | h. | l. | d. | l. | l. | l. | c. |
| 1 | 1. | 82 | – 2 | 18. | 22 | – 0 | 01 | – 82 | 00 | – 91 |
| 2 | 3. | 64 | – 4 | 36. | 44 | – 0 | 03 | – 64 | 01 | – 82 |
| 3 | 5. | 46 | – 6 | 54. | 66 | – 0 | 05 | – 47 | 02 | – 73 |
| 4 | 7. | 28 | – 8 | 72. | 88 | – 0 | 07 | – 29 | 03 | – 64 |
| 5 | 9. | 11 | – 0 | 91. | 10 | – 0 | 09 | – 11 | 04 | – 55 |
| 6 | 10. | 93 | – 2 | 109. | 32 | – 0 | 10 | – 93 | 05 | – 47 |
| 7 | 12. | 75 | – 4 | 127. | 54 | – 0 | 12 | – 75 | 06 | – 38 |
| 8 | 14. | 57 | – 6 | 145. | 76 | – 0 | 14 | – 58 | 07 | – 29 |
| 9 | 16. | 39 | – 8 | 163. | 98 | – 0 | 16 | – 40 | 08 | – 20 |

UCHAU.

| | l. | c. |
|---|---|---|
| 1 | 00 | – 46 |
| 2 | 00 | – 91 |
| 3 | 01 | – 37 |

| BARRIQUE. | | | O | | | PINTE. | | UCHAUX. | |
|---|---|---|---|---|---|---|---|---|---|
| h. | l. | d. | h. | l. | d. | l. | c. | l. | c. |
| 1. | 66 | – 1 | 16. | 61 | – 1 | 01 | – 69 | 00 | – 42 |
| 3. | 32 | – 2 | 33. | 22 | – 2 | 03 | – 39 | 00 | – 85 |
| 5. | 98 | – 3 | 59. | 83 | – 3 | 05 | – 08 | 01 | – 27 |
| 7. | 64 | – 4 | 76. | 44 | – 4 | 06 | – 78 | 01 | – 69 |
| 8. | 3o | – 5 | 83. | o5 | – 5 | 08 | – 47 | 02 | – 12 |
| 9. | 96 | – 7 | 99. | 66 | – 6 | 1o | – 17 | 02 | – 54 |
| 11. | 62 | – 8 | 116. | 27 | – 7 | 11 | – 86 | 02 | – 97 |
| 13. | 28 | – 9 | 132. | 88 | – 8 | 13 | – 56 | 03 | – 39 |
| 14. | 95 | – o | 149. | 49 | – 9 | 15 | – 25 | 03 | – 81 |

FRACTIONS D'UCHAU.

| | l. | d. |
|---|---|---|
| 1/4 | 00 | – 11. |
| 1/2 | oo | – 21. |
| 3/4 | oo | – 32. |



| BARRIQUE. | | | O | | | PINTE. | | QUART | |
|---|---|---|---|---|---|---|---|---|---|
| h. | l. | c. | h. | l. | d. | l. | c. | l. | c. |
| 1. | 95 | – 6 | 19. | 56 | – 2 | 01 | – 25 | 00 | – 31 |
| 3. | 91 | – 2 | 39. | 12 | – 5 | o2 | – 51 | 00 | – 63 |
| 5. | 86 | – 9 | 58. | 68 | – 7 | 03 | – 76 | 00 | – 93 |
| 7. | 82 | – 5 | 78. | 25 | – o | 05 | – 02 | 01 | – 25 |
| 9. | 78 | – 1 | 97. | 81 | – 2 | o6 | – 27 | 01 | – 57 |
| 11. | 73 | – 7 | 117. | 37 | – 4 | 07 | – 52 | 01 | – 88 |
| 13. | 69 | – 4 | 136. | 93 | – 7 | 08 | – 78 | 02 | – 19 |
| 15. | 65 | – o | 156. | 49 | – 9 | 10 | – 03 | 02 | – 51 |
| 17. | 6o | – 6 | 176. | o6 | – 2 | 11 | – 29 | 02 | – 82 |

UCHAU.

| | l. | c. |
|---|---|---|
| 1 | 00 | – 16 |
| 2 | 00 | – 31 |
| 3 | 00 | – 47 |

| | BARRIQUE. | O | VELTE. | PINTE. |
|---|---|---|---|---|
| | h.  l. d. | h.  l. c. | h.  l. d. | l.  c. |
| 1 | 01. 71 – 6 | 17. 16 – 0 | 0. 34 – 3 | 01 – 32 |
| 2 | 03. 43 – 2 | 34. 32 – 0 | 0. 68 – 6 | 02 – 64 |
| 3 | 05. 14 – 8 | 51. 48 – 0 | 1. 03 – 0 | 03 – 96 |
| 4 | 06. 86 – 4 | 68. 64 – 0 | 1. 37 – 3 | 05 – 28 |
| 5 | 08. 58 – 0 | 85. 80 – 0 | 1. 71 – 6 | 06 – 60 |
| 6 | 10. 29 – 6 | 102. 96 – 0 | 2. 05 – 9 | 07 – 92 |
| 7 | 12. 01 – 2 | 120. 12 – 0 | 2. 40 – 2 | 09 – 24 |
| 8 | 13. 72 – 8 | 137. 28 – 0 | 2. 74 – 6 | 10 – 56 |
| 9 | 15. 44 – 4 | 154. 44 – 0 | 3. 08 – 9 | 11 – 88 |

| | l.  c. |
|---|---|
| 1 | 00 – 33 |
| 2 | 00 – 66 |
| 3 | 00 – 99 |



| | BARRIQUE. | O | PINTE. | QUART |
|---|---|---|---|---|
| | h.  l. d. | h.  l. d. | l.  c. | l.  c. |
| 1 | 2. 00 – 4 | 20. 04 – 2 | 01 – 82 | 00 – 91 |
| 2 | 4. 00 – 8 | 40. 08 – 4 | 03 – 64 | 01 – 82 |
| 3 | 6. 01 – 3 | 60. 12 – 6 | 05 – 47 | 02 – 73 |
| 4 | 8. 01 – 7 | 80. 16 – 8 | 07 – 29 | 03 – 64 |
| 5 | 10. 02 – 1 | 100. 21 – 0 | 09 – 11 | 04 – 55 |
| 6 | 12. 02 – 5 | 120. 25 – 2 | 10 – 93 | 05 – 47 |
| 7 | 14. 02 – 9 | 140. 29 – 4 | 12 – 75 | 06 – 38 |
| 8 | 16. 03 – 4 | 160. 33 – 6 | 14 – 58 | 07 – 29 |
| 9 | 18. 03 – 8 | 180. 37 – 8 | 16 – 40 | 08 – 20 |

UCHAU.

| | l.  c. |
|---|---|
| 1 | 00 – 46 |
| 2 | 00 – 91 |
| 3 | 01 – 37 |

# MESURES PARTICULIÈRES
## A L'HUILE ET A L'EAU-DE-VIE.
### *(Voyez l'Instruction, page 17.)*

## N° 220

### HUILE.

| | LIVRES. | | | O | |
|---|---|---|---|---|---|
| | l. | d. c. | | l. | d. c. |
| 1 | 0 – 5. | 4 | | 05 – 4. | 2 |
| 2 | 1 – 0. | 8 | | 10 – 8. | 4 |
| 3 | 1 – 6. | 3 | | 16 – 2. | 6 |
| 4 | 1 – 1. | 7 | | 21 – 6. | 8 |
| 5 | 2 – 7. | 1 | | 27 – 1. | 0 |
| 6 | 3 – 2. | 5 | | 32 – 5. | 2 |
| 7 | 3 – 7. | 9 | | 37 – 9. | 4 |
| 8 | 4 – 3. | 4 | | 43 – 3. | 6 |
| 9 | 4 – 8. | 6 | | 48 – 7. | 8 |

**Fractions de Livre.**

| | l. | d. | c. |
|---|---|---|---|
| 1/4 | 0 – 1. | | 35 |
| 1/2 | 0 – 2. | | 71 |
| 3/4 | 0 – 4. | | 06 |

## N° 221

### EAU-DE-VIE.

| | LIVRES. | | | O | |
|---|---|---|---|---|---|
| | l. | d. c. | | l. | d. c. |
| 1 | 0 – 4. | 3 | | 04 – 3. | 4 |
| 2 | 0 – 8. | 7 | | 08 – 6. | 8 |
| 3 | 1 – 3. | 0 | | 13 – 0. | 2 |
| 4 | 1 – 7. | 4 | | 17 – 3. | 6 |
| 5 | 2 – 1. | 7 | | 21 – 7. | 0 |
| 6 | 2 – 6. | 0 | | 26 – 0. | 4 |
| 7 | 3 – 0. | 4 | | 30 – 3. | 8 |
| 8 | 3 – 4. | 7 | | 34 – 7. | 2 |
| 9 | 3 – 9. | 1 | | 39 – 0. | 6 |

**Fractions de Livre.**

| | l. | d. | c. |
|---|---|---|---|
| 1/4 | 0 – 1. | | 08 |
| 1/2 | 0 – 2. | | 17 |
| 3/4 | 0 – 3. | | 25 |

## N° 222

### HUILE ᴇᴛ EAU-DE-VIE.

| | LIVRES. | | | O | |
|---|---|---|---|---|---|
| | l. | d. c. | | l. | d. c. |
| 1 | 0 – 8. | 3 | | 08 – 2. | 7 |
| 2 | 1 – 6. | 5 | | 16 – 5. | 4 |
| 3 | 2 – 4. | 8 | | 24 – 8. | 1 |
| 4 | 3 – 3. | 1 | | 33 – 0. | 8 |
| 5 | 4 – 1. | 3 | | 41 – 3. | 5 |
| 6 | 4 – 9. | 6 | | 49 – 6. | 2 |
| 7 | 5 – 7. | 9 | | 57 – 8. | 9 |
| 8 | 6 – 6. | 2 | | 66 – 1. | 6 |
| 9 | 7 – 4. | 4 | | 74 – 4. | 3 |

**Fractions de Livre.**

| | l. | d. | c. |
|---|---|---|---|
| 1/4 | 0 – 2. | | 07 |
| 1/2 | 0 – 4. | | 14 |
| 3/4 | 0 – 6. | | 20 |

## N° 223

### HUILE ᴇᴛ EAU-DE-VIE.

| | LIVRES. | | | O | |
|---|---|---|---|---|---|
| | l. | d. c. | | l. | d. c. |
| 1 | 0 – 4. | 5 | | 04 – 5. | 1 |
| 2 | 0 – 9. | 0 | | 09 – 0. | 2 |
| 3 | 1 – 3. | 5 | | 13 – 5. | 3 |
| 4 | 1 – 8. | 0 | | 18 – 0. | 4 |
| 5 | 2 – 2. | 5 | | 22 – 5. | 5 |
| 6 | 2 – 7. | 1 | | 27 – 0. | 6 |
| 7 | 3 – 1. | 6 | | 31 – 5. | 7 |
| 8 | 3 – 6. | 1 | | 36 – 0. | 8 |
| 9 | 4 – 0. | 6 | | 40 – 5. | 9 |

**Fractions de Livre.**

| | l. | d. | c. |
|---|---|---|---|
| 1/4 | 0 – 1. | | 13 |
| 1/2 | 0 – 2. | | 25 |
| 3/4 | 0 – 3. | | 38 |

## N° 224

**HUILE ᴇᴛ EAU-DE-VIE.**

| | LIVRES. | | | O | | |
|---|---|---|---|---|---|---|
| | l. | d. | c. | l. | d. | c. |
| 1 | 0 – 4. | | 4 | 04 – 4. | | 1 |
| 2 | 0 – 8. | | 8 | 08 – 8. | | 2 |
| 3 | 1 – 3. | | 2 | 13 – 2. | | 3 |
| 4 | 1 – 7. | | 6 | 17 – 6. | | 4 |
| 5 | 2 – 2. | | 0 | 22 – 0. | | 5 |
| 6 | 2 – 6. | | 5 | 26 – 4. | | 6 |
| 7 | 3 – 0. | | 8 | 30 – 8. | | 7 |
| 8 | 3 – 5. | | 3 | 35 – 2. | | 8 |
| 9 | 3 – 9. | | 7 | 39 – 6. | | 9 |

Fractions de Livre.

| | l. | d. | c. |
|---|---|---|---|
| 1/4 | 0 – 1. | | 10 |
| 1/2 | 0 – 2. | | 20 |
| 3/4 | 0 – 3. | | 31 |

## N° 225

**HUILE ᴇᴛ EAU-DE-VIE.**

| | LIVRES. | | | O | | |
|---|---|---|---|---|---|---|
| | l. | d. | c. | l. | d. | c. |
| 1 | 0 – 5. | | 5 | 05 – 5. | | 0 |
| 2 | 1 – 1. | | 0 | 11 – 0. | | 0 |
| 3 | 1 – 6. | | 5 | 16 – 5. | | 0 |
| 4 | 2 – 2. | | 0 | 22 – 0. | | 0 |
| 5 | 2 – 7. | | 5 | 27 – 5. | | 0 |
| 6 | 3 – 3. | | 0 | 33 – 0. | | 0 |
| 7 | 3 – 8. | | 5 | 38 – 5. | | 0 |
| 8 | 4 – 4. | | 0 | 44 – 0. | | 0 |
| 9 | 4 – 9. | | 5 | 49 – 5. | | 0 |

Fractions de Livre.

| | l. | d. | c. |
|---|---|---|---|
| 1/4 | 0 – 1. | | 37 |
| 1/2 | 0 – 2. | | 75 |
| 3/4 | 0 – 4. | | 12 |

## N° 226

**HUILE ᴇᴛ EAU-DE-VIE.**

| | LIVRES. | | | O | | |
|---|---|---|---|---|---|---|
| | l. | d. | c. | l. | d. | c. |
| 1 | 0 – 4. | | 4 | 04 – 4. | | 0 |
| 2 | 0 – 8. | | 8 | 08 – 8. | | 0 |
| 3 | 1 – 3. | | 2 | 13 – 2. | | 0 |
| 4 | 1 – 7. | | 6 | 17 – 6. | | 0 |
| 5 | 2 – 2. | | 0 | 22 – 0. | | 0 |
| 6 | 2 – 6. | | 4 | 26 – 4. | | 0 |
| 7 | 3 – 0. | | 8 | 30 – 8. | | 0 |
| 8 | 3 – 5. | | 2 | 35 – 2. | | 0 |
| 9 | 3 – 9. | | 6 | 39 – 6. | | 0 |

Fractions de Livre.

| | l. | d. | c. |
|---|---|---|---|
| 1/4 | 0 – 1. | | 10 |
| 1/2 | 0 – 2. | | 20 |
| 3/4 | 0 – 3. | | 30 |

## N° 227

**HUILE ᴇᴛ EAU-DE-VIE.**

| | LIVRES. | | | O | | |
|---|---|---|---|---|---|---|
| | l. | d. | c. | l. | d. | c. |
| 1 | 0 – 5. | | 0 | 04 – 9. | | 8 |
| 2 | 0 – 9. | | 9 | 09 – 9. | | 6 |
| 3 | 1 – 4. | | 9 | 14 – 9. | | 4 |
| 4 | 1 – 9. | | 9 | 19 – 9. | | 2 |
| 5 | 2 – 4. | | 9 | 24 – 9. | | 0 |
| 6 | 2 – 9. | | 9 | 29 – 8. | | 8 |
| 7 | 3 – 4. | | 8 | 34 – 8. | | 6 |
| 8 | 3 – 9. | | 8 | 39 – 8. | | 4 |
| 9 | 4 – 4. | | 8 | 44 – 8. | | 0 |

Fractions de livre.

| | l. | d. | c. |
|---|---|---|---|
| 1/4 | 0 – 1. | | 24 |
| 1/2 | 0 – 2. | | 49 |
| 3/4 | 0 – 3. | | 73 |

### N° 228

**HUILE ET EAU-DE-VIE.**

| | LIVRES. | | | O | | |
|---|---|---|---|---|---|---|
| | l. | d. | c. | l. | d. | c. |
| 1 | 0 – 6. | | 9 | o6 – 8. | | 9 |
| 2 | 1 – 3. | | 8 | 13 – 7. | | 8 |
| 3 | 2 – o. | | 7 | 2o – 6. | | 7 |
| 4 | 2 – 7. | | 6 | 27 – 5. | | 6 |
| 5 | 3 – 4. | | 4 | 34 – 4. | | 5 |
| 6 | 4 – 1. | | 3 | 41 – 3. | | 4 |
| 7 | 4 – 8. | | 2 | 48 – 2. | | 5 |
| 8 | 5 – 5. | | 1 | 55 – 1. | | 2 |
| 9 | 6 – 2. | | o | 62 – o. | | 1 |

Fractions de Livre.

| | l. | d. | c. |
|---|---|---|---|
| 1/4 | o – 1. | | 72 |
| 1/2 | o – 3. | | 44 |
| 3/4 | o – 5. | | 17 |

### N° 229

**HUILE ET EAU-DE-VIE.**

| | LIVRES. | | | O | | |
|---|---|---|---|---|---|---|
| | l. | d. | c. | l. | d. | c. |
| 1 | 0 – 4. | | 9 | o4 – 9. | | o |
| 2 | 0 – 9. | | 8 | o9 – 8. | | o |
| 3 | 1 – 4. | | 7 | 14 – 7. | | o |
| 4 | 1 – 9. | | 6 | 19 – 6. | | o |
| 5 | 2 – 4. | | 5 | 24 – 5. | | o |
| 6 | 2 – 9. | | 4 | 29 – 4. | | o |
| 7 | 3 – 4. | | 3 | 34 – 3. | | o |
| 8 | 3 – 9. | | 2 | 39 – 2. | | o |
| 9 | 4 – 4. | | 1 | 44 – 1. | | o |

Fractions de Livre.

| | l. | d. | c. |
|---|---|---|---|
| 1/4 | o – 1. | | 22 |
| 1/2 | o – 2. | | 45 |
| 3/4 | o – 3. | | 67 |

### N° 230

**HUILE ET EAU-DE-VIE.**

| | LIVRES. | | | O | | |
|---|---|---|---|---|---|---|
| | l. | d. | c. | l. | d. | c. |
| 1 | 0 – 7. | | o | o7 – 0. | | 0 |
| 2 | 1 – 4. | | o | 14 – 0. | | 0 |
| 3 | 2 – 1. | | o | 21 – 0. | | 0 |
| 4 | 2 – 8. | | o | 28 – 0. | | 0 |
| 5 | 3 – 5. | | o | 35 – 0. | | 0 |
| 6 | 4 – 2. | | o | 42 – 0. | | 0 |
| 7 | 4 – 9. | | o | 49 – 0. | | 0 |
| 8 | 5 – 6. | | o | 56 – o. | | 0 |
| 9 | 6 – 3. | | o | 63 – 0. | | 0 |

Fractions de Livre.

| | l. | d. | c. |
|---|---|---|---|
| 1/4 | o – 3. | | 5o |
| 1/2 | o – 1. | | 75 |
| 3/4 | o – 5. | | 25 |

### N° 231

**HUILE.**

| | LIVRES. | | | O | | |
|---|---|---|---|---|---|---|
| | l. | d. | c. | l. | d. | c. |
| 1 | 0 – 8. | | 2 | o8 – 2. | | 2 |
| 2 | 1 – 6. | | 4 | 16 – 4. | | 4 |
| 3 | 2 – 4. | | 7 | 24 – 6. | | 6 |
| 4 | 3 – 2. | | 9 | 32 – 8. | | 8 |
| 5 | 4 – 1. | | 1 | 41 – 1. | | o |
| 6 | 4 – 9. | | 3 | 49 – 3. | | 2 |
| 7 | 5 – 7. | | 5 | 57 – 5. | | 4 |
| 8 | 6 – 5. | | 8 | 65 – 7. | | 6 |
| 9 | 7 – 4. | | o | 73 – 9. | | 8 |

Fractions de Livre.

| | l. | d. | c. |
|---|---|---|---|
| 1/4 | o – 2. | | o5 |
| 1/2 | o – 4. | | 11 |
| 3/4 | o – 6. | | 16 |

| HUILE. | | | O | | |
| --- | --- | --- | --- | --- | --- |
| l. | d. | c. | l. | d. | c. |
| 1 | o – 3. | 3 | o3 – 3. | 2 | |
| 2 | o – 6. | 6 | o6 – 6. | 4 | |
| 3 | 1 – o. | o | o9 – 9. | 6 | |
| 4 | 1 – 3. | 3 | 13 – 2. | 8 | |
| 5 | 1 – 6. | 6 | 16 – 6. | o | |
| 6 | 1 – 9. | 9 | 19 – 9. | 2 | |
| 7 | 2 – 3. | 2 | 23 – 2. | 4 | |
| 8 | 2 – 6. | 6 | 26 – 5. | 6 | |
| 9 | 2 – 9. | 9 | 29 – 8. | 8 | |

Fractions de Livre.

| | l. | d. | c. |
| --- | --- | --- | --- |
| 1/4 | o – o. | 83 | |
| 1/2 | o – 1. | 66 | |
| 3/4 | o – 2. | 49 | |

| | QUINTAUX en MYRIAGRAMMES. | O | LIVRES en KILOGRAMMES. | O | ONCES en HECTOGRAMMES | GROS en DÉCAGRAMMES | GRAINS en GRAMMES. | O |
|---|---|---|---|---|---|---|---|---|
| | m. k. g. | m. k. g. | k. g. | k. g. | h. d. | d. g. | g. m. | g. m. |
| 1 | 4. 8. 950 − 6 | 48. 9. 505 − 8 | 0. 489 − 5 | 4. 895 − 1 | 0. 30 − 6 | 0. 3 − 82 | 0 − 053 | 0 − 531 |
| 2 | 9. 7. 901 − 2 | 97. 9. 011 − 6 | 0. 979 − 0 | 9. 790 − 1 | 0. 61 − 2 | 0. 7 − 65 | 0 − 106 | 1 − 062 |
| 3 | 14. 6. 851 − 7 | 146. 8. 517 − 4 | 1. 468 − 5 | 14. 685 − 2 | 0. 91 − 8 | 1. 1 − 47 | 0 − 159 | 1 − 593 |
| 4 | 19. 5. 802 − 3 | 195. 8. 023 − 2 | 1. 958 − 0 | 19. 580 − 2 | 1. 22 − 4 | 1. 5 − 30 | 0 − 212 | 2 − 124 |
| 5 | 24. 4. 752 − 9 | 244. 7. 529 − 0 | 2. 447 − 5 | 24. 475 − 3 | 1. 52 − 9 | 1. 9 − 12 | 0 − 265 | 2 − 655 |
| 6 | 29. 3. 703 − 5 | 293. 7. 034 − 8 | 2. 937 − 0 | 29. 370 − 3 | 1. 83 − 5 | 2. 2 − 94 | 0 − 319 | 3 − 186 |
| 7 | 34. 2. 654 − 1 | 342. 6. 540 − 6 | 3. 426 − 5 | 34. 265 − 4 | 2. 14 − 1 | 2. 6 − 77 | 0 − 372 | 3 − 717 |
| 8 | 39. 1. 604 − 6 | 391. 6. 046 − 4 | 3. 916 − 0 | 39. 160 − 5 | 2. 44 − 7 | 3. 0 − 59 | 0 − 425 | 4 − 248 |
| 9 | 44. 0. 555 − 2 | 440. 5. 552 − 2 | 4. 405 − 5 | 44. 055 − 5 | 2. 75 − 3 | 3. 4 − 42 | 0 − 478 | 4 − 779 |

# POIDS D'ALBI, LAVAUR ET GAILLAC.

N° 234.

| | QUINTAUX en MYRIAGRAM-MES. | 0 | LIVRES en KILO-GRAMMES. | 0 | ONCES en HECTO-GRAMMES | GROS en DÉCA-GRAMMES | GRAINS en GRAM-MES. | 0 |
|---|---|---|---|---|---|---|---|---|
| | m. k. g. | m. k. g. | k. g. | k. g. | h. d. | d. g. | g. m. | g. m. |
| 1 | 4. 0. 792 – 0 | 40. 7. 919 – 9 | 0. 407 – 9 | 4. 079 – 2 | 0. 25 – 5 | 0. 3 – 19 | 0 – 044 | 0 – 438 |
| 2 | 8. 1. 584 – 0 | 81. 5. 839 – 8 | 0. 815 – 8 | 8. 158 – 4 | 0. 51 – 0 | 0. 6 – 37 | 0 – 088 | 0 – 877 |
| 3 | 12. 2. 376 – 0 | 122. 3. 759 – 7 | 1. 223 – 7 | 12. 237 – 6 | 0. 76 – 5 | 0. 9 – 56 | 0 – 131 | 1 – 315 |
| 4 | 16. 3. 168 – 0 | 163. 1. 679 – 6 | 1. 631 – 7 | 16. 316 – 8 | 1. 02 – 0 | 1. 2 – 75 | 0 – 175 | 1 – 754 |
| 5 | 2o. 3. 960 – 0 | 2o3. 9. 599 – 5 | 2. 039 – 6 | 2o. 396 – 0 | 1. 27 – 5 | 1. 5 – 93 | 0 – 219 | 2 – 192 |
| 6 | 24. 4. 752 – 0 | 244. 7. 519 – 4 | 2. 447 – 5 | 24. 475 – 2 | 1. 53 – 0 | 1. 9 – 12 | 0 – 263 | 2 – 63o |
| 7 | 28. 5. 544 – 0 | 285. 5. 439 – 3 | 2. 855 – 4 | 28. 554 – 4 | 1. 78 – 5 | 2. 2 – 31 | 0 – 3o7 | 3 – 069 |
| 8 | 32. 6. 335 – 9 | 326. 3. 359 – 2 | 3. 263 – 3 | 32. 633 – 6 | 2. 04 – 0 | 2. 5 – 49 | 0 – 351 | 3 – 5o7 |
| 9 | 36. 7. 127 – 9 | 367. 1. 279 – 1 | 3. 671 – 3 | 36. 712 – 8 | 2. 29 – 4 | 2. 8 – 68 | 0 – 394 | 3 – 94o |

POIDS DE CASTRES.

N° 235.

| | QUINTAUX en MYRIAGRAMMES. | | | O | | | LIVRES en KILOGRAMMES. | | O | | ONCES en HECTOGRAMMES | | GROS en DÉCAGRAMMES | | GRAINS en GRAMMES. | | O | |
|---|---|---|---|---|---|---|---|---|---|---|---|---|---|---|---|---|---|
| | m. | k. | g. | m. | k. | g. | k. | g. | k. | g. | h. | d. | d. | g. | g. | m. | g. | m. |
| 1 | 4. | 1. | 159 – 8 | 41. | 1. | 597 – 9 | 0. | 411 – 6 | 4. | 116 – 0 | 0. | 25 – 7 | 0. | 3 – 22 | 0 – 045 | | 0 – 447 | |
| 2 | 8. | 2. | 319 – 6 | 82. | 3. | 195 – 8 | 0. | 823 – 2 | 8. | 232 – 0 | 0. | 51 – 4 | 0. | 6 – 43 | 0 – 089 | | 0 – 893 | |
| 3 | 12. | 3. | 479 – 4 | 123. | 4. | 793 – 7 | 1. | 234 – 8 | 12. | 347 – 9 | 0. | 77 – 2 | 0. | 9 – 65 | 0 – 134 | | 1 – 340 | |
| 4 | 16. | 4. | 639 – 2 | 164. | 6. | 391 – 6 | 1. | 646 – 4 | 16. | 463 – 9 | 1. | 02 – 9 | 1. | 2 – 86 | 0 – 179 | | 1 – 786 | |
| 5 | 20. | 5. | 798 – 9 | 205. | 7. | 989 – 5 | 2. | 058 – 0 | 20. | 579 – 9 | 1. | 28 – 6 | 1. | 6 – 08 | 0 – 223 | | 2 – 233 | |
| 6 | 24. | 6. | 958 – 7 | 246. | 9. | 587 – 4 | 2. | 469 – 6 | 24. | 695 – 9 | 1. | 54 – 3 | 1. | 9 – 29 | 0 – 268 | | 2 – 680 | |
| 7 | 28. | 8. | 118 – 5 | 288. | 1. | 185 – 3 | 2. | 881 – 2 | 28. | 811 – 8 | 1. | 80 – 1 | 2. | 2 – 51 | 0 – 313 | | 3 – 126 | |
| 8 | 32. | 9. | 278 – 3 | 329. | 2. | 783 – 2 | 3. | 292 – 8 | 32. | 927 – 8 | 2. | 05 – 8 | 2. | 5 – 72 | 0 – 357 | | 3 – 573 | |
| 9 | 37. | 0. | 438 – 1 | 370. | 4. | 381 – 1 | 3. | 704 – 4 | 37. | 043 – 8 | 2. | 31 – 5 | 2. | 8 – 94 | 0 – 402 | | 4 – 019 | |

# POIDS DE BRASSAC.

Nº 236.

| | QUINTAUX en MYRIAGRAM-MES. | O | LIVRES en KILO-GRAMMES. | O | ONCES en HECTO-GRAMMES | GROS en DÉCA-GRAMMES | GRAINS en GRAM-MES. | O |
|---|---|---|---|---|---|---|---|---|
| | m. k. g. | m. k. g. | k. g. | k. g. | h. d. | d. g. | g. m. | g. m. |
| 1 | 4. 5. 027 – 7 | 45. 0. 277 – 4 | 0. 450 – 3 | 4. 502 – 8 | 0. 28 – 1 | 0. 3 – 52 | 0 – 049 | 0 – 489 |
| 2 | 9. 0. 055 – 5 | 90. 0. 554 – 8 | 0. 900 – 6 | 9. 005 – 5 | 0. 56 – 3 | 0. 7 – 04 | 0 – 098 | 0 – 977 |
| 3 | 13. 5. 083 – 2 | 135. 0. 832 – 2 | 1. 350 – 8 | 13. 508 – 3 | 0. 84 – 4 | 1. 0 – 55 | 0 – 146 | 1 – 466 |
| 4 | 18. 0. 111 – 0 | 180. 1. 109 – 6 | 1. 801 – 1 | 18. 011 – 1 | 1. 12 – 6 | 1. 4 – 07 | 0 – 195 | 1 – 954 |
| 5 | 22. 5. 138 – 7 | 225. 1. 387 – 0 | 2. 251 – 4 | 22. 513 – 9 | 1. 40 – 7 | 1. 7 – 59 | 0 – 244 | 2 – 443 |
| 6 | 27. 0. 166 – 4 | 270. 1. 664 – 4 | 2. 701 – 7 | 27. 016 – 6 | 1. 68 – 8 | 2. 1 – 11 | 0 – 293 | 2 – 931 |
| 7 | 31. 5. 194 – 2 | 315. 1. 941 – 8 | 3. 151 – 9 | 31. 519 – 4 | 1. 97 – 0 | 2. 4 – 62 | 0 – 342 | 3 – 420 |
| 8 | 36. 0. 221 – 9 | 360. 2. 219 – 2 | 3. 602 – 2 | 36. 022 – 2 | 2. 25 – 1 | 2. 8 – 14 | 0 – 391 | 3 – 909 |
| 9 | 40. 5. 249 – 7 | 405. 2. 744 – 0 | 4. 052 – 5 | 40. 525 – 0 | 2. 53 – 3 | 3. 1 – 66 | 0 – 440 | 4 – [397 |

N° 237.

| | QUINTAUX en MYRIAGRAM-MES. | O | LIVRES en KILO-GRAMMES. | O | ONCES en HECTO-GRAMMES | GROS en DÉCA-GRAMMES | GRAINS en GRAM-MES. | O |
|---|---|---|---|---|---|---|---|---|
| | m. k. g. | m. k. g. | k. g. | k. g. | h. d. | d. g. | g. m. | g. m. |
| 1 | 4. 0. 531 – 8 | 40. 5. 313 – 0 | 0. 405 – 3 | 4. 053 – 2 | 0. 25 – 3 | 0. 3 – 17 | 0 – 044 | 0 – 440 |
| 2 | 8. 1. 063 – 6 | 81. 0. 636 – 0 | 0. 810 – 6 | 8. 106 – 4 | 0. 50 – 7 | 0. 6 – 33 | 0 – 088 | 0 – 880 |
| 3 | 12. 1. 595 – 4 | 121. 5. 954 – 0 | 1. 215 – 9 | 12. 159 – 5 | 0. 76 – 0 | 0. 9 – 50 | 0 – 132 | 1 – 319 |
| 4 | 16. 2. 127 – 2 | 162. 4. 272 – 0 | 1. 621 – 3 | 16. 212 – 7 | 1. 01 – 3 | 1. 2 – 67 | 0 – 176 | 1 – 759 |
| 5 | 20. 2. 659 – 0 | 202. 6. 590 – 0 | 2. 026 – 6 | 20. 265 – 9 | 1. 26 – 7 | 1. 5 – 83 | 0 – 220 | 2 – 199 |
| 6 | 24. 3. 190 – 8 | 243. 1. 908 – 0 | 2. 431 – 9 | 24. 319 – 1 | 1. 52 – 0 | 1. 9 – 00 | 0 – 254 | 2 – 639 |
| 7 | 28. 3. 722 – 6 | 283. 7. 226 – 0 | 2. 837 – 2 | 28. 372 – 3 | 1. 77 – 3 | 2. 2 – 16 | 0 – 308 | 3 – 079 |
| 8 | 32. 4. 254 – 4 | 324. 2. 544 – 0 | 3. 242 – 5 | 32. 425 – 4 | 2. 02 – 7 | 2. 5 – 33 | 0 – 352 | 3 – 518 |
| 9 | 36. 4. 786 – 2 | 364. 7. 862 – 0 | 3. 647 – 9 | 36. 478 – 6 | 2. 23 – 0 | 2. 8 – 50 | 0 – 396 | 3 – 958 |

| LIVRES. | | 0 | 00 | 000 |
|---|---|---|---|---|
| | f. c. | f. c. | f. c. | f. c. |
| 1 | 0 – 99. 0 | 9 – 88. 0 | 98 – 76. 5 | 987 – 65. 4 |
| 2 | 1 – 97. 5 | 19 – 75. 3 | 197 – 53. 1 | 1975 – 31. 0 |
| 3 | 2 – 96. 3 | 29 – 63. 0 | 296 – 30. 0 | 2962 – 96. 3 |
| 4 | 3 – 95. 1 | 39 – 51. 0 | 395 – 06. 2 | 3950 – 62. 0 |
| 5 | 4 – 94. 0 | 49 – 38. 3 | 493 – 83. 0 | 4938 – 27. 2 |
| 6 | 5 – 93. 0 | 59 – 26. 0 | 592 – 59. 3 | 5925 – 93. 0 |
| 7 | 6 – 91. 4 | 69 – 14. 0 | 691 – 36. 0 | 6913 – 58. 0 |
| 8 | 7 – 90. 1 | 79 – 01. 2 | 790 – 12. 4 | 7901 – 23. 5 |
| 9 | 8 – 89. 0 | 88 – 89. 0 | 888 – 89. 0 | 8888 – 89. 0 |

## SUBDIVISIONS DE LA LIVRE TOURNOIS.

| SOUS. | | DENIERS. | | | | | | | | | |
|---|---|---|---|---|---|---|---|---|---|---|---|
| | c. | 1 | 2 | 3 ou 1 liard. | 4 | 5 | 6 ou 2 liards | 7 | 8 | 9 ou 3 liards | 10 | 11 |
| | | 00. 4 | 00. 8 | 01. 2 | 01. 7 | 02. 1 | 02. 5 | 02. 9 | 03. 3 | 03. 7 | 04. 1 | 04. 5 |
| 1 | 04. 9 | 05. 4 | 05. 8 | 06. 2 | 06. 6 | 07. 0 | 07. 4 | 07. 8 | 08. 2 | 08. 6 | 09. 1 | 09. 5 |
| 2 | 09. 9 | 10. 3 | 10. 7 | 11. 1 | 11. 5 | 11. 9 | 12. 4 | 12. 8 | 13. 2 | 13. 6 | 14. 0 | 14. 4 |
| 3 | 14. 8 | 15. 2 | 15. 6 | 16. 0 | 16. 5 | 16. 9 | 17. 3 | 17. 7 | 18. 1 | 18. 5 | 18. 9 | 19. 3 |
| 4 | 19. 8 | 20. 2 | 20. 6 | 21. 0 | 21. 4 | 21. 8 | 22. 2 | 22. 6 | 23. 0 | 23. 5 | 23. 9 | 24. 3 |
| 5 | 24. 7 | 25. 1 | 25. 5 | 25. 9 | 26. 3 | 26. 8 | 27. 2 | 27. 6 | 28. 0 | 28. 4 | 28. 8 | 29. 2 |
| 6 | 29. 6 | 30. 0 | 30. 5 | 30. 9 | 31. 3 | 31. 7 | 32. 1 | 32. 5 | 32. 9 | 33. 3 | 33. 7 | 34. 2 |
| 7 | 34. 6 | 35. 0 | 35. 4 | 35. 8 | 36. 2 | 36. 6 | 37. 0 | 37. 5 | 37. 9 | 38. 3 | 38. 7 | 39. 1 |
| 8 | 39. 5 | 39. 9 | 40. 3 | 40. 7 | 41. 2 | 41. 6 | 42. 0 | 42. 4 | 42. 8 | 43. 2 | 43. 6 | 44. 0 |
| 9 | 44. 4 | 44. 9 | 45. 3 | 45. 7 | 46. 1 | 46. 5 | 46. 9 | 47. 3 | 47. 7 | 48. 1 | 48. 6 | 49. 0 |
| 10 | 49. 4 | 49. 8 | 50. 2 | 50. 6 | 51. 0 | 51. 4 | 51. 9 | 52. 3 | 52. 7 | 53. 1 | 53. 5 | 53. 9 |
| 11 | 54. 3 | 54. 7 | 55. 1 | 55. 6 | 56. 0 | 56. 4 | 56. 8 | 57. 2 | 57. 6 | 58. 0 | 58. 4 | 58. 9 |
| 12 | 59. 3 | 59. 7 | 60. 1 | 60. 5 | 60. 9 | 61. 3 | 61. 7 | 62. 1 | 62. 6 | 63. 0 | 63. 4 | 63. 8 |
| 13 | 64. 2 | 64. 6 | 65. 0 | 65. 4 | 65. 9 | 66. 3 | 66. 7 | 67. 1 | 67. 5 | 67. 9 | 68. 3 | 68. 7 |
| 14 | 69. 1 | 69. 6 | 70. 0 | 70. 4 | 70. 8 | 71. 2 | 71. 6 | 72. 0 | 72. 4 | 72. 8 | 73. 3 | 73. 7 |
| 15 | 74. 1 | 74. 5 | 74. 9 | 75. 3 | 75. 7 | 76. 1 | 76. 5 | 77. 0 | 77. 4 | 77. 8 | 78. 2 | 78. 6 |
| 16 | 79. 0 | 79. 4 | 79. 8 | 80. 2 | 80. 7 | 81. 1 | 81. 5 | 81. 9 | 82. 3 | 82. 7 | 83. 1 | 83. 5 |
| 17 | 84. 0 | 84. 4 | 84. 8 | 85. 2 | 85. 6 | 86. 0 | 86. 4 | 86. 8 | 87. 2 | 87. 7 | 88. 1 | 88. 5 |
| 18 | 88. 9 | 89. 3 | 89. 7 | 90. 1 | 90. 5 | 91. 0 | 91. 4 | 91. 8 | 92. 2 | 92. 6 | 93. 0 | 93. 4 |
| 19 | 93. 8 | 94. 2 | 94. 7 | 95. 1 | 95. 5 | 95. 9 | 96. 3 | 96. 7 | 97. 1 | 97. 5 | 98. 0 | 98. 4 |

# SUPPLÉMENT.

## OBSERVATIONS.

1° L'aune dont la réduction est faite au n° 3 , est l'aune ancienne de Paris telle qu'elle existait avant l'introduction du système métrique ; mais comme, depuis l'adoption de ce système, une aune nouvelle dont les dimensions avaient été déterminées avec le mètre, avait été autorisée et était même d'un usage général dans le commerce, nous avons reconnu la nécessité de donner une table de réduction de cette aune et de ses subdivisions.

2° En traitant des mesures de surface en général nous avions omis de signaler une espèce de canne dite de *postan*, qui servait à mesurer le bois réduit en planches. La canne de *postan* contenait 72 pans carrés, tandisque la canne carrée ordinaire ne contenait que 64 pans carrés.

3° Certains rapports indiqués par Lenormand ont été rectifiés par les géomètres du cadastre. Dans le travail que nous avons fait, nous nous sommes conformés à ces rectifications; et pour ne rien laisser désirer à cet égard nous avons senti la nécessité de donner le tableau supplémentaire n°. 241.

# AUNE

## de 1 mètre 20 centimètres.

| AUNES. | O | OO | OOO |
|---|---|---|---|
| | m.     c. | m.     c. | m.     c. |
| 1 | 1 – 2o | 12 – oo | 12o – oo | 12oo – oo |
| 2 | 2 – 4o | 24 – oo | 24o – oo | 24oo – oo |
| 3 | 3 – 6o | 36 – oo | 36o – oo | 36oo – oo |
| 4 | 4 – 8o | 48 – oo | 48o – oo | 48oo – oo |
| 5 | 6 – oo | 60 – oo | 6oo – oo | 6ooo – oo |
| 6 | 7 – 2o | 72 – oo | 72o – oo | 72oo – oo |
| 7 | 8 – 4o | 84 – oo | 84o – oo | 84oo – oo |
| 8 | 9 – 6o | 96 – oo | 96o – oo | 96oo – oo |
| 9 | 1o – 8o | 1o8 – oo | 1o8o – oo | 1o8oo – oo |

**FRACTIONS D'AUNE.**

| | m.     c. | | m.     c. | | m.     c. |
|---|---|---|---|---|---|
| 1⁄2 | o – 6o. o | 3⁄16 | o – 22. 5o | 3⁄32 | o – 11. 25 |
| 1⁄3 | o – 4o. o | 5⁄16 | o – 37. 5o | 5⁄32 | o – 18. 75 |
| 2⁄3 | o – 8o. o | 7⁄16 | o – 52. 5o | 7⁄32 | o – 26. 25 |
| 1⁄4 | o – 3o. o | 9⁄16 | o – 67. 5o | 9⁄32 | o – 33. 75 |
| 3⁄4 | o – 9o. o | 11⁄16 | o – 82. 5o | 11⁄32 | o – 41. 25 |
| 1⁄6 | o – 2o. o | 13⁄16 | o – 97. 5o | 13⁄32 | o – 48. 75 |
| 5⁄6 | 1 – oo. o | 15⁄16 | 1 – 12. 5o | 15⁄32 | o – 56. 25 |
| 1⁄8 | o – 15. o | 1⁄24 | o – o5. oo | 17⁄32 | o – 63. 75 |
| 3⁄8 | o – 45. o | 5⁄24 | o – 25. oo | 19⁄32 | o – 71. 25 |
| 5⁄8 | o – 75. o | 7⁄24 | o – 35. oo | 21⁄32 | o – 78. 75 |
| 7⁄8 | 1 – o5. o | 11⁄24 | o – 6o. oo | 23⁄32 | o – 86. 25 |
| 1⁄12 | o – 1o. o | 13⁄24 | o – 65. oo | 25⁄32 | o – 93. 75 |
| 5⁄12 | o – 5o. o | 17⁄24 | o – 85. oo | 27⁄32 | 1 – o1. 25 |
| 7⁄12 | o – 7o. o | 19⁄24 | o – 95. oo | 29⁄32 | 1 – o8. 75 |
| 11⁄12 | 1 – 1o. o | 23⁄24 | 1 – 15. oo | 31⁄32 | 1 – 16. 25 |
| 1⁄16 | o – o7. 5 | 1⁄32 | o – o3. 75 | | |

## CANNE DITE DE POSTAN.

Nous nous bornons à donner la valeur des cannes de *postan* en cannes carrées ordinaires dont on fera la conversion au moyen des tables N° 19 et suivants.

| CANNES DE POSTAN | RÉDUITES EN | CANNES CARRÉES ORDINAIRES. | |
|---|---|---|---|
| | | Cannes. | pans. |
| 1 | ............ | 1. | 08 |
| 2 | ............ | 2. | 16 |
| 3 | ............ | 3. | 24 |
| 4 | ............ | 4. | 32 |
| 5 | ............ | 5. | 40 |
| 6 | ............ | 6. | 48 |
| 7 | ............ | 7. | 56 |
| 8 | ............ | 9. | 00 |
| 9 | ............ | 10. | 08 |
| 10 | ............ | 11. | 16 |
| 20 | ............ | 22. | 32 |
| 30 | ............ | 33. | 48 |
| 40 | ............ | 45. | 00 |
| 50 | ............ | 56. | 16 |
| 60 | ............ | 67. | 32 |
| 70 | ............ | 78. | 48 |
| 80 | ............ | 9o. | 00 |
| 9o | ............ | 101. | 16 |
| 100 | ............ | 112. | 32 |

## SAC OU SETIER,

### OU MESURE A SEMER DE CASTRES,

contenant 1365 cannes carrées de Castres.

| | SAC OU SETIER. | | | O | | | OO | | |
|---|---|---|---|---|---|---|---|---|---|
| | h. | a. | c. | h. | a. | c. | h. | a. | c. |
| 1 | 00. | 44 – 23. | 3 | 04. | 42 – 33. | 5 | 44. | 23 – 34. | 6 |
| 2 | 00. | 88 – 46. | 7 | 08. | 84 – 66. | 9 | 88. | 46 – 69. | 2 |
| 3 | 01. | 32 – 70. | 0 | 13. | 27 – 00. | 4 | 132. | 70 – 03. | 8 |
| 4 | 01. | 76 – 93. | 4 | 17. | 69 – 33. | 8 | 176. | 93 – 38. | 4 |
| 5 | 02. | 21 – 16. | 7 | 22. | 11 – 67. | 3 | 221. | 16 – 73. | 0 |
| 6 | 02. | 65 – 40. | 1 | 26. | 54 – 00. | 7 | 265. | 40 – 07. | 6 |
| 7 | 03. | 09 – 63. | 4 | 30. | 96 – 34. | 2 | 309. | 63 – 42. | 2 |
| 8 | 03. | 53 – 86. | 8 | 35. | 38 – 67. | 7 | 353. | 86 – 76. | 8 |
| 9 | 03. | 98 – 10. | 1 | 39. | 81 – 01. | 1 | 398. | 10 – 11. | 4 |

| | MÉGERE. 1/8° | | | O | | | BOISSEAU. 1/32 | | |
|---|---|---|---|---|---|---|---|---|---|
| | h. | a. | c. | h. | a. | c. | h. | a. | c. |
| 1 | 00. | 05 – 52. | 9 | 00. | 55 – 29. | 2 | 00. | 01 – 38. | 2 |
| 2 | 00. | 11 – 05. | 8 | 01. | 10 – 58. | 4 | 00. | 02 – 76. | 4 |
| 3 | 00. | 16 – 58. | 7 | 01. | 65 – 87. | 5 | 00. | 04 – 14. | 7 |
| 4 | 00. | 22 – 11. | 7 | 02. | 21 – 16. | 7 | 00. | 05 – 52. | 9 |
| 5 | 00. | 27 – 64. | 6 | 02. | 76 – 45. | 9 | 00. | 06 – 91. | 1 |
| 6 | 00. | 33 – 17. | 5 | 03. | 31 – 75. | 1 | 00. | 08 – 29. | 4 |
| 7 | 00. | 38 – 70. | 4 | 03. | 87 – 04. | 3 | 00. | 09 – 67. | 6 |
| 8 | 00. | 44 – 23. | 3 | 04. | 42 – 33. | 4 | 00. | 11 – 05. | 8 |
| 9 | 00. | 49 – 76. | 3 | 04. | 97 – 62. | 6 | 00. | 12 – 44. | 1 |

| COUP. 1/64° | | |
|---|---|---|
| h. | a. | c. |
| 00. | 00 – 69. | 11 |
| 00. | 01 – 38. | 23 |
| 00. | 02 – 07. | 34 |

| SETIER | O | QUARTE. 1/4 | | | MÉGÈRE. 1/8ᵉ | | |
|---|---|---|---|---|---|---|---|
| h. l. | h. l. | h. | l. | d. | h. | l. | d. |
| 1 | 0 – 67 | 6 – 70 | 0 – | 16. | 9 | 0 – | 08. | 4 |
| 2 | 1 – 35 | 13 – 52 | 0 – | 33. | 8 | 0 – | 16. | 9 |
| 3 | 2 – 03 | 20 – 28 | 0 – | 50. | 7 | 0 – | 25. | 3 |
| 4 | 2 – 70 | 27 – 04 | 0 – | 67. | 6 | 0 – | 33. | 8 |
| 5 | 2 – 38 | 33 – 80 | 0 – | 84. | 5 | 0 – | 42. | 2 |
| 6 | 4 – 06 | 40 – 56 | 1 – | 01. | 4 | 0 – | 50. | 7 |
| 7 | 4 – 73 | 47 – 32 | 1 – | 18. | 3 | 0 – | 59. | 1 |
| 8 | 5 – 41 | 54 – 08 | 1 – | 35. | 2 | 0 – | 67. | 6 |
| 9 | 6 – 08 | 60 – 84 | 1 – | 52. | 1 | 0 – | 76. | 0 |

### PUGNÈRE. 1/64ᵉ

| | h. | l. | d. | c. |
|---|---|---|---|---|
| 1 | 0 – | 01. | 0. | 56 |
| 2 | 0 – | 02. | 1. | 13 |
| 3 | 0 – | 03. | 1. | 69 |
| 4 | 0 – | 04. | 2. | 26 |
| 5 | 0 – | 05. | 2. | 82 |
| 6 | 0 – | 06. | 3. | 39 |
| 7 | 0 – | 07. | 3. | 95 |

# TABLE.


Introduction.......................... *page* 1
*Exposé de l'ancien système* des poids, des mesures
    et des monnaies.......................... 7
Mesures linéaires.......................... 8
Mesures agraires.......................... 12
Mesures de solidité.......................... 15
Mesures de capacité.......................... 16
Des poids.......................... 17
Des monnaies.......................... 18
*Système métrique*.......................... 21
Mesures linéaires.......................... 24
Mesures agraires.......................... 29
Mesures de volume.......................... 31
Mesures de capacité.......................... 35
Des poids.......................... 39
Des monnaies.......................... 47
Instruction pour faciliter l'intelligence des tables
    de conversion.......................... 53


## TABLES DE CONVERSION.

### MESURES LINÉAIRES.

(Voir les pages 8 et 24 ainsi que les notes qui précèdent le n. 1).


Toise.......................... n° 1
Subdivisions de la toise.......................... 2
Aune de Paris et ses subdivisions.......................... 3
Aune métrique. Supplément.......................... 230
Canne vraie de Montpellier.......................... 4
Canne supposée de Montpellier.......................... 5
Canne vraie de Toulouse.......................... 6
Canne d'Albi.......................... 7
Canne de Castres.......................... 8
Canne de Lautrec.......................... 9
Canne de Brassac.......................... 10
Canne de Lavaur, supposée de Toulouse.......................... 11
Canne de Graulhet.......................... 12
Canne de Montauban.......................... 13
Canne de Villemur.......................... 14

## MESURES LOCALES

*désignées par les dénominations de* séterée, setier, sac, arpent, journal.

Les mesures agraires locales, sous les dénominations énoncées ci-dessus, se subdivisent ainsi qu'il suit :

1re *division* : Séterée divisée en 8 mesures, ou rases, ou 8es ; la mesure ou rase en 4 boisseaux ou 32es ; le boisseau en 2 pennes ou 4 quarts.

2e *division* : Séterée divisée en 8 mesures, ou rases, ou 8es ; la mesure ou rase en 2 pugnères ou 16es ; la pugnère en 4 coups, ou boisseaux, ou 64es.

3e *division* : Séterée divisée en 8 mesures, ou rases, ou 8es ; la mesure ou rase en 6 boisseaux ou 48es.

4e *division* : Séterée divisée en 12 mesures ou 12es ; la mesure en 4 boisseaux ou 48es ; le boisseau en 4 quarts.

5e *division* : Séterée divisée en 4 quarterées ou 4es ; la quarterée en 4 pugnères ou 16es ; la pugnère en 2 boisseaux ou 32es ; le boisseau en 4 quarts ou 2 coups.

6e *division* : Séterée divisée en 8 quarterées ou 8es ; la quarterée en 8 pugnères ou 64es ; la pugnère en 2 boisseaux ou 128es, et le boisseau en 2 coups.

7e *division* : Séterée divisée en 4 quarterées, ou quartières, ou 4es ; la quarterée ou quartière en 4 boisseaux ou 16es ; et le boisseau en 4 quarts.

8e *division* : Séterée divisée en 4 quarterées ou 4es ; la quarterée en 2 mégères ou 16es ; la mégère en 4 boisseaux ou 64es.

9e *division* : Séterée divisée en 4 quartières ou 4es ; la quartière en 4 pugnères ou 16es ; la pugnère en 2 boisseaux ou 32es ; le boisseau en 4 quarts.

10e *division* : Séterée divisée en 4 quartes ou 4es ; la quarte en 2 mesures ou 8es ; la mesure en 2 quartons ou 16es ; le quarton en 2 boisseaux ou 32es.

11e *division* : Séterée divisée en 4 quartes ou 4es ; la quarte en 4 pugnères ou 16es ; la pugnère en 19 dextres 1/2, et la dextre en 4 cannes.

12e *division* : Séterée divisée en 4 quartes ou 4es ; la quarte en 2 mégères ou 8es ; la mégère en 8 pugnères ou 64es ; la pugnère en 4 boisseaux ou 256es.

13e *division* : Séterée divisée en 4 quartes ou 4es ; la quarte en 4 coupades ou 16es ; et la coupade, en 4 quarts de coupade.

14e *division* : Séterée divisée en 4 quartes ou 4es; la quarte en 4 quartons ou 16es ; le quarton en 4 pugnères ou 64es.

15e *division* : Séterée divisée en 4 quartes ou 4es ; la quarte en 7 pugnères 1⁄2 ou 30es, ou en 4 boisseaux ou 16es.

16e *division* : Séterée divisée en 4 quartes ou 4es ; la quarte en 8 boisseaux ou 32es; le boisseau en 4 quarts.

17e *division* : Séterée divisée en 8 demi-quartes ou 8es ; la demi-quarte en 8 boisseaux ou 64es.

18e *division* : Séterée divisée en 8 demi-quartes ou 8es; la demi-quarte en 6 boisseaux ou 48es.

19e *division* : Séterée divisée en 16 coupades, ou pugnères, ou 16es ; la coupade ou pugnère en 2 boisseaux ou 32es.

20e *division* : Séterée divisée en 2 arpents ou 2es ; l'arpent en 8 coupades ou 16es ; la coupade en 4 boisseaux ou 64es ; le boisseau en 2 coups ou 128es.

21e *division* : Arpent divisé en 4 rases; ou mesures, ou 4es ; la rase ou mesure en 2 pugnères ou 8es ; la pugnère en 4 coups, ou boisseaux, ou 32es.

22e *division* : Arpent divisé en 4 pugnères ou 4es ; la pugnère en 8 boisseaux ou 32es.

23e *division* : Arpent divisé en 8 coupades ou 8es ; la coupade en 4 boisseaux ou 32es.

24e *division* : Sac divisé en 6 mégères ou 6es ; la mégère en 4 boisseaux ou 24es ; le boisseau en 2 coups ou 48es.

25e *division* : Sac ou setier en 8 mégères ou 8es ; la mégère en 4 boisseaux ou 32es ; le boissseau en 2 coups ou 64es.

26e *division* : Setier des états de section, divisé en 8 mégères ou 8es ; la mégère en 4 boisseaux ou 32es.

27e *division* : Journal de vigne, divisé en 8 coupades ou 8es ; et la coupade en 4 boisseaux ou 32es.

---

## AVIS.

Pour faciliter les recherches des mesures agraires qui sont si nombreuses et si variées, nous donnons par ordre alphabétique le nom de toutes les communes du département avec indication du numéro de l'une des ving-sept divisions ci-dessus indiquées et du numéro de la table de conversion dont on devra se servir.

N. B. Quelquefois deux $n^{os}$ de table sont indiqués : le premier écrit doit être préféré généralement.

# A.

AFFRIQUE (SAINT), canton de Labruguière, arrondissement de Castres. Séterée, 13ᵉ division, n. 142.

AGNAN (SAINT), canton et arrondissement de Lavaur. Arpent, 22ᵉ division, n. 96.

AGUTS, canton de Cuq-Toulza, arrondissement de Lavaur. Sac, 24ᵉ division, n. 150; séterée, 19ᵉ division, n. 153.

AIGUEFONDE, canton de Mazamet, arrondissement de Castres. Séterée, 4ᵉ division, n. 134.

ALAYRAC, canton de Cordes, arrondissement de Gaillac. Séterée, 1ʳᵉ division, n. 124.

ALBAN, chef-lieu de canton, arrondissement d'Albi. Séterée, 1ʳᵉ division, n. 82 ou 66.

ALBI, chef-lieu de canton, d'arrondissement et du département du Tarn. Séterée, 1ʳᵉ division, n. 120.

ALBI (SAINT), (jointe à Aiguefonde) canton de Mazamet, arrondissement de Castres. Séterée, 1ʳᵉ division n. 83 ou 67.

ALGANS ET LASTENS, canton de Cuq-Toulza, arrondissement de Lavaur pour Algans. Séterée, 20e division, n. 106 ou 116.

ALMAYRAC, canton de Pampelonne, arrondissement d'Albi. Séterée, 1re division, n. 85 ou 69.

ALOS, canton de Castelnau-de-Montmiral, arrondissement de Gaillac. Séterée, 1re division, n. 124.

AMANCET, canton de Dourgne, arrondissement de Castres. Séterée, 13e division, n. 148.

AMANS-LABASTIDE (SAINT), chef-lieu de canton, arrondissement de Castres. Séterée, 8e division, n. 90 ou 74.

AMANS-VALTORET (SAINT), canton de Saint-Amans-Labastide, arrondissement de Castres. Séterée, 8e division, n. 90 ou 74.

AMARENS, canton de Cordes, arrondissement de Gaillac. Séterée, 1re division, n. 124.

**Ambialet**, canton de Villefranche, arrondissement d'Albi. Séterée, 1re division, n. 84 ou 68.

**Ambres**, canton et arrondissement de Lavaur. Setier, 26e division, n. 151.

**Andillac**, canton de Castelnau-de-Montmiral, arrondissement de Gaillac. Séterée, 1re divison, n. 124.

**Andouque**, canton de Valderiez, arrondissement d'Albi. Séterée, 1re divison, n. 84 ou 68.

**André** (**Saint**), cantour d'Alban, Arrondissement d'Albi. Séterée, 1re division, n. 82 ou 66.

**Angles**, chef-lieu de canton, arrondissement de Castres. Séterée, 11e division, n. 92 ou 76.

**Antonin de Lacalm** (**Saint**), canton de Réalmont, arrondissement d'Albi. Séterée, 1re division, n. 102.

**Apelle**, canton de Puylaurens, arrondissement de Lavaur. Séterée, 20e division, n. 106 ou 116.

**Arfons**, canton de Dourgne, arrondissement de Castres. Séterée, 13e division, n. 106 ou 116.

**Arifat**, canton de Montredon, arrondissement de Castres. Séterée, 1re division, n. 137.

**Arthés**, canton et arrondissement d'Albi. Séterée, 1re division, n. 125.

**Assac**, canton de Valence, arrondissement d'Albi. Séterée, 1re division, n. 84 ou 68.

**Augmontel**, canton de Mazamet, arrondissement de Castres. Séterée, 9e division, n. 142.

**Aussac**, canton de Cadalen, arrondissement de Gaillac. Séterée, 1re division, n. 119.

**Auxillou**, canton de Mazamet, arrondissement de Castres. Séterée, 1re division, n. 83 ou 67.

**Avalats**, (joint à Saint-Juéry : voir Saint-Juéry qui a la même mesure).

**Avits** (**Saint**), canton de Dourgne, arrondissement de Castres. Séterée, 13e division, n. 106 ou 116.

# B.

**Banières**, canton et arrondissement de Lavaur. Arpent, 20e division, n. 96.

**Beausille** (**Saint**), canton de Castelnau-de-Montmiral, arrondissement de Gaillac. Séterée, 1re division, n. 118.

**Beauvais**, canton de Salvagnac, arrondissement de Gaillac. Arpent, 21e division, 163.

BELCASTEL, canton et arrondissement de Lavaur. Setier, 26e divison, n. 151; séterée, 20e division, n. 153.

BELLEGARDE, canton de Villefranche, arrondissement d'Albi. Séteréc, 1re division, n. 125.

BELLESERRE, canton de Dourgne, arrondissement de Castres. Séterée, 13e division, n. 148.

BENOIT ET LAMILLARIÉ (SAINT), canton de Réalmont, arrondissement d'Albi. Séterée, 1re division, n. 131.

BENOIT DE CRAMAUX, canton de Monestiés, arrondissement d'Albi. Séterée, 1re division, n. 125.

BERLATS, canton de Lacaune, arrondissement de Castres. Séterée, 12e division, n. 86 ou 73.

BERNAC, canton de Gaillac et arrondissement de Gaillac. Séterée, 1re division, n. 120.

BERTRE, canton de Puylaurens, arrondissement de Lavaur. Séterée, 20e division, n. 1o6 ou 116.

BEZ (LE), canton de Brassac, arrondissement de Castres. Séterée, 12e division, n. 90 ou 74.

BEZACOUL, (aujourd'hui partie de Teillet), canton d'Alban, arrondissement d'Albi. Séterée, 1re division, n. 85 ou 69.

BLANC-LAMOTHE-DOURNES, canton de Puylaurens, arrondissement de Lavaur. Pour Blanc, Séterée, 20e division, n. 133, et pour Lamothe-Dournes, n. 106 ou 116, Séterée, même division.

BLAYE, canton de Monestiés, arrondissement d'Albi. Séteréc, 1re division, n. 125.

BOISSEZON, canton de Mazamet, arrondissement de Castres. Séterée, 1re division, n. 135.

BOURNAZEL, canton de Cordes, arrondissement de Gaillac. Séterée, 1re division, n. 84 ou 68.

BOUIARIÉ (LA), canton de Réalmont, arrondissement d'Albi. Séterée, 1re division, n. 118.

BRASIS, (réunie à Fiac: voir Fiac qui a la même mesure.)

BRASSAC, chef-lieu de canton, arrondissement de Castres. Séterée, 12e division, n. 90 ou 74.

BRENS, canton de Gaillac, arrondissement de Gaillac. Séterée, 1re division, n. 118.

BRIATEXTE, canton de Graulhet, arrondissement de Lavaur. Séterée, 1re division, n. 155.

BROSE, canton et arrondissement de Gaillac. Séterée, 1re divison, n. 124.

Brousse, canton de Lautrec, arrondissement de Castres. Séterée, 7e division, n. 146.

Bruc (le), (réunie à Mondragon), canton de Lautrec, arrondissement de Castres. Séterée, 1re divison, n. 126.

Burlats, canton de Roquecourbe, arrondissement de Castres. Séterée, 9e division, n. 142.

Busque, canton de Graulhet, arrondissement de Lavaur. Séterée, 1re division, n. 156. Journal de vigne, 27e division, n. 158.

# C.

Cabanés, canton de Saint-Paul, arrondissement de Lavaur. Séterée, 1re division, n. 151.

Cabanes et barre, canton de Murat, arrrondissement de Castres. Séterée, 15e division, n. 73.

Cabannes (les), canton de Cordes, arrondissement de Gaillac. Séterée, 1re division, n. 84 ou 68.

Cadalen, chef-lieu de canton, arrondissement de Gaillac. Séterée, 1re division, n° 125.

Cadix, canton de Valence, arrondissement d'Albi. Séterée, 1re division, n. 84 ou 68.

Cadoul-Avezac (réunis à la Cougolte), canton et arrondissement de Lavaur. Setier 26e division, n. 151; séterée 20e division, n. 153.

Cahuzac de vère, canton de Castelnau-de-Montmiral, arrondissement de Gaillac. Séterée, 1re division, n. 124.

Cahuzac, canton de Dourgne, arrondisement de Castres. Séterée, 13e division, n. 148.

Cambon, canton de Villefranche, arrondissement d'Albi. Séterée, 1re division, n. 125.

Cambon, canton de Cuq-Toulza, arrondissement de Lavaur. Séterée, 20e division, n. 106 ou 116.

Cambonnés, canton de Brassac, arrondissement de Castres. Séterée, 1re division, n. 90 ou 74.

Cambounet, canton de Puylaurens, arrondissement de Lavaur. Séterée, 20e division, n. 133.

Cammases (Les), canton de Dourgne, arrondissement de Castres. Séterée, 13e division, n. 148.

Campagnac, canton de Castelnau-de-Montmiral, arrondissement de Gaillac. Séterée, 1re division, n. 124.

Campes, Canton de Cordes, arrondissement de Gaillac. Séterée, 1re division, n. 124.

Carbes, canton de Vielmur, arrondissement de Castres. Séterée, 5e division, n. 142.

Cardonnac (réunie à Noailles), canton de Cordes, arrondissement de Gaillac. Séterée, 1re division, n. 124.

Carlus, canton et arrondissement d'Albi. Séterée, 1re division, n. 131.

Castanet, canton et arrondissement de Gaillac. Séterée, 1re division, n. 124.

Castelgarric (réunie à Faussergues : voir Faussergues qui a la même mesure.)

Castelnau-Brassac, canton de Brassac, arrondissement de Castres. Séterée, 12e division, n. 90 ou 74.

Castelnau-de-Lévis, canton et arrondissement d'Albi. Séterée, 1re division, n. 125.

Castelnau-de-Montmiral, chef-lieu de canton, arrondissement de Gaillac. Séterée, 1re division, n. 118.

Castres, chef-lieu de canton et d'arrondissement, Séterée, 9e division, n. 142.

Caucalières-Castres, canton de Mazamet, arrondissement de Castres. Séterée, 9e division, n. 142.

Caucalières-Lavaur (réunie à Aiguefonde), canton de Mazamet, arrondissement de Castres. Séterée, 4e division, n. 134.

Cazelles, canton de Cordes, arrondissement de Gaillac. Séterée, 1re division, n. 124.

Cécile-du-Cairou (sainte), canton de Castelnau-de-Montmiral, arrondissement de Gaillac. Séterée, 1re division, n. 119.

Cestairols, canton et arrondissement de Gaillac. Séterée, 1re division, n. 84 ou 68.

Cirgue (saint), canton de Valence, arrondissement d'Albi. Séterée, 1re division, n. 84 ou 68.

Combefa, canton de Monestiés, arrondissement d'Albi. Séterée, 1re division, n. 125.

Cordes, chef-lieu de canton, arrondissement de Gaillac. Séterée 1re division, n. 68.

Coufouleux, canton de Rabastens, arrondissement de Gaillac. Séterée, 3e division, n. 99 ou 109.

Courris, canton de Valence, arrondissement d'Albi. Séterée, 1re division, n. 84 ou 68.

Courtade (la) et Cornebouc, (réunies à Rivières : voir Rivières.)

Cramaux, canton de Monestiés, arrondissement d'Albi. Séterée, 1re division, n. 125.

Crespinet, canton de Valdériés, arrondissement d'Albi. Séterée, 1re division, n. 84 ou 68.

Croisille (la), canton de Cuq-Toulza, arrondissement de Lavaur. Séterée, 20e division, n. 106 ou 116.

Cunac, canton de Villefranche, arrondissement d'Albi, (distrait de Saint-Juéry : voir Saint-Juéry).

Cuq, canton de Vielmur, arrondissement de Castres. Séterée, 7e division, n. 139.

Cuq-Toulza, chef-lieu de canton, arrondissement de Lavaur. Sac, 24e division, n. 150 ; séterée 20e division, n. 153.

Curvale, canton d'Alban, arrondissement d'Albi. Séterée, 1re division, n. 82 ou 66.

# D.

Damiatte, canton de Saint-Paul, arrondissement de Lavaur. Séterée, 19e division, n. 145.

Denat, canton de Réalmont, arrondissement d'Albi. Séterée, 1re division, n. 72.

Donnazac, canton de Cordes, arrondissement de Gaillac. Séterée, 1re division, n. 124.

Dourgne, chef-lieu de canton, arrondissement de Castres. Séterée, 13e division, n. 106 ou 116.

Dourn (le), canton de Valence, arrondissement d'Albi. Séterée, 1re division, n. 84 ou '68.

Durfort, canton de Dourgne, arrondissement de Castres. Séterée, 13e division, n. 148.

# E·

Engarrevaques et Gandels, canton de Dourgne, arrondissement de Castres. Séterée, 13e division, n. 148.

Escoussens, canton de Labruguière, arrondissement de Castres. Séterée, 13e division, n. 144.

Escroux et Roquefère, canton de Lacaune, arrondissement de Castres. Séterée, 14e division, n. 89.

Esperausses, canton de Lacaune, arrondissement de Castres. Séterée, 12e division, n. 89 ou 73.

# F.

FAILLADES (LES), canton de Brassac, arrondissement de Castres. Séterée, 12e division, n. 90 ou 74.

FAISSAC, canton et arrondissement de Gaillac. Séterée, 1re division, n. 122.

FAUCH, canton de Réalmont, arrondissement d'Albi. Séterée, 1re division, n. 118.

FAUSSERGUES ET CASTELGARRIC, canton de Valence, arrondissement d'Albi. Séterée, 1re division, n. 84 ou 68.

FENOLS, canton de Cadalen, arrondissement de Gaillac. Séterée, 1re division, n. 119.

FERRIÈRES, canton de Vabre, arrondissement de Castres. Séterée, 12e division, n. 90 ou 74.

FIAC ET BRASIS, canton de Saint-Paul, arrondissement de Lavaur. Setier, 26e division, n. 151.

FLORENTIN, canton de Cadalen, arrondissement de Gaillac. Séterée, 1re division, n. 131.

FRAISSINES, canton de Valence, arrondissement d'Albi. Séterée, 1re division, n. 84 ou 68.

FRAUSSEILLES, canton de Cordes, arrondissement de Gaillac. Séterée, 1re division, n. 124.

FRÉGEVILLE, canton de Vielmur, arrondissement de Castres. Séterée, 6e division, n. 132.

FRÉJAIROLLES, canton et arrondissement d'Albi. Séterée, 1re division, n. 119.

# G.

GAILLAC, chef-lieu de canton et d'arrondissement. Séterée, 1re division, n° 123.

GARRIGUES, canton et arrondissement de Lavaur. Setier, 26e division, n. 151; séterée, 20° division, n. 153.

GAULÈNE, ( Voir Saint-Julien-Pradoux à laquelle elle est réunie et qui a la même mesure. )

GAUZENS (SAINT), canton de Graulhet, arrondissement de Lavaur. Séterée, 1re division, n° 148. Journal de vigne, 27° division, n. 149; setier, 26° division n. 158.

GAYCRÉ, ( réunie à Cadix ); canton de Valence arrondissement d'Albi. Séterée, 1re division, n. 85 ou 69.

Gemme ( sainte ), canton, de Pampelonne, arrondissement d'Albi. Séterée, 1$^{re}$ division, n. 126.

Germain ( saint ), canton de Puylaurens, arrondissement de Lavaur. Séterée, 20$^e$ division, n. 106 ou 116.

Germier ( saint ), canton de Roquecourbe, arrondissement de Castres. Séterée, 7$^e$ division, n. 142.

Germier ( saint ), ( réunie à Teyssode : voir Teyssode ).

Gibrondes, canton de Lautrec, arrondissement de Castres. Séterée, 9e division, n. 139.

Gijounet, canton de Lacaune, arrondissement de Castres. Séterée, 14e division, n. 89 ou 73.

Giroussens, canton et arrondissement de Lavaur. Setier, 26e division, n. 151 ; séterée, 20e division, n. 153.

Graulhet, chef-lieu de canton, arrondissement de de Lavaur. Séterée, 1re division, n. 155 ; setier, 26e division, n. 158 ; journal de vigne, 27e division n. 157.

Grazac, canton de Rabastens, arrondissement de Gaillac. Séterée, 1re division, n, 99.

Grégoire ( saint ), canton de Valdériés, arrondissement d'Albi. Séterée, 1re division, n. 123.

Guitalens, canton de Vielmur, arrondissement de Castres. Séterée, 19e division, n. 145.

Genest-de-Contest ( saint ), ( formée du Laux et de la Martinié ), canton de Lautrec, arrondissement de Castres. Séterée, 7e division, n. 113 ou 103.

# I.

Itzac, canton de Vaour, arrondissement de Gaillac. Séterée, 1re division, n. 124.

# J.

Jean-de-Rives ( saint ), canton et arrondissement de Lavaur. Sétier, 26e division, n. 151 ; arpent, 22e division, n. 152.

Jean-de-Vals ( saint ), canton de Roquecourbe, arrondissement de Castres. Séterée, 9e division, n. 142.

Jouqueviel, canton de Pampelonne, arrondissement d'Albi. Séterée, 1re division, n. 82 ou 66.

JUÉRY ( SAINT ), canton de Villefranche, arrondissement d'Albi. Séterée, 1re division n. 125.

JUL, ( Voir Pratviel, Jul et Valcournouse. )

JULIEN DE PRADOUX ( SAINT ), canton de Valence, arrondissement d'Albi. Séterée, 1re division, n. 84 ou 68.

JULIEN-DU-PUY ( SAINT ), canton de Lautrec, arrondissement de Castres. Séterée, 1re division, n. 105 ou 115.

# L.

LABARTHE-BLEYS ET LATREYNE, canton de Cordes, arrondissement de Gaillac: pour Labarthe-Bleys, Séterée, 1re division, n. 68, et pour Latreyne, Séterée, même division, n. 124.

LABASTIDE-DENAT, canton de Réalmont, arrondissement d'Albi. Séterée, 1re division, n. 68.

LABASTIDE-GABAUSSE, canton de Monestiés, arrondissement d'Albi. Séterée, 1re division, n. 125.

LABASTIDE, canton et arrondissement de Lavaur. Setier, 26e division, n. 151; Séterée, 20e division, n. 153.

LABASTIDE-DE-LÉVIS, canton et arrondissement de Gaillac. Séterée, 1re division, n. 125.

LABASTIDE-ROUAYROUX, canton de St.-Amans-Labastide, arrondissement de Castres. Séterée, 1re division, n. 94 ou 78.

LABESSIÈRE-BUZENS, canton de Lautrec, arrondissement de Castres. Séterée, 7e division, n. 146.

LABESSIÈRE-CANDEIL, canton de Cadalen, arrondissement de Gaillac. Séterée, 1re division, n. 118.

LABOULBÈNE, canton et arrondissement de Castres. Sac ou setier, 25e division, ( supplément n. 241).

LABOUTARIÉ, ( voir Boutarié ( la ).

LABRUGUIÈRE-BEZACOUL ( réunie à Massals ), canton d'Alban, arrondissement d'Albi. Séterée, 1re division, n. 123.

LABRUGUIÈRE, chef-lieu de canton, arrondissement de Castres. Séterée, 13e division n. 142.

LACABARÈDE, canton de St.-Amans-Labastide, arrondissement de Castres. Séterée, 8e division, n. 90 ou 74.

LACAPELLE ( STE-LUCE ), canton de Cordes, arrondissement de Gaillac. Séterée, 1re division, n. 68.

( 15 )

LACAPELLE-SÉGALAR, canton de Cordes, arrondissement de Gaillac. Séleréc, 1re division, n. 84 ou 68 et n. 124.

LACAUNE, chef-lieu de canton, arrondissement de Castres. Séleréc, 15e division, n. 89 ou 73.

LACAZE, canton de Vabre, arrondissement de Castres. Séleréc, 14e division, n. 80.

LACOUGOTTE, ( Voir Cadoul-Avezac. )

LACROISILLE, ( Voir Croisille ( la ).

LACROUZETTE, canton de Roquecourbe, arrondissement de Castres. Séleréc 1re division, n. 94.

LAGARDIOLLE, canton de Dourgne, arrondissement de Castres. Séleréc, 13e division, n. 106 ou 116.

LAGARRIGUE, canton de Labruguière, arrondissement de Castres. Séleréc, 9e division, n. 142.

LAGRAVE, canton et arrondissement de Gaillac. Séleréc, 3e division, n. 122.

LALBARÈDE, canton de Vielmur, arrondissement de Castres. Séleréc, 7e division, n. 139 et n. 164.

LAMARTINIÉ, ( voir St-Genest-de-Contest. )

LAMILLARIÉ, ( voir Millarié ( la. )

LAMONTELARIÉ, canton d'Anglés, arrondissement de Castres. Séleréc, 1re division, n. 92 ou 76.

LAMOTHE-DOURNES ( réunies à Blanc : voir Blanc ).

LAPAROUQUIAL, ( voir Parrouquial ( la ).

LARROQUE, canton de Castenau-de-Montmiral, arrondissement de Gaillac. Séleréc, 17e division, n. 101.

LARROQUE-ROUCAZEL ( réunies à Trébas ), canton de Valence, arrondissement d'Albi. Séleréc, 1re division, n. 84 ou 68.

LASCLOTTES, canton de Salvagnac, arrondissement de Gaillac. Séleréc, 2e division, n. 161.

LASFAILLADES, ( voir Faillades (les).

LASGRAISSES, canton de Cadalen, arrondissement de Gaillac. Séleréc, 1re division, n. 118.

LASPLANQUES, ( réunie à Tanus ), canton de Pampelonne, arrondissement d'Albi. séleréc, 1e division. n. 86 ou 70.

LASTENS, ( réunie à Algans : voir Algans.)

LAUTREC, chef-lieu de canton, arrondissement de Castres : Séleréc, 7e division, n. 146.

LAUX ( LE ), ( voir St-Genest-de-Contest ).

LAVAUR, chef-lieu de canton et d'arrondissement. Se-

tier, 26e division, n. 151 ; Séterée, 20e division ,
n. 153.

L**EDAS ET PENTHIÉS**, canton de Valence, arrondissement d'Albi. Séterée , 1re division, n. 84 ou 68.

L**EMPAUT**, canton de Puylaurens, arrondissement de Lavaur. Séterée, 20e division, n. 106 ou 116.

L**ESCOUT**, canton de Puylaurens, arrondissement. de Lavaur. Séterée, 19e division, n. 145.

L**ESCURE**, canton et arrondissement d'Albi. Séterée 1re division , n. 125.

L**ESTAP**, ( réunie à Soual: voir Soual.)

L**IEUX** ( SAINT), canton et arrondissement de Lavaur. Setier , 26e division, n. 151. Séterée, 20e division, n. 153.

L**IEUX-LAFENASSE** ( SAINT ), canton de Réalmont, arrondissement d'Albi. Séterée, 1re division, n. 102.

L**ISLE**, chef-lieu de canton, arrondissement de Gaillac. Séterée, 1re division , n. 126.

L**IVERS**, canton de Cordes, arrondissement de Gaillac. Séterée, 1re division, n. 124.

L**OMBERS**, canton de Réalmont , arrondissement d'Albi. Séterée, 1re division, n. 118.

L**OUBERS**, canton de Cordes, arrondissement de Gaillac. Séterée, 1re division , n. 84 ou 68.

L**OUPIAC**, canton de Rabastens, arrondissement de Gaillac. Séterée, 3e division , n. 99 ou 109.

L**UGAN**, canton et arrondissement de Lavaur. Arpent, 22e division, n. 96 ou 107.

# M.

M**AGRIN** ( St.-ANDRÉ DE, ) canton de St.-Paul, arrondissement de Lavaur. Séterée, 19e division, n. 106 ou 116.

M**AILHOC**, canton et arrondissement d'Albi. Séterée, 1re division, n. 125.

M**ANDOUL**, canton et arrondissement de Castres. Séterée, 9e division, n. 142.

M**ARCEL** ( SAINT ) ET ST.-MARTIAL, canton de Cordes, arrondissement de Gaillac. Séterée, 1re division, n. 124.

M**ARGNÉS-D'ANGLES** ( LE ), canton d'Anglés, arrondissement de Castres. Séterée, 11e division, n. 92 ou 76.

M**ARGNÉS-DE-BRASSAC** ( LE ), canton de Brassac, ar-

( 17 )

rondissement de Castres. Séterée, 12e division, n. 90
ou 74.

Marnaves, canton de Vaour, arrondissement de Gaillac. Séterée, 1re division, n. 124.

Marssac, canton et arrondissement d'Albi. Séterée,
1re division, n. 131.

Marssal, canton de Villefranche, arrondissement
d'Albi. Séterée, 1re division, n. 125.

Martin-de-Laguépie (saint), canton de Cordes, arrondissement de Gaillac. Séterée, 1re division, n. 124.

Martin-de-Larrivière (saint), (réunie à Lavaur),
canton de Lavaur. Arpent, 22e division, n. 96 ou 107.

Marzens et prégnan, canton et arrondissement de
Lavaur. Setier, 26e division, n. 151; Séterée, 20e division, n. 153.

Massac-Séran, canton de S.-Paul, arrondissement
de Lavaur. Setier, 26e division, n. 151; Séterée, 20e
division, n. 153.

Massaguel, canton de Dourgne, arrondissement de
Castres. Séterée, 13e division, n. 145.

Massals, canton d'Alban, arrondissement d'Albi. Séterée, 1re division, n. 66.

Massuguiés, canton de Vabre, arrondissement de
Castres. Séterée, 16e division, n. 89.

Maurens Scopont, canton de Cuq-Toulza, arrondissement de Lavaur. Setier, 26e division, n. 151; Séterée, 2oe division, n. 153.

Maussans, canton et arrondissement d'Albi. Séterée,
1re division, n. 131.

Mazamet, chef-lieu de canton, arrondissement de
Castres. Séterée, 1re division, n. 83 ou 67.

Mézens, canton de Rabastens, arrondissement de Gaillac. Arpent, 22e division, n. 96 ou 107.

Michel-de-Labadié (saint), canton de Valence, arrondissement d'Albi. Séterée, 1re division, n. 84 ou
68.

Michel-de-Vax (saint), canton de Vaour, arrondissement de Gaillac. Séterée, 3e division, n. 100 ou 110.

Milhars, canton de Vaour, arrondissement de Gaillac.
Séterée, 1re division, n. 124.

Milhavet, canton et arrondissement d'Albi. Séterée,
1re division, n. 125.

Millarié (la), canton de Réalmont, arrondissement
d'Albi. Séterée, 1re division, n. 131.

Miolles, canton d'Alban, arrondissement d'Albi. Séterée, 1re division , n. 93.

Mirandol , canton de Pampelonne , arrondissement d'Albi. Séterée, 1re division, n. 84 ou 68.

Missècle, canton de Graulhet, arrondissement de Lavaur. Séterée, 1re division, n. 155; Setier, 26e division, n. 158; Journal de vigne, 27e division, n. 157.

Moncarbié, canton et arrondissement de Lavaur. Arpent, 22e division , n. 96.

Montcouyoul, canton de Montredon, arrondissement de Castres. Séterée, 1re division, n. 136.

Mondragon, canton de Lautrec, arrondissement de Castres. Séterée, 1re division , n. 118 et n. 138.

Mondurausse, canton de Salvagnac, arrondissement de Gaillac. Séteréc, 2e division , n. 161.

Monestiés , chef-lieu de canton , arrondissement d'Albi. Séteréc , 1re division , n. 125.

Monroziés, Canton de Vaour, arrondissement de Gaillac. Séterée, 1re division, n. 124.

Montans et saint-Martin-du-Taur , canton et arrondissement de Gaillac. 1re division , n. 129.

Montauriol, conton de Pampelonne , arrondissement d'Albi. Séterée , 1re division , n. 84 ou 66.

Montaucel, Canton de Graulhet, arrondissement de Lavaur. Setier, 26e division, n. 151 ; Séterée, 20e division , n. 153.

Montels , canton de Castelnau-de-Montmiral, arrondissement de Gaillac. Séteréc, 1re division , n. 123.

Montespieu, ( réunie à Navés , qui a la même mesure : voir Navés ).

Montfa, canton de Roquecourbe, arrondissement de Castres. Séterée, 9e division, n. 142.

Mongaillard, canton de Salvagnac , arrondissement de Gaillac. Séterée, 2e division, n. 159 et n. 161.

Montgey, canton de Cuq-Toulza, arrondissement de Lavaur. Séterée, 19e division, n. 153.

Montirat, canton de Monestiés, arrondissement d'Albi. Séterée, 1re division, n. 81 ou 77.

Montmoure (réunie à Amancel), canton de Dourgne, arrondissement de Castres. Séterée, 13e division, n. 106 ou 116.

Montpinier, canton, de Lautrec, arrondissement de Castres. Séterée, 9e division, n. 142.

MONTREDON, chef-lieu de canton, arrondissement de Castres. Séterée, 10e division, n. 141.

MONTSALVY, (réunie à Puigouzon qui a la même mesure.)

MONTVALEN, canton de Salvagnac, arrondissement de Gaillac. Arpent, 21e division, n. 162.

MOULARÉS, canton de Pampelonne, arrondissement d'Albi. Séterée, 1re division, n. 85 ou 69.

MOULAYRÉS, canton de Graulhet, arrondissement de Lavaur. Setier, 26e division, n. 158.

MOUZENS ET PUECHOURCI, canton de Cuq-Toulza, arrondissement de Lavaur. Sac, 24e division, n. 150; Séterée, 20e division, n. 153.

MOUZIEYS, canton de Villefranche, arrondissement d'Albi. Séterée, 1re division, n. 120.

MOUZIEYS, canton de Cordes, arrondissement de Gaillac. Séterée, 1re division, n. 124.

MURAT, chef-lieu de canton, arrondissement de Castres. Séterée, 15e division, n. 89 ou 73.

# N.

NAGES, canton de Lacaune, arrondissement de Castres. Séterée, 7e division, n. 73.

NARTHOUS, canton de Monestiés, arrondissement d'Albi. Séterée, 1re division, n. 124.

NAVÉS, canton et arrondissement de Castres. Séterée, 9e division, n. 142.

NOAILLES, canton de Cordes, arrondissement de Gaillac. Séterée, 1re division, n. 68.

# O

ORBAN, canton de Réalmont, arrondissement d'Albi. Séterée, 1re division, n. 119.

# P.

PADIÉS, ROUMEGOUX ET TELS, canton de Valence, arrondissement d'Albi : pour Padiés, Séterée, 1re division, n. 83 ou 67, et pour Roumegoux et Tels, Séterée, 1re division, n. 102 ou 112.

PALESVILLES-LAS-TOUZEILLES, canton de Dourgne, arrondissement de Castres. Séterée, 13e division, n. 148.

**Pampelonne**, chef-lieu de canton, arrondissement d'Albi. Séterée, 1re division, n. 83 ou 67.

**Panens** (réunie à Mouzieys de Cordes ) canton de Cordes, arrondissement de Gaillac. Séterée, 1re division, n. 84 ou 68.

**Parizot**, canton de Lisle, arrondissement de Gaillac. 1re division, n. 127.

**Parrouquial** (la), canton de Menestiés, arrondissement d'Albi. Séterée, 1re division, n. 124.

**Paul** (saint), chef-lieu de canton, arrondissement de Castres. Séterée, 19e division, n. 97 ou 116.

**Paulin**, canton d'Alban, arrondissement d'Albi. Séterée, 1re division, n. 93.

**Pechaudier**, canton de Cuq-Toulza, arrondissement de Lavaur. Sac, 24e division, n. 150 ; Séterée, 20e division, n. 153.

**Penne**, canton de Vaour, arrondissement de Gaillac. Séterée, 1re division, n. 117.

**Penthiés**, (réunie à Ledas : voir Ledas. )

**Peyregoux**, canton de Lautrec, arrondissement de Castres. Séterée, 9e division, n. 142.

**Peyrolle**, canton de Lisle, arrondissement de Gaillac. Séterée, 1re division, n. 147 et 154.

**Pierre Lasserre** ( saint ) (réunie à Cadix : voir Cadix qui a la même mesure. )

**Pierre-de-trivisi et Senegats** (saint ,) canton de Vabre, arrondissement de Castres. Séterée, 14e division, n. 80.

**Pinet**, canton de Valence, arrondissement d'Albi. Séterée, 1re division, n. 84 ou 68.

**Pomardelle**, (réunie à Senaux : voir Senaux.)

**Pont-de-l'Arn**, canton de Mazamet, arrondissement de Castres. Séterée, 1re division, n. 134.

**Poudis**, canton de Puylaurens, arrondissement de Lavaur. Séterée, 20e division, n. 106 ou 116.

**Poulan**, canton de Réalmont, arrondissement d'Albi. Séterée, 1re division, n. 119.

**Pouzols**, (réunie à Poulan : voir Poulan qui a la même mesure.)

**Prades**, canton de Saint-Paul, arrondissement de Lavaur. Séterée, 19e division, n. 97.

**Pratviel, Jul et Valcournouse**, canton de Saint-Paul, arrondissement de Lavaur. Setier, 20e division, n. 151 ; Séterée, 20e division, n. 153.

PREIGNAN , (voir Marzens à laquelle elle est réunie et qui a la même mesure.)

PUECHOURCI , canton de Cuq-Toulza , arrondissement de Lavaur ( voir Mouzens ).

PUGNIÈRES , (réunie à Teulat : voir Teulat qui a la même mesure.)

PUIBEGON, canton de Graulhet , arrondissement de Lavaur. Séterée, 1re division, n. 155 ; Setier, 26e division, n. 158.

PUICALVEL , canton de Lautrec , arrondissement de Castres. Séterée, 7e division , n. 146.

PUICELCY , canton de Montmiral , arrondissement de Gaillac. Séterée ,17e division , n. 101.

PUILANIER, (réunie à Denat). Séterée, 1re division, n. 69.

PUJOL (LE), canton de Vielmur , arrondissement de Castres. Séterée, 6e division, n. 132.

PUYGOUZON , canton et arrondissement d'Albi. Séterée, 1re division , n. 125.

PUYLAURENS, chef-lieu de canton, arrondissement de Castres. Séterée, 20e division , n. 106 ou 116.

# R.

RABASTENS , chef-lieu de canton, arrondissement de Gaillac. Séterée, 3e division , n. 99 ou 109.

RAISSAC, canton de Montredon, arrondissement de Castres. Séterée, 1re division , n. 85 ou 69.

RATAYRENS, canton de Vaour , arrondissement de Gaillac. Séterée ,1re division , n. 84 ou 68.

RÉALMONT , chef-lieu de canton, arrondissement d'Albi. Séterée, 1re division , n. 102.

RIALET (LE), canton de Mazamet , arrondissement de Castres. Séterée, 1re division, n. 142.

RIOLS (LE), canton de Vaour , arrondissement de Gaillac. Séterée, 1re division, n. 84 ou 68, et Séterée, 2e division, n. 160.

RIVIÈRES, canton de Gaillac, arrondissement de Gaillac. Séterée, 1re division, n. 118.

RONEL, canton de Réalmont, arrondissement d'Albi. Séterée, 1re divison, n. 102.

ROQUECOURBE, chef-lieu de canton, arrondissement de Castres. Séterée, 9e division, n. 142.

ROQUEMAURE, canton de Rabastens, arrondissement de Gaillac. Arpent, 22e division, n. 96 ou 107.

Roquette (la), (réunie à Saint-Urcisse : voir Saint-Urcisse.)

Roquevidal, canton de Cuq-Toulza, arrondissement de Lavaur. Séterée, 20e division, n. 153; Sac, 24e division, n. 150; Setier, 26e division, n. 151.

Rouairoux, canton de Saint-Amans-Labastide, arrondissement de Castres. Séterée, 8e division, n. 90 ou 74.

Roucoules, canton de Monestiés, arrondissement d'Albi. Séterée, 1re division, n. 124.

Roumegoux, canton de Réalmont, arrondissement d'Albi. Séterée, 1re division, n. 130.

Roussairolles, canton de Vaour, arrondissement de Gaillac. Séterée, 1re division, n. 124 et n. 128.

Rozières, canton de Monestiés, arrondissement d'Albi. Séterée, 1re division, n. 125.

# S.

Saix, canton et arrondissement de Castres. Séterée, 13e division, n. 145.

Saliés, canton et arrondissement d'Albi. Séterée, 1re division, n. 125.

Sallepieussou (réunie à Navés : voir Navés qui a la même mesure.)

Salles, canton de Monestiés, arrondissement d'Albi. Séterée, 1re division, n. 98 ou 108.

Salvagnac, chef-lieu de canton, arrondissement de Gaillac. Séterée, 3e division, n. 99 ou 109.

Salvetat (la), (réunie à Cazelles : voir Cazelles qui a la même mesure.)

Salvy-de-Carcavès (saint), canton de Vabre arrondissement de Castres. Séterée, 12e division, n. 89.

Sarmazes (réunie à Souel), Séterée, 1re division, n. 124.

Saussenac, canton de Valderiés, arrondissement d'Albi. Séterée, 1re division, n. 126.

Sauveterre, canton de Saint-Amans-Labastide, arrondissement de Castres. Séterée, 8e division, n. 90 ou 74.

Segur (le), canton de Monestiés, arrondissement d'Albi. Séterée, 1re division, n. 124.

Semalens, canton de Vielmur, arrondissement de Castres. Séterée, 19e division, n. 133.

Senaux et Pomardelle, canton de Lacaune, ar-

rondissement de Castres: Séterée, 12e division,
n. 89 ou 73.

Senil (réunie à Garrigues), canton et arrondissement
de Lavaur. Séterée, 22e division, n. 96 ou 107.

Senouillac, canton et arrondissement de Gaillac.
Séterée, 1re division, n. 123.

Sequestre, canton et arrondissement d'Albi. Séterée, 1re division, n. 125.

Sérénac, canton de Valderiés, arrondissement d'Albi.
Séterée, 1re division, n. 84 ou 68.

Sernin (saint), canton et arrondissement d'Albi.
Séterée, 1re division, n. 125.

Sernin (saint), canton de Puylaurens, arrondissement de Lavaur. 20e division, n. 106 ou 116.

Serviéls, canton de Vielmur, arrondissement de
Castres. Séterée, 7e division, n. 139 et n. 164.

Sirurac, canton de Réalmont, arrondissement d'Albi.
Séterée, 1re division, n. 118.

Sorèze, canton de Dourgne, arrondissement de Castres. Séterée, 13e division, n. 148.

Soual, canton de Dourgne, arrondissement de Castres. Séterée, 13e division, n. 106 ou 116.

Souel, canton de Cordes, arrondissement de Gaillac.
Séterée, 1re division, n. 68.

Suech (le), (réunie au Segur : voir le Segur qui a
la même mesure).

Sulpice (saint), canton et arrondissement de Lavaur.
Arpent, 22e division, n. 96 ou 107.

## T.

Taix canton de Monestiés, arrondissement d'Albi.
Séterée, 1re division, n. 125.

Tanus, canton de Pampelonne, arrondissement d'Albi.
Séterée, 1re division, n. 81 ou 77.

Tauriac, canton de Salvagnac, arrondissement de
Gaillac. Arpent, 21e division, n. 162.

Tecou, canton de Cadalen, arrondissement de Gaillac.
Séterée, 1re division, n. 123.

Trillet (formée de Bezacoul et partie de Paulin :
voir ces deux communes).

Teissode, canton de Saint-Paul, arrondissement de
Lavaur. Séterée, 19e division, n. 106 ou 116.

Terre-Clapier, canton de Réalmont, arrondissement
d'Albi. Séterée, 1re division, n. 69.

Terssac, canton et arrondissement d'Albi. Séterée, 1re division, n. 131.

Teulat, canton et arrondissement de Lavaur. Arpent, 23e division, n. 96 ou 107.

Teulet, (réunie à Mouzieys : voir Mouzieys qui a la même mesure.)

Teysonarié (la), (réunie à Labastide-Gabausse : voir Labastide-Gabausse qui a la même mesure.)

Tonnac, canton de Cordes, arrondissement de Gaillac. Séterée, 1re division, n. 84 ou 68.

Travet (le), canton de Réalmont, arrondissement d'Albi. Séterée, 1re division, n. 85 ou 69.

Treban, canton de Pampelonne, arrondissement d'Albi. Séterée, 1re division, n. 85 ou 69.

Trebas, canton de Valence, arrondissement d'Albi. Séterée, 1re division, n. 85 ou 69.

Trevien, canton de Monestiés, arrondissement d'Albi. Séterée, 1re division, n. 125.

Treyne (la), (voir Labarthe-Bleys et Latreyne.)

Troupiac, (réunie à Viviés-les-Montagnes : voir Viviés-les-Montagnes qui a la même mesure.)

## U.

Urcisse (saint) et Roquette (la), canton de Salvagnac, arrondissement de Gaillac ; pour Saint-Urcisse, Séterée, 2e division, n. 161 ; la Roquette même division, n. 159.

## V.

Vabre, chef-lieu de canton, arrondissement de Castres. Séterée, 14e division, n. 91 ou 75.

Valderiés, chef-lieu de canton, arrondissement d'Albi. Séterée, 1re division, n. 84 ou 68.

Valdurenque, canton de Labruguière, arrondissement de Castres. Séterée, 1re division, n. 142.

Valence, chef-lieu de canton, arrondissement d'Albi. Séterée, 1re division, n. 84 ou 68.

Vaour, chef-lieu de canton, arrondissement de Gaillac. Séterée, 18e division, n. 100 ou 110.

Veilhes, canton et arrondissement de Lavaur. Setier, 26e division, n. 151 ; Séterée, 20e division, n. 153.

Vénés, canton de Lautrec, arrondissement de Castres. Séterée, 7e division, n. 146.

Verdalle, canton de Dourgne, arrondissement de Castres. Séterée, 13e division, n. 106 ou 116.

Verdier (le), canton de Castelnau-de-Montmiral, arrondissement de Gaillac. Séterée, 1re division, n. 118.

Vianne, canton de Lacaune, arrondissement de Castres. Séterée, 12e division, n. 89 ou 79.

Vielmur, chef-lieu de canton, arrondissement de Castres. Séterée, 5e division, n. 143.

Vieux, canton de Castelnau-de-Montmiral, arrondissement de Gaillac. Séterée, 1re division, n. 125.

Villefranche, chef-lieu de canton, arrondissement d'Albi. Séterée, 1re division, n. 125.

Villeneuve, canton et arrondissement d'Albi. Séterée, 1re division, n. 125.

Villeneuve, canton et arrondissement de Lavaur. Séterée, 20e division, n. 153.

Villette, (réunie à Mont-Gaillard), canton de Salvagnac, arrondissement de Gaillac. Arpent, 21e division, n. 162.

Vindrac, canton de Cordes, arrondissement de Gaillac. Séterée, 1re division, n. 84 ou 68.

Vintrou (le) canton de Mazamet, arrondissement de Castres. Séterée, 1re division, n. 137.

Virac et la Gauginié, canton de Monestiés, arrondissement d'Albi. Séterée, 1re division, n. 64.

Viterbe, canton de Saint-Paul, arrondissement de Lavaur. Séterée, 19e division, n. 106 ou 116.

Viviers-les-Lavaur, canton et arrondissement de Lavaur. Séterée, 20e division, n. 153.

Viviers-les-Montagnes, canton de Labruguière, arrondissement de Castres. Séterée, 9e division, n. 142.

*N. B.* Toutes les mesures agraires locales du département se composaient, ou d'un certain nombre de *cannes carrées*, ou d'un certain nombre de *perches carrées* : on conçoit donc qu'avec les tables de conversion de toutes les cannes carrées (n. 19 à 29), et de toutes les perches carrées (n. 30 à 62), usitées dans le département, on peut soi-même arriver directement à telle mesure locale que l'on voudra ; et par ce moyen réparer une omission ou une erreur commise.

## MESURES DE SOLIDITÉ.

(Voir les pages 15 et 31, ainsi que les observations qui précèdent le n. 165.)

### MESURE GÉNÉRALE.

Toise cube et ses subdivisions, n. 165.

### MESURES LOCALES
#### POUR LE BOIS DE CHAUFFAGE.

(Voir les n. 166, 167, 168 et 169.)

*Nota.* Le nom de la mesure et de la localité où elle est usitee, se trouvant indiqué dans chaque tableau, il est inutile d'entrer dans aucun détail.

## MESURES DE CAPACITÉ DES GRAINS,

*Pour les chefs-lieux de canton de chaque arrondissement.*

(Voir pages 16 et 35).

### Arrondissement d'Albi.

*Alban.* Setier 8 mesures ; mesure 4 boisseaux, n. 177.

*Albi.* Setier 8 mesures ; mesure 4 boisseaux, n. 178.

*Monestiés.* Setier, 8 mesures ; mesure 4 boisseaux, n. 179.

*Pampelonne.* Setier 8 mesures ; mesure 4 boisseaux, n. 180.

*Réalmont.* Setier 8 mesures ; mesure 4 boisseaux, n. 181.

*Valdériés.* Setier 8 mesures ; mesure 4 boisseaux, n. 178.

*Valence.* Setier 8 mesures ; mesure 4 boisseaux, n. 182.

*Villefranche.* Setier 8 mesures ; mesure 4 boisseaux, n. 177.

### Arrondissement de Castres.

*Saint-Amans-Labastide.* Setier 4 quartières; quartière 2 mesures; mesure 4 boisseaux, n. 183.

*Anglés.* Setier 4 quartières ; quartière 2 mesures ; mesure 4 boisseaux, n. 183.

*Brassac.* Setier 4 quartes ; quarte 2 mégères ; mégère 8 pugnères, n. 184.

*Castres.* Setier 4 quartières ; quartière 2 mesures ; mesure 4 boisseaux, n. 183.

*Dourgne.* Sac 6 mégères ; mégère 8 coups, n. 186.

*Labruguière.* Setier 4 quartières ; quartière 2 mesures ; mesure 4 boisseaux, n. 183.

*Lacaune.* Setier 4 quartières ; quartière 2 mégères, mégère 8 boisseaux, supplément, n. 242.

*Lautrec.* Sac 8 mesures ; mesure 4 boisseaux, n. 187.

*Mazamet.* Setier 4 quartières ; quartière 2 mesures, mesure 4 boisseaux, n. 183.

*Montredon.*      Idem.      n.   180

*Murat.* Setier 4 quartes ; quarte 2 mégères ; mégère 8 boisseaux, supplément, n. 242.

*Roquecourbe.* Setier 4 quartières : quartière 2 mesures, mesures 4 boisseaux, n. 183.

*Vabre.* Sac 8 quartes ; quarte 4 boisseaux, n. 185.

*Vielmur.* Setier 4 quartières ; quartière 2 mesures ; mesure 4 boisseaux, n. 183.

### Arrondissement de Gaillac.

*Cadalen.* Setier 8 mesures ; mesure 4 boisseaux, n. 170.

*Castelnau-de-Montmiral.*    Idem.     n. 171.

*Cordes.* Setier 8 rases ; rase 4 boisseaux, n. 172.

*Gaillac.*      Idem.      n. 173.

*L'Isle.*      Idem.      n. 173.

*Rabastens.* Setier 8 rases ; rase 6 boisseaux, n. 174.

*Salvagnac.*      Idem.      n. 175.

*Vaour.*      Idem.      n. 176.

### Arrondissement de Lavaur.

*Cuq-Toulza.* Sac 6 mégères ; mégère 4 boisseaux ; boisseau 2 coups, n. 188.

*Graülhet.* Setier 8 mégères ; mégère 6 boisseaux, n. 189.

*Lavaur.* Setier 8 mesures ; mesure 4 boisseaux, n. 190.

*Saint-Paul-cap-de-Joux.* Sac 6 rases ; rase 4 boisseaux, n. 191.

*Puylaurens.* Sac 6 mégères ; mégère 4 boisseaux ; boisseau 2 coups, n. 188.

## MESURES DE CAPACITÉ DES LIQUIDES,

*pour les chefs-lieux de canton de chaque arrondissement, converties en Litres, Décilitres et Centilitres.*   (Voir pages 16 et 35.)

### Arrondissement d'Abl.

*Alban.* Vin, pipe divisée en 2 barriques ; barrique en 300 pintes, n. 199.

*Albi*. Vin, barrique divisée en 120 pintes ; pinte en
   2 quarts ; quart en 2 uchaux, n. 200.
*Monestiés*. Vin, barrique divisée en 90 pintes ; la pinte
   en 2 quarts ; le quart en 2 uchaux, n. 201.
   Huile, livre, n. 220.
*Pampelonne*. Comme Monestiés.
*Réalmont*. Vin, pipe divisée en 6 semals ; la semal en
   48 pintes ; la pinte en 4 uchaux, n. 202.
   Huile et eau-de-vie, livre, n. 225.
*Valderiés*. Vin et huile, comme Monestiés.
   Eau-de-vie, livre, n. 221.
*Valence*. Vin, barrique 128 pintes ; pinte 2 quarts ;
   quart 2 uchaux, n. 203.
*Villefranche*. Vin, barrique 120 pintes ; pinte 2 quarts ;
   quart 2 uchaux, n. 204.
   Huile et eau-de-vie, comme Valderiés.

### Arrondissement de Gaillac.

*Cadalen*. Vin, barrique 210 quarts ; quart 2 uchaux ;
   uchau 2 roquilles, n. 192.
   Huile, livre, n. 220. — Eau-de-vie, livre, n. 221.
*Castelnau-de-Montmiral*. Vin, barrique 120 pintes ;
   pinte 2 quarts ; quart 2 uchaux, n. 193.
   Huile et eau-de-vie, comme Cadalen.
*Cordes*. Vin, barrique 120 pintes ; pinte 2 quarts ;
   quart 2 uchaux, n. 194.
   Huile et eau-de-vie, comme Cadalen.
*Gaillac*. Vin, barrique 120 pintes ; pinte 2 quarts ;
   quart 2 uchaux, n. 195.
   Huile, livre, n. 222.
*Lisle*. Vin et huile, comme Gaillac.
*Rabastens*. Vin, barrique 125 pintes ; pinte 2 quarts ;
   quart 2 uchaux, n. 196.
   *N. B.* A la colonne des pintes, 1er nombre, *lisez* :
   01 l. – 51 c. *au lieu de* 04 l. – 51 c.
   Huile, livre, n. 223.
*Salvagnac*. Vin, barrique 112 pintes ; pinte 2 quarts ;
   quart 2 uchaux, n. 197.
   Huile et eau-de-vie, livre, n. 224.
*Vaour*. Vin, barrique 160 quartons ; quarton 2 uchaux ;
   uchau 2 roquilles, n. 198.

### Arrondissement de Castres,

*Amans-Labastide.(Saint)* Vin, barrique 126 pintes ;
   pinte 4 quarts ; quart 2 uchaux, n. 205.
   Huile, livre, n. 226.

*Anglés.* Vin, barrique 144 pintes; pinte 2 pintous ; pintou 2 uchaux, n. 203.
Huile et eau-de-vie, livre, n. 223.
*Brassac.* Vin, barrique 144 pintes; pinte 2 pintous : pintou 2 uchaux, n. 207.
Huile et eau-de-vie, livre, n. 227.
*Castres.* Comme Anglés.
*Dourgne.* Vin, barrique 120 pintes, pinte 4 uchaux ; uchau fractions, n. 208.
Huile et eau-de-vie, livre, n. 223.
*Labruguière.* Vin, barrique 120 pintes; pinte 4 quarts; quart 2 uchaux, n. 209.
Huile et eau-de-vie, comme Castres.
*Lacaune.* Comme Anglés.
*Lautrec.* Vin, barrique 150 pintes ; pinte 4 uchaux : uchau fractions, n. 210.
Huile, livre, n. 229.
*Mazamet.* Vin, charge 112 pintes ; pinte 4 uchaux ; uchau fractions, n. 211.
Huile et eau-de-vie, comme Anglés.
*Montredon.* Vin, barrique 3 semals; semal 38 pintes ; pinte 4 uchaux, n. 212.
Huile et eau-de-vie, livre n. 230.
*Murat.* Comme Anglés.
*Roquecourbe.* Comme Anglés.
*Vabre.* Vin, barrique 144 pintes : pinte 2 pintous; pintou 2 uchaux, n. 213.
Huile et eau-de-vie, livre, n. 227.
*Vielmur.* Vin, Barrique 105 pintes; pinte 4 uchaux : n. 214.
Huile et eau-de-vie, comme Anglés.

### Arrondissement de Lavaur.

*Cuq-Toulza.* Vin, barrique 100 pintes ; pinte 2 quarts; quart 2 uchaux, n. 215.
Huile et eau-de-vie, livre, n. 228.
*Graulhet.* Vin, barrique 98 pintes ; pinte 4 uchaux, n. 216.
Huile et eau-de-vie, livre, n. 231.
*Lavaur.* Vin, barrique 156 pintes; pinte 4 quarts; quart 2 uchaux, n. 217.
Huile, livre, n. 232.
*Saint-Paul-Cap-de-Joux.* Vin, barrique 5 veltes : velte 26 pintes; pinte 4 uchaux, n. 218.
Huile et eau-de-vie, livre, n. 228.

*Puylaurens.* Vin, barrique 110 pintes ; pinte 2 quarts ; quart 2 uchaux , n. 219.
Huile et eau-de-vie , livre , n. 228.

## DES POIDS.

(Voir les pages 17 et 39.)

Poids de marc..... ..................... n° 233

### ARRONDISSEMENT D'ALBI.

Alban.........⎫
Albi..........⎪
Monestiés......⎪
Pampelonne...⎪
Réalmont......⎬ .................... n. 234
Valderiés......⎪
Valence.......⎪
Villefranche...⎭

### ARRONDISSEMENT DE CASTRES.

Saint-Amans-
  Labastide...⎫ .................... n. 235
Anglés........⎭
Brassac........................ n. 236
Castres.......⎫
Labruguière...⎬ .................... n. 235
Lacaune......⎭
Dourgne.................... n. 234
Lautrec..................... n. 237
Mazamet......⎫
Montredon.....⎪
Murat........⎪
Roquecourbe...⎬ ..........a.......... n. 235
Vabre........⎪
Vielmur.......⎭

### ARRONDISSEMENT DE GAILLAC.

Cadalen.......⎫
Castelnau-de-⎪
  Montmiral...⎪
Cordes........⎪
Gaillac........⎬ .................... n. 234
Lisle.........⎪
Rabastens.....⎪
Salvagnac.....⎪
Vaour.........⎭

( 31 )

## ARRONDISSEMENT DE LAVAUR.

*Cuq-Toulza....*
*Graulhet.......*
*Lavaur........* } .......................... n. 231
*Saint-Paul. ...*
*Puylaurens....*

### DES MONNAIES.

(Voir les pages 18 et 47.)

*Livre tournois et ses subdivisions.........* n. 238

# ERRATA.

Page 14, ligne 15, *au lieu de* toise carrée, *lisez :* canne carrée.

Page 60, ligne 3, *au lieu de* 47 aunes 8/12ᵉ, *lisez :* 48 aunes 8/12ᵉ

Au nᵒ 63, *au lieu de* peches, *lisez :* perches.

Aux observations qui précèdent le nᵒ 17, le nombre 1,548,253$^{\text{m}}$, placé à l'interligne, doit être terminé par un —, et écrit comme suit : 1,548,253$^{\text{m}}$ —

A la ligne 14 des mêmes observations, *au lieu de* sixièmes de décimètre, *lisez :* dixièmes de décimètre.

A l'entête du nᵒ 161, *au lieu de* 4600 cannes, *lisez :* 6400 cannes.

Aux observations qui précèdent le nᵒ 170, à la ligne 9, *au lieu de* Si l'unité, *lisez :* L'unité.

Au nᵒ 196, au premier nombre de la colonne des pintes, *au lieu de* 04 $\overset{\text{l.}}{-}$ 51 $^{\text{c.}}$, *lisez :* 01 $\overset{\text{l.}}{-}$ 51 $^{\text{c.}}$